Tribuna

Tribuna de Plaza & Janés

KAMA SUTRA Y ANANGA RANGA

ANONIMO

PLAZA & JANES EDITORES, S. A.

Títulos originales: *Kama Sutra* y *Ananga Ranga*
Traducción: León-Ignacio
Diseño de la portada: GS-Gràfics, S. A.

Primera edición: marzo, 1998

© Ediciones 29, 1974
© de la presente edición: 1998, Plaza & Janés Editores, S. A.
  Enric Granados, 86-88. 08008 Barcelona

Printed in Spain – Impreso en España

ISBN: 84-01-45145-0
Depósito legal: B. 10.836 - 1998

Impreso en Litografía Rosés, S. A.
Progrés, 54-60. Gavà (Barcelona)

L 451450

ÍNDICE

KAMA SUTRA

ACERCA DE LA UNIÓN SEXUAL

ACERCA DE CÓMO ADQUIRIR UNA ESPOSA

CUARTA PARTE

ACERCA DE LA ESPOSA

QUINTA PARTE

ACERCA DE LAS ESPOSAS DE LOS DEMÁS

KAMA SUTRA

EL AMOR COMO CIENCIA

A los europeos nos ha gustado creer que éramos casi los únicos habitantes de la Tierra y, desde luego, los únicos importantes.

Así, sólo contaban nuestra arquitectura, nuestra técnica y nuestra civilización. Imaginábamos ser la cúspide del desarrollo humano y, a los demás únicamente había que tenerles en cuenta en la medida que se parecían a nosotros. Prueba de esto que decimos es que en los libros de historia se trataba de los otros pueblos, asiáticos o africanos, tan sólo como apéndices y, simplemente, a partir de cuando habíamos entrado en contacto con ellos.

Si en la actualidad se ha cambiado un poco de criterio, no se debe a que haya variado nuestra mentalidad, sino a que ellos han abandonado su actitud pasiva.

Este desprecio por las culturas antiguas, como, por ejemplo, la china y la hindú, que nos superan en varios siglos, nos ha llevado, con frecuencia, a inventar las sopas de ajo. Al fin y al cabo, las culturas, al transmitirse, contribuyen a que se vayan quemando etapas y que se avance en los conocimientos de toda índole.

Al no querer aprender de ellos, por considerarles

salvajes y atrasados, hemos tenido, muchas veces, que descubrir lo que ya estaba descubierto, cosa que, naturalmente significa un retraso y el que se mantengan numerosos problemas que, de otro modo, se hubieran solucionado antes.

Así nos encontramos con que los médicos comienzan a recurrir aunque sea de manera experimental, a la acupuntura china y con que bastantes neurólogos recomiendan el yoga para apaciguar nuestros ánimos alterados por un mundo casi inhabitable.

Y esto mismo nos ocurre con lo que se ha dado en llamar sexología, que algunos confunden con el erotismo y que parece que los hindúes ya conocían antes de la Era cristiana.

En la actualidad, los médicos andan aún un poco perdidos intentando aclarar la razón de que un hombre sea físicamente feliz con una determinada mujer y, en cambio, no lo sea con otra que, a simple vista, no se diferencia en nada de la primera.

Para que esto llegase a plantearse y preocupara a una serie de gente, fue preciso que sobrepasara el nivel individual, convirtiéndose en un problema colectivo. Como hoy se sabe, el fracaso de un buen número de matrimonios se debe, en gran parte, a esta simple cuestión, a que físicamente los cónyuges no son adecuados, cosa que durante siglos se ha pretendido ignorar por considerarlo pecaminoso.

Sin embargo, estaba en la conciencia y en el ánimo de todos, como lo demuestran la serie de refranes populares que a eso se refieren. Simplemente, no se trataba de modo serio, sino a manera de broma picante o de chiste verde.

Tal comportamiento sólo lograba aumentar la falta de preparación de los futuros esposos, quienes, en numerosas ocasiones, tenían que elegir entre la disputa diaria o la resignación. En un caso o en otro, significaba el fracaso del matrimonio y la amargura de los cónyuges, que se sentían defraudados.

Pues bien, resulta que la ciencia a que eso dio pie, y que conocemos por sexología, ya la habían iniciado los hindúes hace cosa de dos mil años.

Prueba de ello, es el presente volumen, el *Kama Sutra* o «Aforismos sobre el Amor», en que todo eso aparece tratado con la rigurosa claridad de un científico de nuestros días, aunque con un enfoque y concepto orientales.

Pese a su antigüedad, que más adelante veremos, en Occidente nadie supo de su existencia ni tampoco se enteraron los europeos que vivían en la India.

Para la mayoría de los habitantes de nuestro continente, esa gran península asiática era algo tan remoto como el planeta Marte, donde no había más que bárbaros, dedicados a ritos crueles. Los que allí residían, no tenían más preocupación que mantener sujetos a los nativos y explotarles convenientemente. Incluso los profesores y científicos que vivían en el territorio, investigaban con el criterio del etnólogo que estudia las costumbres curiosas y extrañas de seres inferiores, que necesitan protección, pero sin, que llegase siquiera a ocurrírseles la posibilidad de un intercambio cultural.

Algunos de esos científicos dieron, en la segunda mitad del siglo pasado, con un antiguo manuscrito titulado *Ananga Ranga* o «Teatro del Amor».

Si comenzaron a leerlo fue con el criterio antes señalado, de la simple curiosidad intelectual.

El libro, como era lógico, les resultó sorprendente, aunque considerasen que no tenía que pasar más allá de su círculo.

En ese manuscrito se hacía una continua mención de un tal Vatsyáyána, de quien no tenían la menor referencia. Consultados sus colegas hindúes, se enteraron, con sorpresa, que no sólo se trataba de uno de los autores más importantes de la India, sino asimismo, de los más conocidos en cuestión de sexología, que no faltaba en la biblioteca de ningún hombre culto.

Entonces decidieron investigar su obra, que es una de las que en el presente volumen les ofrecemos.

Pero surgió la dificultad de que existían cinco manuscritos distintos, sin que hubiese modo de aclarar cuál era el auténtico.

La obra se había escrito unos diez siglos antes de la invención de la imprenta y unos trece antes de que llegase a la India. Por tanto, todas las ediciones se hacían a mano y, con frecuencia, los copistas introducían variaciones, por simple equivocación o por debilidad de quererle mejorar la plana al autor.

Además, los originales estaban en sánscrito, antecesor de los actuales idiomas hindúes, como el latín lo es de las lenguas románicas, y sólo un especialista podía comprobar y establecer cuál era la versión auténtica.

Encomendaron este trabajo al profesor Brugwuntlal Indraji, recomendado por sus colegas del país, quien, tras consultarlos todos y hacer las debidas comprobaciones, estableció la versión que mayores garantías ofrecía de ser fiel al original.

Fue entonces cuando los investigadores decidieron traducirlo al inglés y hacer una edición limitadísima, que no trascendiese al público, con destino, tan sólo, a los estudiosos y bibliófilos. La obra chocaba con la moral victoriana y, de poner el libro al alcance de cualquiera, hubiese provocado un escándalo, del que los editores no habrían salido muy bien parados.

Sin embargo, se encontraron ante otra dificultad. La traducción inglesa debía hacerla alguien que tuviese el mismo dominio de este idioma que del sánscrito, y Brugwuntlal Indraji aunque una autoridad en el último, sólo se desenvolvía medianamente en el otro. Hubo que empezar a buscar un traductor que ofreciese garantías, cosa que, al fin, encontraron en el también profesor Shivaram Parshuram Bride, que conocía ambos por igual.

Una vez con el texto inglés, se tiró la primera edición en una lengua europea, en Londres en 1873, bajo las condiciones señaladas.

Como es lógico, casi nadie se enteró de la existencia del libro, aparte de un reducidísimo grupo, que lo mantuvo en secreto.

Diez años más tarde, se hizo otra edición inglesa, que imprimió en Benarés, India, la Hindoo Kama Shastra Society, con el propósito, sin duda, de dar a conocer la obra, como medio de extender su cultura en Occidente.

También ahí la tirada fue limitadísima, pues sólo se hicieron doscientos cincuenta ejemplares, quizá porque conocían a los europeos mejor que éstos a ellos y, asimismo, temían el escándalo.

Por lo visto, el libro se distribuyó mucho más acertadamente, ya que es a partir de esa fecha en que puede considerarse que los occidentales supieron que existía. Enseguida comenzaron los estudios e investigaciones de eruditos, lo que trajo un mayor interés por la cultura hindú, una prueba más de que la Kama Shastra Society nos conocía a fondo.

La primera sorpresa fue comprobar que esta importante obra sólo constituía una novedad en Europa, pues se había extendido por toda Asia, donde tuvo una decisiva influencia, tanto en la literatura como en la vida conyugal.

Puestos ya a investigar, y con ayuda de los eruditos hindúes, lo primero que quiso aclararse fue quién era su autor y en qué época la escribieron.

Esto último, en cambio, no parecía preocupar gran cosa a los hindúes, para quienes el tiempo importa mucho menos que la calidad.

De todos modos, se pudo llegar a concretar que el *Kama Sutra* se debía a un tal Mallanaga Vatsyáyána y que constituía su única obra.

Según parece, Vatsyáyána nació en el sudeste de la India, en una época que no se ha precisado, y que, ya en la vejez, tras muchas horas de meditación y tras observar atentamente a sus semejantes, había decidido escribir el libro, para que les sirviese de ayuda.

Y conste que esto se dice sin el menor sarcasmo ni la menor ironía, como podrán comprobar quienes lean las páginas que siguen.

El autor, por otra parte, había consultado numerosas obras anteriores, que se han perdido o de las que quedan tan sólo algunos fragmentos. Luego, había hecho una síntesis de todo, unida a sus propias consideraciones y basada en su experiencia.

La escribió en versículos, llamados slokas en la India, de los que hay, a lo largo del libro, un total de doce mil cincuenta.

En cuanto a la época en que vivió, se calcula que, más o menos, pudo ser del siglo I al V de nuestra Era, es decir, un más o menos que abarca la friolera de quinientos años.

Por referencias de otros autores, se ha podido comprobar que algunas de las obras que recogió para escribir la suya son anteriores al siglo I, como el *Shatavahana*, del que copió el tema central.

Según ya se ha dicho, la obra alcanzó un gran éxito, aunque no al estilo de los actuales *best sellers*. Se fue extendiendo por toda la península y, luego, a caballo del budismo, por toda Asia, al igual que el resto de la cultura hindú.

Como consecuencia no le faltaron imitadores, igual que a cuantos consiguen fama y popularidad, fenómeno éste que, por lo visto, es universal, sin límites de clima ni de épocas.

Hasta ahora han podido registrarse seis obras de un tema similar, escritas en diferentes épocas, con largos intervalos, y de las cuales la mejor y más importante es el ya mencionado *Ananga Ranga*, que también incluimos en el presente volumen.

Esta obra, el *Ananga Ranga* o Teatro del Amor, es, como ya se ha dicho, muy posterior al *Kama Sutra* y de ella se tienen datos más precisos, dentro de la enorme despreocupación de los hindúes por el tiempo y las fechas.

Su autor fue un poeta llamado Kalyana Mall, del que se tienen pocas referencias y aún muy dispersas. En una especie de enciclopedia de la poesía indostánica, el *Kari-Çjarika*, se indica que pertenecía a la casta brahmánica o sacerdotal, la más elevada del país, y que gozó de mucha fama durante el reinado de Anangabhima, también llamado Ladadiva. Éste, a juzgar por algunas inscripciones encontradas en viejos templos, parece haber vivido en el siglo xii de nuestra Era. Por tanto, fue unos setecientos años posterior a Vatsyáyána.

El *Ananga Ranga* pertenece al último período de la literatura sánscrita, pues esa lengua, como ocurría en Europa con el latín, se iba desgajando en los distintos idiomas hindúes, o prakritas, bengalí, maharatí, etc., a todos los cuales fue traducida, lo mismo que al árabe, al turco y al persa.

En ella se menciona a todas las obras anteriores que se refieren al mismo tema y, según se indicó, al *Kama Sutra* de Vatsyáyána, cuyo sistema y técnica por llamarla de algún modo, siguió el autor.

Y aquí viene otra de las grandes sorpresas que nos reservan estos libros únicos.

Se considera que los occidentales somos precisos y concretos en todo, mientras que los de Oriente, a fuerza de imaginación y fantasía, resultan vagos y abstractos.

Estos libros que aquí nos ocupan son todo lo contrario, sin perder, por otra parte, ninguna de sus características.

Según ya se ha indicado, se trata de libros de sexología, escritos mucho antes, pero que mucho, de que nadie soñara con esa palabra. Y el tema se estudia con la misma seriedad que actualmente le damos e, incluso, con idéntico rigor científico, teniendo en cuenta, no obstante, las supersticiones de la época y del país.

Para explicarnos este fenómeno, aunque no para entender el libro, que se explica por sí mismo, tal como debe ser, conviene, sin embargo, echar una brevísima ojeada a la literatura sánscrita, de cuyo estilo, forma y conceptos no podía evadirse Vatsyáyána.

Los autores de la época se preocuparon, sobre todo, de la filosofía y de la ciencia, aunque ambas como consecuencia de la religión. Esto, siempre dentro de las mencionadas subdivisiones, les llevó a ocuparse de muchos temas como medio para alcanzar el estado perfecto de paz interior que podía acercarles al paraíso.

Como es lógico, en ese aspecto no podía ignorarse la política, entendiendo como tal las cuestiones colectivas, lo que derivó, de una manera inevitable, en lo que hoy llamamos economía y administración pública. Era, y es, uno de los medios de conseguir esa paz interior, ese acuerdo consigo mismo, imprescindible para el estado perfecto.

El hecho de que en esas obras interviniesen dioses locales y que estuvieran escritas en verso, los ya citados slokas, no impide que sus juicios y sus tesis resulten de un realismo desconcertante.

Se planteaban las cuestiones tal como eran, sin falsos idealismos ni frases altisonantes, que son siempre el mejor modo de disimular el vacío, usando de toda su fantasía e imaginación para llegar a las últimas consecuencias.

En el aspecto del ejercicio de la política, la obra más importante es el *Kantiliya artha satra*, original de un ministro llamado Kantiliya, y de ahí el título, que se supone escrita en el año 521 antes de Cristo.

La obra abarca todos los aspectos y todas las cuestiones que un gobernante debe tener en cuenta y que pueden afectarle, desde las reacciones populares a los medios de que puede valerse, como, por ejemplo, los espías, pasando por la economía y los deberes de los funcionarios.

Es decir, una especie de *El Príncipe*, con varios siglos de anticipación, pero podríamos decir que mucho más científico y menos filosófico, así como más práctico y realista. Su franqueza y su manera descarnada de exponer las cosas rayan, a veces, en el cinismo y es posible que, en ocasiones, hicieran ruborizar al propio Maquiavelo.

Sin embargo, esto tampoco impide que el autor tenga razón y que su propósito, en vez de escandalizar, fuese poner toda su experiencia y sus conocimientos al servicio de los gobernantes y, en consecuencia, de su propio país, en la discutible medida en que los gobernantes pueden servirlo.

Malangana Vatsyáyána se inspiró en este libro para escribir el suyo, quizá por los muchos puntos en común que hay entre el erotismo y la política.

Al fin y al cabo ambos tienen como meta inmediata la satisfacción del individuo, aunque uno sea de tipo individual y la otra, colectivo.

Así, el planteamiento y desarrollo de los dos libros son idénticos e, incluso, su forma de concebir los temas. Tratan, aunque a veces de refilón, asuntos no directamente relacionados con la materia básica, pero que, indudablemente, influyen en ella.

También Vatsyáyána quiso poner sus conocimientos y su experiencia al servicio de sus semejantes, movido de un afán religioso, aunque hoy esto pueda parecernos un contrasentido.

No obstante, desde el punto de vista del país y de la época, está perfectamente justificado.

Para alcanzar el estado perfecto, o sea la paz interior, es preciso mantener las trivagas, es decir, las tres cualidades importantes de la vida, como son el dharma o culminación del mérito religioso, el artha o prosperidad terrenal y el Kama o satisfacción erótica.

Esto puede parecernos materialista, pero, aunque se intente disimular, es el ideal de toda sociedad conservadora; como era entonces la hindú, definitivamente asentada y estructurada. No debe olvidarse que Malangana Vatsyáyána escribió su obra para los nagaraka o ciudadanos acomodados, que son siempre quienes constituyen el *establishment* y a los cuales también dirigía Kantiliya su tratado de política.

Los demás, como es habitual, ni siquiera contaban y así se advierte al leer las páginas de ambos libros. Vatsyáyána cae en el comentario habitual entre las clases altas de considerar a los inferiores como más propensos a la inmoralidad, cosa bastante discutible, pero que, cuando ocurre, se debe a su situación de angustiosa necesidad. Son demasiado pobres para ser buenos.

Ahora bien, Vatsyáyána llegó a la conclusión de que para conseguir y gozar plenamente del dharma y del artha, era preciso que se sintieran sexualmente satisfechos, pues, de otro modo, las frustraciones les llevarían por mal camino.

Y esto, hay que tenerlo en cuenta, unos trece siglos antes de Freud.

Para Vatsyáyána, el principal de los males provenientes de las mencionadas frustraciones era el adulterio, que atraía la mala suerte, la enemistad de los dioses y muchas cosas más, igualmente perniciosas. Por tanto, con su obra pretendió que cada hombre y cada mujer consiguieran la plena satisfacción con sus respectivos cónyuges. Es decir, dentro del matrimonio.

Por tanto, el autor, antes de iniciar su trabajo, se planteó el tema con la frialdad de un químico o de un ingeniero que prepara un informe.

De este modo comenzó estudiando las características sexuales de los diferentes hombres y mujeres, a los que fue clasificando casi por especies, tal como el naturalista Georges Buffon hizo con los insectos, y respecto a los cuales no pone mucha más emoción.

Una vez clasificados los tipos, indica qué cruces van a ser felices y cuáles fracasarán.

Por tanto, para Vatsyáyána, la elección de la esposa tiene mucho de cálculo, pero no desde un punto de vista económico, algo que estaba en el orden de las cosas. Es preciso, antes incluso que los sentimientos, tener presente la futura felicidad y buscar una mujer que corresponda a nuestras peculiaridades físicas.

Esto, como se puede comprender, es lo más opuesto a la pornografía, ya que tiene la misma emotividad que un tratado de avicultura.

Además, Vatsyáyána considera que el amor no es ni puede ser una actitud estática, puesto que la rutina y el repetirse son sus peores enemigos, que acaban por matarlo. El amor, tal como él lo ve, es un continuo ejercicio de superación, un preocuparse constantemente por la otra persona y un ininterrumpido esfuerzo de ingenio para mantener la llama tan despierta como al principio.

Sólo con esa perpetua innovación, con un eterno renovarse, se evita que muera en uno de los cónyuges y que, como consecuencia, se caiga en los errores del adulterio.

Por tanto, la satisfacción física proviene, en cierta manera, de una actitud anímica, para vencer la monotonía y el desinterés, de modo que se mantenga vivo ese sentimiento que nadie ha podido explicar ni tampoco definir. Por su parte, Vatsyáyána no lo intenta.

En cierta manera su postura hacia el amor parte del mismo punto del yoga, pero en sentido inverso. Así como éste pretende desarrollar los músculos y los reflejos del cuerpo para mejor dominarlo y, de esa forma hallar la paz consigo mismo, en el amor indica que ese esfuerzo e intento de continuo dominio debe dirigirse a obtener el máximo de rendimiento del cuerpo para alcanzar la máxima dicha para sí y para la persona amada.

Cuantas cosas explica, cuanto aconseja, tienen sentido y ningún médico especializado en la materia desdeñaría firmarlo, aunque a esto añada, como es inevitable, prejuicios de su época y de su momento, tal como son las recetas para afrodisíacos, que por si acaso, más vale que a nadie se le ocurra probar.

Con un criterio casi de jurista, Vatsyáyána considera cada caso en sus diferentes aspectos y variantes, para comprobar lo que es lícito, conveniente y eficaz.

Pero no se limita a tratar puramente del ejercicio físico del amor. Estudia cuanto con éste puede relacionarse, por vago que sea, como, por ejemplo, a las intermediarias.

Todo este vasto panorama, que se detalla sin ambages y que se expone más que claramente, resultaría obsceno en manos de otro, pero no de Vatsyáyána.

Se debe esto, ante todo, al criterio desapasionado y frío con que se ha escrito la obra. En ningún momento parece el autor sentirse dentro de la situación que analiza o que expone. Se sitúa siempre por encima de ella, sin participar, igual que si se tratara de un manual de botánica o de relojería.

Esto, en parte, lo consigue gracias a su léxico y, también, a que jamás se identifica con los sentimientos de los cónyuges. Simplemente, dice que las cosas son así y que los resultados son tales otros, igual que en un teorema matemático.

Su léxico fue uno de los aspectos más difíciles de conservar en las traducciones europeas, puesto que, tratándose de ese tema, resultaba sencillísimo caer en la grosería. Después de siglos de no hablar de él más que en secreto, se carecía incluso de términos adecuados.

Fue una de las razones de que todas las versiones fuesen en prosa, que permite mayor libertad de expresión que el verso.

La manera desapasionada y fría con que Vatsyáyána abordó este delicado tema y el modo aséptico en que lo escribió, hacen que el libro se mantenga a pesar de los quince siglos transcurridos y que no quede limitado a una simple curiosidad de bibliófilo, como pretendían los primeros editores ingleses.

El volumen que ofrecemos y que abarca, según se ha advertido, el *Kama Sutra* y el *Ananga Ranga*, tienen aún validez como tratado de sexología y los matrimonios pueden aprender mucho de él, siempre teniendo en cuenta las diferencias de clima y de época. En numerosos aspectos resulta más claro y convincente que bastantes de las obras de autores contemporáneos relativas al mismo tema y muchas de las cuales se han inspirado en el *Kama Sutra* o de él han tomado datos.

El propósito del autor, de contribuir a que los esposos alcancen la dicha conyugal, no ha sido superado por el tiempo.

Sin embargo, no es esto lo único que se obtiene de su lectura. El *Kama Sutra* es un documento inapreciable para conocer la vida de las clases acomodadas hindúes durante los primeros siglos de nuestra Era.

Sin proponérselo, el autor ha hecho una crónica de las costumbres y de la manera de vivir de su época, al detallar ciertos aspectos de las relaciones entre los sexos, como son el modo de conocerse y de intimar. Aunque sorprenda, esta manera de vivir no se distingue gran cosa de la que llevaba la misma clase en Occidente hace relativamente pocos años.

Así, también desaparece la falsa imagen del hindú salvaje y entregado a ritos bárbaros, para dejar paso a la de un pueblo refinado, culto y que ya está de vuelta, motivo que le permite producir un libro tan frío y sistematizado sobre un tema tan candente.

LEÓN-IGNACIO

PREÁMBULO

EL VATSYÁYÁNA SUTRA.
SALUDO A DHARMA, ARTHA Y KAMA

En el principio, el Señor de los Seres creó a los hombres y a las mujeres y, a manera de mandamientos, formados por cien mil capítulos, estableció las normas de su existencia en relación al dharma,[1] artha[2] y kama.[3]

Algunos de estos mandamientos, por ejemplo los que se refieren a dharma, fueron escritos aparte por Swayambhu; aquellos que se refieren a artha, los recopiló Brihaspati y los que tratan del kama, interpretados por Nandim, discípulo de Mahadeva, en mil capítulos.

1. Dharma significa la adquisición del mérito religioso, la perfección absoluta.

2. Artha es el logro de los bienes terrenales, tales como riqueza, propiedad, etcétera.

3. Kama significa la posesión del amor, el placer, que culminan en la perfección erótica. Las tres palabras que se mantienen en su forma original a lo largo del texto, también podrían definirse como virtud, riqueza y placer, las tres características que frecuentemente se señalan en las leyes de Manu.

Luego, estos *Kama Sutra*, Aforismos sobre el Amor, que escribiera Nandim en mil capítulos, los reprodujo Shvetaketu, hijo de Uddvalaka, quien los abrevió en quinientos capítulos y, después, compendiados en ciento cincuenta capítulos por Babhravya, heredero de la región de Punchala (al sur de Delhi).

Los ciento cincuenta capítulos quedaban agrupados bajo los siguientes siete títulos o divisiones:

1. Sadharana (aspectos generales).
2. Samprayogika (abrazos, etc.).
3. Kanya Samprayuktaka (unión del varón y de la hembra).
4. Bharyadhikarita (acerca de la propia esposa).
5. Paradarika (acerca de las esposas de los demás).
6. Vaisika (sobre las cortesanas).
7. Aupamishadika acerca de las artes de la seducción, las medicinas tónicas, etc.).

La sexta parte de dicha obra fue interpretada separadamente por Dattaka, a petición de las mujeres públicas de Pataliputra (Patna), lo mismo que la primera parte, por Charayana. Las otras, es decir, la segunda, la tercera, la cuarta, la quinta y la séptima, fueron expuestas separadamente por:

Suvarnanabha (segunda parte);
Ghotakamykha (tercera parte);
Gonikaputra (quinta parte);
Kuchumara (séptima parte).

Así redactada, de manera separada y por distintos autores, se hacía imposible encontrar la obra completa y, puesto que las partes expuestas por Dattaka y las otras trataban tan sólo de materias especiales, a las que cada una se refería, aparte de que la obra original de Babhravya resultaba de muy difícil estudio a causa de su extensión, Vatsyáyána decidió componer el presente libro condensado, a manera de resumen de los trabajos de los autores antes citados.

de las diferentes clases de unión sexual y de las querellas amorosas.

SÉPTIMA PARTE

ACERCA DE LOS MEDIOS PARA ATRAERSE A LOS DEMÁS

I: Acerca del atavío personal, de la seducción de los corazones de los demás y de las medicinas tónicas.

II: Acerca de los medios para excitar el deseo y de los procedimientos para aumentar el tamaño de la linga. Experiencias y recetas diversas.

II
DEL MODO DE ADQUIRIR EL DHARMA, ARTHA Y KAMA

El hombre, cuya vida abarca unos cien años, debe practicar el dharma, el artha y el kama en distintas épocas, de tal manera que puedan armonizarse y que jamás choquen entre sí. Ha de instruirse en su infancia, en la juventud y madurez se ocupará del artha y kama y en la vejez se dedicará al dharma, esforzándose por ganar así a moksha, es decir, librarse de la transmigración posterior. Sin embargo, teniendo en cuenta la incertidumbre de la vida, puede practicarlas a la vez en las épocas en que se especificarán. No obstante, hay que resaltar una cosa: debe llevar la vida de un estudiante religioso hasta que concluya su educación.

El dharma es la obediencia al mandamiento de Shastra o libros sagrados de los hindúes para realizar determinadas cosas, tales como los sacrificios, los cuales, por lo general, no suelen cumplirse, pues al no pertenecer a este mundo, no producen efectos visibles, como también abstenerse de realizar otras cosas, por ejemplo, comer carne, cosa que se hace con mucha frecuencia, ya que pertenecen a este mundo y tienen efectos visibles.

El dharma debe aprenderse del Shruti (libro sagrado) y de quienes en ella están versados.

El artha es la adquisición de las artes, tierra, oro, ganado, fortuna, bienes y amigos. Constituye, además, la protección de cuanto se ha obtenido y el aumento de lo que se protege.

El artha puede aprenderse de los funcionarios reales y de los comerciantes, que están versados en el comercio.

El kama es el disfrute de los objetos logrados por medio de los cinco sentidos: el oído, el tacto, la vista, el olfato y el gusto, ayudados por la mente a la que asiste el alma. El ingrediente de éstos es el contacto peculiar entre el órgano del sentido y su objeto, y la conciencia del placer que emana de ese contacto se denomina Kama.

El kama se aprende por medio del *Kama Sutra* (Aforismos sobre el Amor) y la práctica de los ciudadanos.

Cuando los tres, es decir, dharma, artha y kama se han reunido, el primero es siempre mejor que el que le sigue; esto es, el dharma es mejor que el artha y el artha mejor que el kama. Sin embargo, para un rey, lo primero que debe practicarse es el artha, pues sólo a través de éste se obtiene la subsistencia de los hombres. Asimismo, puesto que el kama es la preocupación y oficio de las mujeres públicas, éstas deberán preferirlo a los otros dos. Tales son las excepciones a la regla general.

PRIMERA OBJECIÓN

No pocos hombres versados en sabiduría afirman que, puesto que el dharma se relaciona con aquellas cosas que no pertenecen a este mundo, puede tratarse debidamente en un libro. Asimismo el artha, ya que resulta posible aplicando determinados medios, cuyo conocimiento sólo se adquiere por el estudio de los libros. Sin embargo, puesto que el kama se practica incluso entre las criaturas irracionales y es posible observarlo en cualquier lugar, no se necesita de una obra que lo enseñe.

RESPUESTA

No ocurre exactamente así. Puesto que las relaciones sexuales dependen del hombre y de la mujer, exigen que ambos apliquen los medios adecuados, medios que sólo se aprenden por medio de los *Kama Sutra*. El que los seres irracionales no apliquen medios adecuados, tal como lo vemos en los animales, se debe, ante todo, a que carecen de contención, a que las hembras sólo son aptas para la relación sexual en determinadas épocas y a que su aparejamiento no va precedido de reflexión alguna.

SEGUNDA OBJECIÓN

Los lokayatikas[4] aseguran: «No deben observarse los preceptos religiosos puesto que sólo dan fruto en el futuro y aun es dudoso que lleguen a darlo. ¿Quién será el insensato que se desprenda de lo que tiene entre sus manos para entregarlo a otras? Además, resulta siempre preferible tener una paloma hoy, que un pavo real mañana; y es mejor una moneda de cobre, que sabemos que vamos a obtener, que una moneda de oro, cuya posesión resulta dudosa.»

4.   Se trata de un sentimiento positivista y materialista, convertido, según parece, en postura filosófica.

Esto no es exactamente así.

1.   Los libros sagrados, que ordenan la práctica del dharma, no dejan lugar a dudas.

2.   Los sacrificios que se realizan para destruir enemigos o para conseguir la lluvia proporcionan un fruto visible.

3.   El Sol, la Luna, las estrellas, los planetas y otros cuerpos celestes semejan trabajar con toda intención en beneficio del mundo.

4.   La existencia de este mundo queda asegurada observando las reglas relativas a las cuatro clases de hombres[5] y a sus cuatro etapas de la vida.

5.   Todos vemos cómo se siembra el grano en la tierra, y esperamos una cosecha futura.

En consecuencia, Vatsyáyána es de la opinión de que deben cumplirse los mandamientos de la religión.

TERCERA OBJECIÓN

Quienes creen que el destino es la fuerza generadora de todas las cosas, aseguran: No hay que esforzarse en conseguir riquezas, ya que, con frecuencia, no se obtienen pese a todos los sacrificios, mientras que, otras veces, nos llegan sin esfuerzo alguno por nuestra parte. Por tanto, todo está en manos del destino, que es dueño del beneficio y de la ruina, del éxito y del fracaso, del placer y del dolor. Así hemos visto cómo el destino elevaba al trono de Indra,

5.   Los hindúes dividían la sociedad en cuatro clases: los brahmanes o clase sacerdotal, los eshutrya o clase militar, los vaishyaya o clase agrícola y mercantil y los shudra o clase baja. Las cuatro etapas de la vida eran: la de un estudiante religioso, la de un cabeza de familia, la de un asceta y la de un devoto.

a Bali[6] y cómo, luego, este mismo poder le derrocaba, estando tan sólo en sus decisiones el que lo recupere.

Tal razonamiento no es justo. Puesto que la adquisición de alguna cosa, sea lo que fuere, exige, en todo caso, cierto esfuerzo por parte del hombre, de manera que el uso de los medios adecuados se hace necesario, aunque una cosa esté destinada a suceder; en consecuencia, la persona que nada hace, nunca gozará de la dicha.

CUARTA OBJECIÓN

Quienes se inclinan a creer que el artha es el objeto principal que debe alcanzarse, afirman: No deben buscarse los placeres, puesto que son obstáculos para la práctica del dharma y del artha, ya que ambos son superiores a ellos y además las personas de mérito desprecian dichos placeres. Éstos empujan al hombre a la miseria y le ponen en contacto con gente baja. Le inducen a cometer actos temerarios y le convierten en un impuro; le tornan despreocupado ante el futuro y le aumentan el descuido y la ligereza. Por otra parte, es bien sabido que un elevado número de hombres, que sólo se preocupan de buscar placer, han causado su propia perdición y la de sus familias y amigos. Así, el rey Dandakaya[7] de la dinastía de Bho-

---

6. Bali era un demonio que venció a Indra, cuyo trono pudo ocupar momentáneamente, puesto que Vishnú le arrojó de él durante su quinta reencarnación.

7. Según la leyenda, Dandakaya consiguió llevarse de un bosque a la hija del brahmán Bhargava. Éste le maldijo y tanto él como su reino quedaron enterrados bajo una gruesa capa de polvo. Por ese motivo, desde entonces al bosque se le llamó dandaka. En el poema épico *Ramayana* se habla mucho de él pero no se ha conseguido localizar su emplazamiento.

ja, que raptó con aviesas intenciones, a una hija del brahmán, quedó pronto arruinado y perdió su reino. Indra,[8] que había violado la castidad de Ahalya,[9] recibió un severo castigo. Del mismo modo, el poderoso Kichaka,[10] que intentó seducir Draupadi, y Ravana,[11] que pretendió abusar de Sita, fueron castigados duramente por sus delitos. Estos personajes, así como otros muchos, sucumbieron a causa de sus placeres.

RESPUESTA

Tal objeción no puede sostenerse ya que los placeres, al ser tan necesarios como el alimento para la existencia y el bienestar del cuerpo, resultan perfectamente lícitos. Además, son la consecuencia del dharma y del artha. No obstante, se han de buscar y disfrutar con cierta moderación y prudencia. Nadie deja de cocer alimentos porque haya mendigos que los piden ni de sembrar semillas porque existan venados que devoran el trigo maduro.

De modo que el hombre que practica el dharma, el artha y el kama goza de la dicha, tanto en este mundo como en el futuro. La gente virtuosa realiza aquellos actos de los que no debe sentir temor con respecto al mun-

8. En la mitología hindú, Indra es el rey de los dioses. Algo así como Júpiter y como éste, muy aficionado a las aventuras amorosas.

9. Ahalya era la mujer del sabio Gautama. Indra la convenció de que era su marido, para gozarla. El ofendido esposo le maldijo e Indra se vio atormentado por un millar de úlceras que le cubrían el cuerpo.

10. Kichaka era cuñado de Indra, bajo cuya protección se refugiaron los Pandavas durante todo un año. Bhima, disfrazado de Draupadi, asesinó a Kichaka. La historia está relatada en el poema *Mahabarata*.

11. La historia de Ravana figura en el poema *Ramayana*, el otro gran poema épico de la literatura hindú.

do futuro ni a su presente bienestar. Todo acto que lleve a la práctica del dharma, artha y kama a la vez, de dos de ellos e, incluso de uno solo, se realizará; sin embargo, hay que abstenerse de uno de ellos si se ha de realizar a costa de los otros dos.

III
ACERCA DE LAS ARTES Y DE LAS CIENCIAS QUE DEBEN ESTUDIARSE

El hombre deberá estudiar el *Kama Sutra* y las artes y las ciencias que con él se relacionan, junto con aquellas que están relacionadas con el dharma y el artha.

También las muchachas se dedicarán al estudio del *Kama Sutra* y de las otras artes y ciencias antes del matrimonio y, luego, continuarlo con el consentimiento de sus esposos.

No pocos sabios se oponen a esto, alegando que las mujeres, a las cuales les está prohibido estudiar, no deben hacerlo con el *Kama Sutra*.

Pero Vatsyáyána opina que tal objeción carece por completo de base, puesto que las mujeres ya conocen el *Kama Sutra* en la práctica y esa práctica se deriva del mismo *Kama Sutra* o de la ciencia del kama.

Además, no es únicamente en este caso en que se conoce la práctica de la ciencia pero tan sólo unos pocos conocen las reglas y leyes en las que esa ciencia se basa.

Así, por ejemplo, los yadnikas o sacrificadores si bien ignoran la gramática, emplean las palabras adecuadas al dirigirse a las distintas divinidades, aunque no sepan cómo se escriben.

Del mismo modo, numerosas personas cumplen sus deberes en los días señalados como propicios por la astrología, sin tener conocimiento alguno de dicha ciencia. Igual hacen los conductores de elefantes y de caballos, que entrenan a esos animales tan sólo por la práctica, sin que tengan la menor idea de la ciencia de amaestrar. Y, por último, el pueblo de las provincias más alejadas obedece las leyes del reino por la práctica, y porque hay un monarca por encima de ellos, pero sin otras razones.[12]

Y, además, a todos nos consta, por propia experiencia, que determinadas mujeres, tales como las hijas de los príncipes, de sus ministros y las mujeres públicas, están muy versadas en el *Kama Sutra*.

En consecuencia, una mujer debe estudiar el *Kama Sutra* o, por lo menos, algunas de sus partes y su práctica bajo las indicaciones de alguna amiga íntima.

Debe estudiar privadamente las sesenta y cuatro prácticas que constituyen una parte del Kama Shastra.

Su maestra puede ser una de las siguientes personas: la hija de su nodriza, que se habrá criado con ella y que ya estará casada,[13] una amiga en la que pueda confiar, la hermana de su madre, es decir, su tía, una criada ya vieja, una mendiga que haya vivido anteriormente con la familia o su propia hermana, en la que siempre puede confiar.

Debe estudiar las siguientes artes, al mismo tiempo que el *Kama Sutra*:

1. El canto.
2. La música instrumental.
3. La danza.
4. La asociación entre danza, canto y música instrumental.
5. La escritura y el dibujo.
6. El tatuaje.
7. Engalar y adornar a un ídolo con arroz y flores.

12. El autor pretende demostrarnos aquí que los pueblos realizan muchas cosas, por simple costumbre y práctica, sin conocer la razón, lo cual es, indudablemente, cierto.

13. La condición de casado es necesaria a todos los maestros.

8.	Preparar y arreglar los setos de flores o las flores en el suelo.

9.	Colorear los dientes, los vestidos, los cabellos, las uñas y el cuerpo: es decir, cómo deben teñirse, colorearse y pintarse.

10.	La colocación de vidrios de color en el suelo.

11.	El arte de hacer las camas y extender las alfombras y cojines para descansar.

12.	Tocar vasos musicales llenos de agua.

13.	Almacenar y acumular agua en los acueductos, cisternas y depósitos.

14.	Pintar cuadros, adornar y decorar.

15.	Trenzar rosarios, collares, guirnaldas y coronas.

16.	Adornar turbantes y penachos y hacer escudos y nudos de flores.

17.	Representaciones esenciales, ejercicios teatrales.

18.	Construir adornos para las orejas.

19.	Preparar perfumes y aromas.

20.	Disponer la combinación de joyas y adornos en el vestir.

21.	Magia y sortilegios.

22.	Agilidad y habilidad manual.

23.	Arte culinario.

24.	Preparación de limonadas, sorbetes, bebidas aciduladas y extractos espirituosos con el color y el sabor adecuados.

25.	Corte y costura.

26.	Confeccionar con lana o hilo papagayos, flores, templeques, borlas, relieves, ramilletes, pelotas, lazos, etcétera.

27.	Resolver adivinanzas, enigmas, logogrifos, medias palabras, juegos de palabras y preguntas enigmáticas.

28.	Un juego que consiste en repetir versos: una

vez una persona ha concluido, otra debe comenzar inmediatamente, recitando otro verso, cuya primera letra debe ser igual a la última del anterior. El que no pueda continuar queda como perdedor y ha de pagar una prenda o abandonar el juego.

29. El arte de la mímica o de la imitación.

30. Lectura, incluidos el canto y la entonación.

31. Estudio de frases difíciles de pronunciar. Suelen realizarse, principalmente, como un juego de mujeres y de niños y consiste en repetir muy de prisa una frase difícil, en la que, a menudo, las palabras están trastocadas o mal pronunciadas.

32. Ejercicios con la espada, el bastón simple, el bastón de defensa, el arco y las flechas.

33. Deducir consecuencias, razonar e inferir.

34. Carpintería o trabajo de carpintero.

35. Arquitectura o arte de la construcción.

36. Conocimiento de las monedas de oro, plata, de las joyas y de las piedras preciosas.

39. Conocimiento de minas y canteras.

40. Jardinería o arte de tratar las enfermedades de los árboles y de las plantas, de cuidarlas y de determinar su edad.

41. Dirigir peleas de gallos, codornices y carneros.

42. El arte de enseñar a hablar a loros y estorninos.

43. El arte de aplicar ungüentos perfumados al cuerpo, de impregnar los cabellos con pomadas y perfumes y de trenzarlos.

44. El arte de comprender la escritura cifrada y la escritura de palabras en una forma peculiar.

45. El arte de hablar cambiando la forma de las palabras. Puede realizarse de varias maneras. Algunos lo hacen cambiando el principio y el fin de las palabras; otros intercalan letras innecesarias entre las sílabas, etcétera.

46. Conocimiento de las lenguas y los dialectos de provincias.

47. El arte de adornar los carros de flores.

48. El arte de trazar diagramas místicos, de preparar sortilegios, encantos y hechizos y de enlazar brazaletes.

49. Ejercicios de ingenio, tales como completar estrofas o versos de los que sólo se tiene una parte, suplir una, dos o tres líneas, mientras que las otras se han tomado al azar de diferentes versos, de modo que formen uno completo, que tenga sentido o arreglar las palabras de un verso escrito de forma irregular, separando las vocales de las consonantes u omitiéndolas por completo, o poner en verso o en prosa frases representadas por signos o símbolos. Existe una gran variedad de ejercicios de ese género.

50. Componer poemas.

51. Conocimiento de diccionarios y vocabularios.

52. El arte de cambiar y disfrazar el aspecto de las personas.

53. El arte de cambiar la apariencia de las cosas, tal como hacer pasar algodón por seda u objetos groseros y vulgares por otros finos y raros.

54. Las diversas formas de los juegos de azar.

55. El arte de conseguir la propiedad de otro por medio de mantras o hechizos.

56. La destreza en los deportes juveniles.

57. Conocimiento de las reglas de la sociedad y de cómo presentar a los demás respetos y cumplidos.

58. El arte de la guerra, de las armas, de los ejércitos, etcétera.

59. El arte de la gimnasia.

60. El arte de conocer el carácter de un hombre basándose en su rostro.

61. El arte de escandir o medir y elaborar versos.

62. Pasatiempos aritméticos.

63.   Construir flores artificiales.

64.   El arte de modelar figuras e imágenes con arcilla.

Una mujer pública, dotada de buenas disposiciones, que sea hermosa, junto con otros atractivos y, al mismo tiempo, esté versada en todas las artes que se acaban de citar, recibe el nombre de ganika o mujer pública de alta calidad. En toda reunión de hombres recibe un puesto de honor.

Siempre respetada por el rey y ensalzada por los hombres de letras, todos la reclaman para que distribuya sus favores.

Se convierte, así, en objeto de consideración universal.

Del mismo modo, si la hija de un rey, como la de un ministro, posee las artes que antes se han citado, puede estar segura de gozar de la preferencia de su esposo, aunque éste tenga millares de mujeres.

A esto debe añadirse el caso de que si una mujer acaba de separarse de su marido y cae en desgracia, puede bastarse a sí misma y ganarse la vida fácilmente, incluso en un país extranjero, si conoce las mencionadas artes.

El mero hecho de su conocimiento es ya un atractivo para una mujer, aunque su práctica sólo sea posible en determinadas circunstancias, que varían en cada caso.

Un hombre, versado en dichas artes, que además sea locuaz, hable con delicadeza y tenga experiencia en la galantería, pronto conquista el corazón de las mujeres, aunque haga poco tiempo que las haya conocido.

ACERCA DE LA VIDA COTIDIANA
DE UN CIUDADANO[14]

Un hombre de esa forma instruido y que, además, tenga una fortuna, que puede haber conseguido mediante donación, conquista, operaciones comerciales, depósito[15] o herencia familiar, puede convertirse en cabeza de familia y llevar la vida de un ciudadano.

Dispondrá de una casa en un pueblo, en una gran ciudad, en un distrito de gente honrada o en un sitio que frecuenten gran número de personas.

Tal residencia debe encontrarse junto a un curso de agua y dividida en distintos compartimientos, destinados a diversas finalidades.

Ha de estar rodeada de un jardín y constar de dos estancias, una exterior y otra interior.

En esta última, se encontrarán las mujeres, mientras que la otra, aromatizada con ricos perfumes, contendrá una cama blanda, de agradable aspecto, cubierta con una colcha blanca y muy limpia, baja en el centro, que tenga guirnaldas y ramos de flores naturales, con un baldaquín encima y dos almohadas, una en la cabecera y otra en los pies.

También debe haber una especie de sofá o lecho de descanso, y, a la cabecera de éste, una mesita en la que colocar los ungüentos perfumados para la noche, flores, vasijas de colirio y otras sustancias olorosas junto con las especias que sirven para perfumar la boca y las habituales cortezas de limón.

14.   Este término se aplica a todos los habitantes del Hindustán, en vez de limitarse a indicar la condición de los que residen en la ciudad, para distinguirlos de los campesinos.
15.   El conseguir las cosas por regalo es privativo de los brahmanes, por conquista de los ashatryas y la compra, depósito o cualquier otra manera, de los vaishyas.

Igualmente cerca de este sofá, en el suelo, una escupidera, una caja que contiene adornos y, por último, un laúd colgado de un colmillo de elefante, una mesa con dibujos, una vasija conteniendo perfumes, algunos libros y guirnaldas de flores amarillas de amaranto.

Algo más lejos, pero también en el suelo, habrá un asiento redondo, un carro de juguete, un tablero para jugar a los dados y, fuera, es decir, en la estancia exterior, unas jaulas con pájaros.[16]

En una sala aparte lo necesario para hilar, esculpir madera y otros entretenimientos semejantes.

En el jardín se dispondrá de un columpio giratorio y otro normal.

Asimismo, contará con una glorieta cubierta de enredaderas que den flores, dentro de la que conviene disponer de un parterre alto a propósito para sentarse.

El cabeza de familia, cuando se levanta por las mañanas, tras hacer sus necesidades más imperiosas,[17] se limpiará los dientes, se aplicará en el cuerpo, aunque en cantidad moderada, ungüentos y perfumes, se pondrá colirio en los párpados y bajo los ojos, se coloreará los labios con alacktaka[18] y se mirará al espejo.

Después de masticar algunas hojas de betel, junto con aquellas otras que le perfumen la boca, ya puede consagrarse a sus ocupaciones habituales.

Es menester bañarse a diario, de cada dos días, uno, untarse con aceite, aplicarse una sustancia espumosa cada tres,[19] hacerse afeitar la cabeza, incluida la cara

16. En ella, habría papagayos, estorninos, perdices, etcétera.
17. Las necesidades naturales es lo que los hindúes atienden por la mañana, antes de tratar cualquier otra cosa.
18. Color que se obtiene de la laca.
19. Ésta hacía las veces del jabón que no se introdujo en la India hasta la dominación musulmana, iniciada en el siglo xi de nuestra Era es decir, unos cientos de años después de haberse escrito la presente obra.

cada cuatro y las otras partes del cuerpo cada cinco o diez días.[20]

Todo esto es preciso hacerlo sin excusa alguna, como también suprimir el sudor de las axilas.

Efectuará sus comidas antes del mediodía, por la tarde y por la noche, según lo indica el Charáyána.

Concluida la primera comida, se dedicará a enseñar a hablar a los loros o papagayos y otras aves, junto con alguna diversión similar, consagradas todas a pithamardas, vitas y pájaros vidú.

A esto seguirán las peleas de gallos, codornices y carneros.

Debe consagrar un tiempo limitado a estas diversiones con pithamardas, vitas y vidushakas,[21] tras lo cual, puede tomarse un rato para la siesta de la tarde.[22]

Concluida ésta, el cabeza de familia, revestido con su traje y ornamentos, pasará el resto de la tarde conversando con sus amigos.

Por la noche, habrá cánticos.

Cuando éstos terminen, el cabeza de familia, junto con sus amigos, debe esperar en su habitación, previamente decorada y perfumada, la llegada de la mujer que por él siente afecto, a la que habrá avisado por medio de una mensajera o él mismo habrá ido a buscar.

Al llegar ella, junto con sus amigos le dará la bienvenida, para entretenerla con una amable y cariñosa conversación.

Y de este modo concluyen las obligaciones del día.

Ahora, se indican las cosas que pueden hacerse, de vez en cuando, como diversiones y entretenimientos.

20. Se permite un lapso de diez días cuando la depilación se realiza con pinzas.
21. Se trata de personajes clásicos del drama hindú, cuyas características se explican más adelante.
22. La siesta, es decir, descansar a media tarde, los hindúes tan sólo la admiten durante el verano, cuando las noches son cortas.

1. Festivales[23] en honor de las diferentes divinidades.
2. Reuniones sociales, en las que asisten ambos sexos.
3. Reuniones con el solo fin de beber.
4. Fiestas campestres.
5. Otras diversiones de tipo social.

Festivales

En día determinado, que resulte especialmente propicio, se celebrará una asamblea de ciudadanos en el templo de Sarawasti.[24]

Ésta puede ser una buena ocasión para comprobar la habilidad de los cantantes y otros artistas que hayan llegado recientemente a la ciudad y a quienes se recompensará al día siguiente.

Según hayan gustado o no a los reunidos, se les contratará o despedirá.

Los miembros de la asamblea han de actuar siempre de común acuerdo, tanto en tiempos de calamidad como de prosperidad y en todo momento tienen la obligación de ofrecer hospitalidad a cuantos extranjeros hayan acudido a la asamblea.

Todo cuanto se ha dicho aquí, se refiere, por un igual a los demás festivales que puedan ofrecerse a las divinidades que se celebren, de acuerdo con las reglas y normas establecidas.

23. Los festejos en honor de alguna deidad son muy frecuentes en toda la India.
24. Se adora a esta diosa como protectora y patrona de las bellas artes, de la música y de la retórica, a la que, también, se considera como inventora del idioma sánscrito. Es, asimismo, diosa de la armonía, de la elocuencia y de las ciencias, muy similar a la Minerva de los latinos.

Reuniones sociales

Cuando los hombres de una misma edad, parecidas disposiciones, carácter semejante, paralela educación y aficionados a las mismas diversiones, se reúnen en compañía de mujeres públicas,[25] en una asamblea de ciudadanos o en el domicilio de algunos de ellos, para enfrascarse en conversaciones agradables, a esta concurrencia se le da el nombre de reunión de amigos o reunión social.

En esas ocasiones los temas preferidos suelen ser completar versos a medio construir que otros han citado, y la confrontación de los conocimientos de cada uno en las diferentes artes.

Las mujeres más bellas, las que gustan de las mismas cosas que los hombres y que tienen medios de atraer los pensamientos ajenos, son bien recibidas en dichas reuniones y se les rinde el debido homenaje.

Reuniones para beber

Tanto los hombres como las mujeres pueden beber en las casas ajenas.

Entonces, los hombres ofrecerán de beber a las mujeres públicas y también ellos, gustar licores tales como madhu, el aireya, la sara y el asawa, que tienen un gusto amargo y ácido.

Asimismo se permiten otras bebidas mezcladas de cortezas de varios árboles, frutas silvestres y hojas.

25. Las cortesanas de los antiguos hindúes, llamadas vesyas constituían uno de los elementos importantes de la antigua sociedad, sólo comparables a las hetairas helénicas. No eran tan sólo las que habían quebrantado las prescripciones y normas de moral, vendiéndose, sino aquellas que por su preparación y cultura, muy superior a la de las madres de familia, podían alternar con la sociedad varonil, que rechazaba a las mujeres casadas. A cambio de ese puesto preferente, debían perder la buena fama.

Por la mañana, los hombres, después de vestirse se dirigirán a los jardines, para montar a caballo en compañía de las mujeres públicas y seguidos por su servidumbre.

Allí, se dedicarán a practicar los ejercicios del día, concluidos los cuales entretendrán el tiempo con distintas diversiones, tales como peleas de codornices, de gallos, de carneros y otros espectáculos.

Por la tarde, regresarán a casa, del mismo modo que lo hicieron a la ida, trayendo ramos de flores, etcétera.

Lo mismo cabe decir del bañarse en verano.

Se hará en aguas de las que previamente se hayan retirado los animales desagradables o peligrosos y en cuyas orillas se hayan colocado piedras.

Otras diversiones sociales

Pasar las noches jugando a los dados. Salir a dar un paseo durante las noches de luna. Celebrar el día festivo en honor del verano y de la primavera. Arrancar los tallos y las frutas del mango. Comer las fibras del loto. Comer espigas tiernas de trigo o mazorcas tiernas de maíz.

Celebrar excursiones y comidas en los bosques, cuando los árboles se recubren de nuevo follaje.

El udakakashcdika o ejercicios en el agua.

Adornarse con flores de determinados árboles. Arrojarse entre sí las flores del árbol kadamba y un buen número de ejercicios comunes a todo el país o peculiares de algún territorio.

Éstas y otras diversiones parecidas serán siempre habituales entre los ciudadanos.

Puede dedicarse a todas estas diversiones que se han enumerado, una sola persona que se divierta con una cortesana y, asimismo, una cortesana que se divierta con sus doncellas o con otros ciudadanos.

Un pithamarda[26] es un hombre que carece de fortuna, solo en el mundo, cuya única propiedad se reduce a su malika,[27] a algunas sustancias espumosas y a un vestido rojo.

Casi siempre procede de una buena región del país, es hábil en numerosas artes y, a causa de enseñar esas artes, se le recibe en las reuniones de ciudadanos y en las residencias de mujeres públicas.

Un vita[28] es un hombre que ha gozado de los placeres de la fortuna, compatriota de los ciudadanos, con los cuales se relaciona, que tiene las cualidades de un cabeza de familia y al que acompaña su esposa.

Se le honra mucho en las asambleas de ciudadanos y en las casas de mujeres públicas y de ellos y de la ayuda que de ellos recibe suele vivir.

Un vidushaka,[29] también llamado vahihasaka, es decir, el que nos hace reír, es una persona familiarizada con algunas artes, que sabe entretener a modo de juglar o de bufón y que está bien visto de todos.

26. Puede deducirse que un pithamarda es una especie de profesor al que, como tal, se admite en la intimidad de los ciudadanos.

27. Un asiento que tiene la forma de la letra T.

28. El vita, según parece, era algo así como el parásito de la comedia griega y es posible que viviese a costa de un rico ocioso, al que servía lo mismo de preceptor que de compañero de placeres y de confidente.

29. El vidushaka era, sin duda, un payaso. Es algo así como Sancho Panza en la literatura occidental. Como éste, se muestra astuto, cazurro y, a la vez, ingenuo y simple, con mucha afición a la buena mesa y a la vida tranquila. No era un criado, ni tampoco un servidor o un esclavo, sino, tan sólo, un compañero humilde. Solía intervenir en los dramas, donde ya su aspecto movía al público a la risa, y donde enredaba e intrigaba un poco al estilo de Mercurio y de Arlequín. Como dato curioso, hay que señalar que siempre era un brahmán, quizá para que el pueblo desahogara su rabia latente contra ellos, puesto que vivían a sus expensas.

A estas personas acostumbra empleárselas como intermediarios en las querellas y reconciliaciones entre los ciudadanos y las mujeres públicas.

Esto último es igualmente aplicable a las mendigas y pordioseras, a las mujeres que lucen afeitada la cabeza y a las mujeres públicas ancianas, todas ellas muy hábiles en distintas artes.

Por tanto, un ciudadano que resida en su ciudad o en su pueblo y se vea respetado por todos, debe mantener relaciones con las personas de su propia casta, de reconocidos méritos y que merezcan ser frecuentadas.

Debe conversar con ellos y deleitar a sus amigos en su compañía, a quienes obligará a su favor por la ayuda que les ha prestado en diferentes asuntos, induciéndoles, con este ejemplo, a que, a su vez, se ayuden mutuamente.

Sobre este tema hay unos versículos cuyo texto dice así:

«Un ciudadano que hable en una reunión, sin emplear exclusivamente la lengua sánscrita[30] ni los dialectos del país, ganará enseguida un gran respeto.

»La persona sabia no debe ingresar en una comunidad que el público no aprecia, que no esté gobernada por regla alguna y que tienda a la destrucción de los demás.

»Sin embargo, un hombre sabio, que se afilie a una comunidad cuyos actos resultan del agrado del pueblo y que tiene como único objeto el placer, es muy respetado en este mundo.»

30.   Se deduce por esto, que el ciudadano tenía que conocer varios idiomas.

V
ACERCA DE LAS CATEGORÍAS
DE MUJERES FRECUENTADAS
POR LOS CIUDADANOS, DE SUS AMIGOS
Y DE LOS MENSAJEROS

Cuando el kama lo practican hombres de las cuatro castas, según las reglas de los libros sagrados (es decir, por el matrimonio legal) con vírgenes de su propia casta, entonces se convierte en un medio de obtener una progenie legal, junto con la buena fama, y, además, no se oponen a las costumbres del mundo.

Por el contrario, la práctica del kama con mujeres de castas superiores y con aquellas que, previamente, otros disfrutaron, aun siendo de la misma casta, está terminantemente prohibida.

Sin embargo, la práctica del kama con mujeres de castas inferiores, con mujeres repudiadas por su propia casta, con mujeres públicas y con mujeres casadas por segunda vez[31] no se recomienda ni se prohíbe.

Con tales mujeres, la práctica del kama no tiene más objeto que el placer.

Por consiguiente, las nayikas, son de tres clases[32] es decir: muchachas, casadas por segunda vez y mujeres públicas.

Gonikaputra opina que existe una cuarta clase de

---

31.   Esto no se refiere a las viudas, sino, con toda seguridad, a una mujer que, habiendo perdido a su marido por los motivos que fuere o separada de él, vive con otro, como si se tratase de su esposo.

32.   La palabra nayika define a la mujer a la que puede poseerse sin pecar. El trato sexual con una mujer tiene dos finalidades: el placer y la procreación. Una es una nayika. El propio autor señala que también hay otro motivo para gozar de una mujer, que no es ninguna de las finalidades apuntadas, sino únicamente para llevar a cabo un plan especial y a impulsos de determinadas circunstancias. La palabra nayika se emplea con este sentido a lo largo de toda la obra.

nayika: la mujer a la que uno se dirige en una ocasión especial, aunque esté casada con otro hombre.

Para un hombre, tales ocasiones especiales pueden salir de los siguientes razonamientos:

a.   Esa mujer es caprichosa y muchos otros hombres la han gozado antes que yo. En consecuencia, puedo dirigirme a ella igual que si se tratase de una mujer pública, pese a pertenecer a una casta más elevada que la mía y, al hacerlo no violaré los mandamientos del dharma.

O bien:

b.   Esa mujer ya se ha casado dos veces y otros antes que yo la han gozado; por tanto, nada me impide dirigirme a ella.

O bien:

c.   Esa mujer se ha ganado por completo el corazón de su grande y poderoso marido, al que domina totalmente y éste es amigo de mi enemigo. Si se aficiona a mí, va a conseguir que abandone a mi enemigo.

O bien:

d.   Esa mujer puede predisponer a su marido a favor mío, cuando, hasta ahora, proyectaba perjudicarme por la gran enemistad que me tiene.

O bien:

e.   Al convertir en mi amante a esa mujer, mataré a su marido y conseguiré apropiarme de sus inmensas riquezas que tanto ambiciono.

O bien:

f.   Uniéndome a esa mujer, ganaré el afecto de algún amigo, conseguiré la ruina de algún enemigo o podré realizar algún otro proyecto difícil.

O bien:

g.   El que me una con esa mujer no presenta ningún peligro y, en cambio, me proporcionará una fortuna de la que tan necesitado estoy, teniendo en cuenta mi pobreza y mi incapacidad para conseguir mantenerme. Por tanto, de ese modo puedo conseguir, sin dificultad, grandes riquezas.

O bien:

h. Esa mujer me ama apasionadamente y conoce muy bien mis debilidades. No deseo unirme a ella, pero, de resistirme, hará públicos mis defectos, lo cual empañaría mi personalidad y mi reputación. Incluso levantarme alguna grave acusación de la que me sería muy difícil librarme, con lo que me arruinaría. También indisponerme con su marido, que es muy poderoso y al que ella domina, y así hacerle tomar partido por mis enemigos, del cual ella misma sería una aliada.

O bien:

i. El esposo de esa mujer ha violado la castidad de mis mujeres y, por lo tanto, he de devolverle semejante injuria seduciendo a su mujer.

O bien:

j. Con la ayuda de esa mujer mataré a un enemigo del rey, que se ha refugiado junto a ella y al cual mi soberano me ha ordenado matar.

O bien:

k. La mujer a la que amo se ve dominada por esa otra mujer. Por medio de la influencia de ésta, conseguiré a la otra.

O bien:

l. Esa mujer me va a proporcionar a su hija, rica y hermosa, pero a la que resulta difícil abordar por estar bajo su dominio.

O, finalmente:

m. Mi enemigo es amigo del marido de esa mujer. En consecuencia, procuraré que se me una y, de este modo, conseguiré que provoque la enemistad entre su esposo y el otro.

Por estas razones, y aun otras similares, es lícito recurrir a las mujeres de otros hombres, pero en el bien entendido de que se permite por unas razones especiales y no por la pura satisfacción del deseo carnal.

Charayana considera que todavía existe una quinta clase de nayikas: una mujer entretenida por un ministro o a la que visita de vez en cuando; o una viuda que lleva a cabo el propósito de un hombre con la persona con la cual se reúne.

Suvarnanabha opina que una mujer que viva ascéticamente y en situación de viudedad puede considerarse como una sexta clase de nayikas.

Ghotakamuka afirma que la hija de una mujer pública y una sirvienta que todavía sean vírgenes, constituyen una séptima clase de nayikas.

Gonardiya llevó más adelante este asunto, asegurando que toda mujer de buena familia, al llegar a la mayoría de edad, constituye la octava clase de nayikas.

Sin embargo, estas cuatro últimas clases de nayikas no se distinguen mucho de las primeras cuatro, ya que no existen razones especiales para dirigirse a ellas.

Por tanto, Vatsyáyána considera que sólo existen cuatro clases de nayikas, es decir: la muchacha, la casada por dos veces, la mujer pública y aquella a la que uno se dirige por un motivo especial.

No está permitido gozar de las mujeres siguientes:

Una leprosa.

Una lunática.

Una mujer repudiada por su casta.

Una mujer que revela secretos.

Una mujer que expresa públicamente su deseo de relaciones sexuales.

Una mujer extremadamente blanca.

Una mujer extremadamente negra.

Una mujer que huele mal.

Una mujer que sea pariente próxima.

Una mujer con la que se tenga amistad.

Una mujer que lleve una vida muy ascética.

Y, por último, la esposa de un pariente, de un amigo, de un brahmán muy culto o bien de un monarca.

Los seguidores de Babhravya consideran que es lícito gozar de una mujer de la que previamente hayan gozado otros cinco hombres.

Sin embargo, Gonikaputra opina que, aun dándose este caso, las esposas de un pariente, de un brahmán culto o de un rey quedan excluidas.

Van a enumerarse aquí las diferentes clases de amigos:

Aquel que ha jugado contigo en el polvo, es decir, en la niñez.

Aquel que te está obligado por haberle prestado un favor.

Aquel que es de tu misma condición y se muestra aficionado a las mismas cosas.

Aquel que ha sido tu compañero de estudios.

Aquel que conoce tus secretos y tus defectos y del que, a tu vez, conoces sus defectos y sus secretos.

Aquel que es hijo de tu nodriza.

Aquel que se ha criado contigo.

Aquel que es amigo hereditario.

Estos amigos deben tener las siguientes cualidades:

Han de decir la verdad.

No deben cambiar el paso del tiempo.

Deben favorecer tus proyectos.

Deben ser rectos.

Han de estar libres de todo sentimiento de codicia.

No deben mostrarse fácilmente influenciables por otros.

No deben revelar tus secretos.

Charayana recuerda que los ciudadanos mantienen relaciones de amistad con los lavanderos, los barberos, los vaqueros, los floristas, los drogueros, los vendedores de hojas de betel, los taberneros, los mendigos, los pithamardas, vitas y vidushakas, igual que con sus mujeres.

Un mensajero debe tener las siguientes cualidades:

Destreza.

Audacia.

Conocimiento de las intenciones de los hombres por sus signos externos.

No desconcertarse; es decir, no ser tímido.

Conocimiento exacto del significado de lo que los otros hacen o dicen.

Buenos modales.

Conocimiento de los lugares y momentos apropiados para hacer diferentes cosas.

Lealtad en los tratos.

Inteligencia rápida.

Aplicación rápida de remedios, es decir, recursos rápidos y prestos.

Y esta parte concluye con un versículo:

«El hombre ingenioso y prudente, al que ayuda un amigo y que conoce las intenciones de los demás, así como el tiempo y el lugar convenientes para hacer una cosa determinada, puede triunfar fácilmente, incluso ante una mujer, muy difícil de conquistar.»

SEGUNDA PARTE

ACERCA DE LA UNIÓN SEXUAL

*ACERCA DE LAS DISTINTAS
CLASES DE UNIÓN SEXUAL SEGÚN
LAS DIMENSIONES, LA INTENSIDAD DEL DESEO
O LA PASIÓN; Y EL TIEMPO, DE LAS DIFERENTES
CLASES DE AMOR*

Clases de unión

El hombre se divide en tres clases: el hombre-liebre, el hombre-toro y el hombre-caballo, según las dimensiones de su linga.

La mujer, según la profundidad de su yoni, es una cierva, una yegua o una elefanta.

De esto se desprende que existen tres uniones iguales entre personas cuyas dimensiones pueden corresponderse, y seis uniones desiguales, entre personas cuyas dimensiones no pueden corresponderse.

Es decir, un total de nueve uniones, como se puede ver en el cuadro que sigue:

IGUAL		DESIGUAL	
Hombres	Mujeres	Hombres	Mujeres
Liebre	Cierva	Liebre	Yegua
Toro	Yegua	Liebre	Elefanta
Caballo	Elefanta	Toro	Cierva
		Toro	Elefanta
		Caballo	Cierva
		Caballo	Yegua

En esas uniones desiguales, en las que el hombre excede a la mujer en cuanto a tamaño, su unión con una mujer que esté próxima a él, en cuestión de dimensiones, se denomina unión alta y es de dos clases.

En cambio, su unión con una mujer que sea muy diferente a él en cuestión de dimensiones, se denomina unión más alta y es de una sola clase.

Por el contrario, cuando la mujer sobrepasa al hombre en cuestión de tamaño, que es inferior a ella, se denomina unión baja y es de dos clases.

En cambio, cuando su unión es con un hombre de unas dimensiones muy alejadas a las suyas, se denomina unión más baja y es de una sola clase.

En otras palabras, el caballo y la yegua y el toro y la cierva forman la unión alta, al tiempo que el caballo y la cierva forman la unión más alta.

Del lado femenino, la elefanta y el toro y la yegua y la liebre constituyen la unión muy baja.

Por tanto, existen nueve diferentes clases de uniones, según los tamaños.

De todas esas uniones, las mejores son las iguales. Las de grado superlativo, es decir, las muy altas y las muy bajas, son las peores.

Las otras, son de mediana calidad y, de éstas, las altas resultan mejores que las bajas.[33]

Hay, también, nueve distintas clases de unión según la fuerza de la pasión o del deseo carnal, es decir:

Hombres	Mujeres	Hombres	Mujeres
Débil	Débil	Débil	Mediana
Mediana	Mediana	Débil	Intensa
Intensa	Intensa	Mediana	Débil
		Mediana	Intensa
		Intensa	Débil
		Intensa	Mediana

Se dice de un hombre que su pasión es débil cuando su deseo, en el momento de la unión sexual, no es muy vivo, su semen poco abundante y no puede corresponder a los cálidos abrazos de la mujer.

A los que poseen un temperamento mejor, se les denomina hombres de pasión mediana y a los que se muestran llenos de deseos, hombres de pasión intensa.

Del mismo modo, se supone que las mujeres tienen, igualmente, esos tres grados de pasión, tal como más arriba se detalla.

Por último, hay, también, tres clases de hombres y de mujeres, a juzgar por el tiempo que se emplea en el acto sexual, es decir: los hombres y las mujeres que invierten poco tiempo, aquellos y aquellas que invierten un tiempo moderado y, en tercer lugar, aquellos y aquellas que invierten mucho tiempo.

33. Se considera que son mejores las uniones altas que las bajas ya que, en aquéllas, el hombre puede satisfacer sus necesidades cómodamente sin hacer daño a la mujer. En cambio, en las segundas, es difícil que ella quede satisfecha.

De esto, igual que en las anteriores clasificaciones, resultan nueve distintas clases de unión.

Sin embargo, acerca de este último punto las opiniones difieren con respecto a la mujer y es preciso hacerlo resaltar.

Auddalika expone:

«Las mujeres no eyaculan como los hombres. Los hombres se limitan a saciar su deseo, al tiempo que las mujeres, a causa de su conciencia del deseo, experimentan cierta clase de placer, que les resulta muy agradable, pero que les resulta imposible de especificar a qué clase pertenece. Esto pone de manifiesto el siguiente hecho, de que, en la cópula, el hombre cesa por sí mismo, tras la eyaculación, quedando satisfecho, lo que no le ocurre a la mujer.»

Sin embargo, hay una objeción que oponer a este punto de vista:

Si el hombre prolonga el acto durante mucho rato, más le quieren y aman las mujeres, mientras que, si es de los de corta duración, quedan descontentas.

Esta circunstancia, según algunos, demostraría que la mujer también eyacula.

Pero esta opinión no resulta muy fundamentada, pues si se requiere mucho tiempo para calmar el deseo de una mujer, y, durante todo este tiempo, ella experimenta gran placer, parece muy natural que desee que se prolongue.

Acerca de esto hay un versículo que dice:

«Mediante la unión con los hombres, se satisfacen la lujuria, el deseo o la pasión de las mujeres y el goce que ellas experimentan se llama su satisfacción.»

Por su parte, los discípulos de Babhravya afirman que, sin embargo, el esperma de las mujeres va manando desde el principio de la unión sexual hasta su fin y resulta lógico que sea así, puesto que, de no tener esperma, no habría embrión.

También a esto puede formulársele una objeción.

Al comenzar el coito, el ardor de la mujer es tan sólo mediano y no puede soportar los vigorosos empujes del amante.

Pero luego, su pasión va creciendo gradualmente hasta que deja de pensar en su cuerpo y, entonces, desea que el coito concluya de una vez.

Sin embargo, tal objeción carece de valor, ya que, incluso en las cosas vulgares, como son la rueda del alfarero o un simple torno, el movimiento, al comenzar, es más bien lento, pero luego, gradualmente, se hace muy rápido.

Del mismo modo, al ir aumentando el ardor de la mujer, ésta siente el deseo de que cese la cópula, en el momento en que ya ha derramado todo el semen.

Acerca de esto existe el siguiente versículo:

«La emisión del esperma del hombre ocurre sólo al final del coito, mientras que el de la mujer va corriendo de continuo y, únicamente, cuando se han derramado el esperma de uno y otra se siente el deseo de poner fin al coito.»[34]

Finalmente, Vatsyáyána opina que el semen del hombre y el de la mujer se eyaculan del mismo modo.

Es posible que alguien se pregunte lo que sigue:

Si el hombre y la mujer son de la misma clase y bregan para obtener el mismo resultado, ¿por qué tienen que cumplir funciones tan distintas?

Vatsya considera que esto es así porque, tanto las formas de funcionamiento como la conciencia del placer, son diferentes en los hombres y en las mujeres.

La diferencia en las formas de actuación, al ser el hombre quien actúa y la mujer la persona sobre la que se actúa, se debe a la propia naturaleza del macho y de la hembra.

34.   Esta explicación es perfectamente cierta y los occidentales sólo llegaron a comprobarlo científicamente muchos siglos después de que se escribiera esta obra.

De lo contrario, quien actúa podría ser la persona sobre la que se actúa y viceversa.

Esta diferencia en la forma de actuar se expresa en la distinta conciencia del placer.

Así, el hombre piensa:

«Esa mujer está unida a mí.»

Y la mujer piensa:

«Estoy unida a ese hombre.»

Por tanto, se puede señalar que, si son diferentes las formas de actuación del hombre y de la mujer, ¿por qué no habría de existir una diferencia en la clase y forma de placer que experimentan y que es el resultado de esas formas?

Sin embargo, esa objeción carece de base, ya que la persona que actúa y aquélla sobre la que se actúa son distintas y ésta es una razón para que, asimismo, sea distinta su forma de actuar.

No obstante, no hay razón para que sea distinto el placer que experimentan, puesto que, como es lógico, para ambos, el placer deriva del acto que están realizando.[35]

Acerca de esto, podrían decir algunos:

Cuando diferentes personas se ocupan de una misma tarea comprobamos que tienen idéntica finalidad o propósito. Por el contrario, en la unión del hombre y de la mujer, cada uno de ellos persigue su propio objetivo personal, lo que resulta ilógico.

Sin embargo, esta observación no es correcta, ya que, con frecuencia, vemos cosas que se hacen al mismo tiempo, como en la pelea de carneros, en la que los dos reciben a la vez el golpe en las cabezas.

35.   Esta disertación es muy habitual entre los autores sánscritos tanto cuando escriben como cuando hablan. Primero, establecen una proposición y luego, ellos mismos, desarrollan sus fallos y sus aciertos. Lo que se pretende decir es que si bien hombre y mujer encuentran placer en el acto sexual, éste se produce por diferentes medios, ya que cada uno lo cumple independientemente del otro y con su particular conciencia del placer. Sin embargo, el placer en sí es siempre el mismo, aunque varíe en gradación.

Otro tanto sucede cuando se lanza una bola contra otra o en una competición de atletas.

Si se observa que en este caso las cosas que se emplean son de la misma clase, puede responderse que, en el de hombre y mujer, también es la misma la naturaleza de dos personas.

Como la diferencia en su forma de actuar proviene únicamente de la diferencia de su conformación, se desprende de esto que los hombres experimentan la misma clase de placer que las mujeres.

Acerca de esto hay también un versículo que dice:

«Al ser hombres y mujeres de idéntica naturaleza, experimentan la misma clase de placer, por lo que se deduce que un hombre debe casarse con aquella mujer que le pueda amar eternamente.»

Después de haber demostrado de este modo que el placer de los hombres y el de las mujeres es de la misma clase, se deduce que, con relación al tiempo que se invierte y se hace durar el acto, existen nueve clases de relaciones sexuales, del mismo modo que existen nueve clases de acuerdo con la fuerza de la pasión.

Puesto que, como se ha visto, existen nueve clases de uniones respecto al tamaño, intensidad de la pasión y tiempo que dura el coito, si las combinamos entre sí formarán innumerables clases de uniones.

En consecuencia, en cada clase particular de unión sexual, los hombres deben emplear los medios que juzguen más adecuados para cada una de las ocasiones.[36]

36. Este párrafo merece especial atención, puesto que se refiere a hombres casados y a sus esposas. Son muchos los maridos que ignoran totalmente los sentimientos y reacciones de su mujer y que no se preocupan en absoluto si ella está o no bien dispuesta. Por eso conviene estudiar a fondo el mencionado párrafo. Entonces, se comprenderá que a la mujer debe preparársela para la relación sexual, si es que se pretende que también ella obtenga satisfacción.

Cuando se efectúa la unión sexual por primera vez, el ardor del hombre es muy intenso, pero, en cambio, muy breve el tiempo que invierte.

Por el contrario, en las subsiguientes uniones del mismo día, ocurre todo lo contrario.

A la mujer le ocurre exactamente al revés, ya que, la primera vez, la pasión es débil y muy largo el tiempo empleado.

En las repeticiones del mismo día, su pasión se hace más intensa y el tiempo más corto, hasta quedar plenamente satisfecha.

De las diferentes clases de amor

Los hombres versados en humanidades opinan que el amor se divide en cuatro clases, es decir:

1. Amor que proviene del hábito continuado.
2. Amor que resulta de la imaginación.
3. Amor que resulta de la fe.
4. Amor que resulta de la percepción de objetos exteriores.

1. El amor que resulta de la realización constante y continuada de un acto determinado, se denomina amor adquirido por la práctica y el hábito continuado, como, por ejemplo, son el amor por las relaciones sexuales, el amor por la caza, el amor por la bebida, el amor por el juego, etc.

2. El amor experimentado por cosas a las que no se está habituado y que proviene exclusivamente de las ideas, se denomina amor que resulta de la imaginación. Así, por ejemplo, son el amor que ciertos hombres, mujeres o eunucos sienten por la auparishtaka o unión bucal y el que todo el mundo siente por actos tales como abrazar, besar, etc.

3. El amor recíproco y que ha demostrado ser cierto y se prueba su duración cuando uno mira al otro igual

que si fuera él mismo. Este amor recibe el nombre de amor que resulta de la experiencia.

4. El amor que resulta de la percepción de objetos exteriores es muy evidente y bien conocido por todo el mundo, puesto que el placer que proporciona es superior al placer de otras clases de amor que existen, tan sólo, en razón de éste.

Cuanto se ha dicho en este capítulo acerca de la unión sexual, es suficiente para el hombre instruido.

Sin embargo, para ilustrar mejor al ignorante, ahora se tratará del mismo tema con más detalle.

11
ACERCA DEL ABRAZO

Esta parte del *Kama Sutra*, que trata de la unión sexual, se denomina, asimismo, «sesenta y cuatro» (catush-shashti).

Ciertos autores de la Antigüedad afirman que se llama así por contener sesenta y cuatro capítulos.

Otros, en cambio, opinan que el autor de esta parte fue un tal Panchala y que el que declamó la parte del *Rig Veda*, llamada Dashapata, que se compone de sesenta y cuatro versos, también llamada Panchala, por lo que el nombre de «sesenta y cuatro» se dio, asimismo, a la parte de la obra en honor de los *Rig Vedas*.

Los discípulos de Babhravya afirman que esta parte contiene ocho partes:

El abrazo, el beso, el arañazo con las uñas o con los dedos, el mordisco, el acostarse, la producción de distintos sonidos, la mujer desempeñando el papel del hombre y la auparishtaka o unión bucal.

Puesto que cada uno de esos temas tiene ocho divisiones y ocho multiplicado por ocho dan sesenta y cuatro esta parte recibe el nombre de «sesenta y cuatro».

Sin embargo, Vatsyáyána afirma que ese nombre de «sesenta y cuatro» se ha conferido simplemente por azar, puesto que, además de los ya señalados, contiene los temas siguientes:

Los golpes, los gritos, los actos del hombre durante la unión sexual, las diferentes clases de unión sexual y otros.

Decimos, por ejemplo, este árbol es saptaparna o de siete hojas, esta ofrenda de arroz es panchavarna o de cinco colores, aunque el árbol no tenga siete hojas ni el arroz cinco colores.

Sea como fuere, aquí se estudia esta parte «sesenta y cuatro» y, en primer lugar, vamos a ocuparnos del abrazo.

El abrazo, que indica el mutuo amor de un hombre y de una mujer que se han reunido, es de cuatro clases, es decir:

1. De contacto.
2. De penetración.
3. De frotamiento.
4. De opresión.

En cada uno de esos casos, la acción viene determinada por el sentido de la palabra con que se le designa.

1. Cuando un hombre, con cualquier pretexto, va delante o al lado de una mujer y con su cuerpo toca el de ella, es el abrazo de contacto.

2. Si, en un lugar solitario, una mujer se inclina como si recogiera algo y, con sus senos, penetra, por así decirlo, en un hombre que está sentado o de pie y éste a su vez, los coge enseguida, es el abrazo de penetración.

Estas dos clases de abrazos se dan tan sólo entre personas que aún no se hablan con entera libertad.

3. El abrazo de frotamiento se produce cuando dos enamorados van paseando lentamente por un lugar oscuro, frecuentado o no, y frotan sus cuerpos entre si.

4. Cuando, en una situación muy parecida a la an-

terior, uno de ellos oprime fuertemente al otro contra una pared o un pilar, se denomina abrazo de opresión.

Estos dos abrazos son propios de quienes conocen sus mutuas intenciones.

En el momento de encontrarse, se suelen usar cuatro clases de abrazos:

1. Jataveshitaka o abrazo de reptil.
2. Vrikshadhirudhaka o subida al árbol.
3. Tila-Tandulaka o mezcla de granos de samo y de arroz.
4. Kishraniraka o abrazo de leche y de agua.

1. Cuando una mujer se aferra a un hombre, igual que un reptil se enlaza a un árbol, adelanta la cabeza hacia la de él con intención de besarle y, dejando escapar un leve sonido de sutt sutt, le abraza y le contempla amorosamente, es el abrazo denominado enlace de reptil.

2. El abrazo denominado subida al árbol se produce cuando una mujer, tras poner un pie sobre el de su enamorado y el otro en uno de sus muslos pasa uno de los brazos por encima de los riñones y el otro por su espalda, canturrea a media voz, igual que si le arrullase, y hace ademán de querer trepar por él para obtener un beso.

Estas dos clases de abrazo tienen lugar cuando el enamorado está de pie.

3. Los enamorados, tendidos en una cama, se abrazan estrechamente, de modo que los brazos y los muslos de uno queden enlazados con los brazos y los muslos del otro, en una especie de frotación; a este abrazo se le llama mezcla de granos de samo y arroz.

4. Cuando un hombre y una mujer se aman violentamente y, sin preocuparse por si se producen dolor o daño, se abrazan igual que si sus cuerpos quisieran penetrarse mutuamente, tanto si la mujer está sentada

sobre las rodillas del hombre, como si está en él o sobre un lecho, este abrazo se denomina mezcla de leche y agua.

Estas dos clases de abrazo tienen lugar en el momento de la unión sexual.

Ésas son las ocho clases de abrazo que nos ha relatado Babhravya.

Suvarnanabha nos ofrece, además, cuatro maneras de abrazar distintos miembros del cuerpo, que son:

1. El abrazo de los muslos.
2. El abrazo del jaghana, es decir, la parte del cuerpo comprendida entre el ombligo y los muslos.
3. El abrazo de los pechos.
4. El abrazo del rostro.

1. Si uno de los dos amantes oprime con fuerza uno de los muslos del otro, o los dos, contra los suyos, es lo que se denomina abrazo de los muslos.

2. El hombre oprime el jaghana, o parte media del cuerpo de la mujer, contra el suyo propio y se sube a ella para rascarla con las uñas o el dedo, morderle o besarle el pelo, que llevará suelto y colgando; éste es el abrazo del jaghana.

3. Cuando un hombre coloca el pecho entre los pechos de la mujer y la oprime, éste se llama el abrazo de los pechos.

4. El abrazo del rostro se practica cuando uno de los dos amantes aplica su boca sobre los ojos, la frente y la boca del otro.

Según no pocos autores, el masaje es una forma de abrazo, ya que exige contacto entre dos cuerpos. Sin embargo, Vatsyáyána considera que el masaje, lo mismo que las friegas o los restregones, se realizan en otro lugar, en otro momento y con una distinta finalidad, aparte de ser de carácter distinto.

Por tanto, no se puede incluir entre los abrazos.

Acerca de esto hay unos versículos cuyo texto dice así:

«El tema completo del abrazo es de tal naturaleza que cuantos hombres se hacen preguntas relacionadas con él, que algo han oído hablar de él o que hablan de él, sienten que se les despierta un gran deseo de goce. No obstante, algunos abrazos no mencionados en el Kama Shastra deben practicarse en el momento del placer sexual, si es que de ese modo puede lograrse un aumento del amor. Las reglas del Shartra pueden aplicarse mientras el ardor del hombre es mediano, pero una vez la rueda del amor se ha puesto en movimiento, no existen ya ni Shastra ni orden.»

III
ACERCA DEL BESO

Son muchos los que pretenden que no existe orden ni momento para el abrazo, el beso, la presión, el arañazo y presión con las uñas o los dedos, sino que todas estas operaciones se han de realizar, por lo general, antes de la unión sexual, mientras que el golpear y emitir distintos sonidos debe llevarse a cabo mientras aquélla dura.

No obstante, Vatsyáyána opina que éstas pueden realizarse en cualquier momento, puesto que en el amor no importa ni la ocasión ni el orden.

Cuando se realiza la primera copulación, tanto el besar como los demás contactos mencionados deben realizarse moderadamente, no proseguirlos durante mucho tiempo y alternarlos tanto como sea posible.

Sin embargo, en las ocasiones siguientes, lo adecuado es precisamente lo contrario y ya no es menester la moderación. Es lícito prolongarlos durante mucho tiempo y, con el fin de excitar la pasión, pueden llevarse a cabo todos al mismo tiempo.

Los sitios más a propósito para besar son los siguientes: la frente, los ojos, las mejillas, la garganta, el pecho, los senos, los labios y el interior de la boca.

La gente del territorio de Lat besa también en los lugares que a continuación se mencionan: la coyuntura de los muslos, los brazos y el ombligo.

Sin embargo, Vatsyáyána opina que, pese a que el beso en los lugares indicados sea una costumbre que practica la gente de esa región, no es conveniente que los de otros lugares les imiten.

Cuando se trata de una muchacha, existen tres clases de besos:

1. El beso nominal.
2. El beso palpitante.
3. El beso de tocamiento.

1. Si una muchacha se limita a tocar la boca de su amante con la suya, sin nada mas, ese contacto se denomina beso nominal.

2. Cuando una muchacha, olvidando un poco su timidez, desea tocar el labio que presiona sobre su boca y, con tal motivo, mueve su labio inferior, aunque no el superior, ése será el beso palpitante.

3. El beso de tocamiento será cuando una muchacha toca el labio de su amante con su propia lengua, cierra los ojos, y pone sus manos en las de su amante.

Otros autores describen distintas clases de besos, que son:

1. El beso directo.
2. El beso inclinado.
3. El beso girado.
4. El beso apretado.

1. Cuando los labios de los amantes se encuentran en contacto directo, a esto se le llama beso directo.

2. Si las cabezas de ambos amantes están inclina-

das, una hacia la otra y, en tal posición, se besan, a éste se le denomina el beso inclinado.

3.   Se producirá el beso girado cuando uno de ellos hace girar el rostro del otro, sosteniéndole la cabeza y el mentón y le da un beso.

4.   Finalmente, cuando el labio inferior del hombre aprieta con mucha fuerza, practica el denominado beso apretado.

Existe, asimismo, una quinta clase de beso: el beso muy apretado.

Se realiza sosteniendo el labio inferior con dos dedos y después de tocarlo con la lengua, se oprime fuertemente con los labios.

En cuestión de besos, puede jugarse a ver quién se apodera antes de los labios del otro.

En caso de que sea la mujer quien pierde, simulará que llora, intentará alejar a su enamorado, le dará la espalda y, tocando palmas, buscará discusiones, diciéndole:

—Has de concederme la revancha.

En caso de perder por segunda vez, simulará sentirse doblemente afligida y, cuando su enamorado se encuentre dormido o distraído, le cogerá el labio inferior entre los dientes, de modo que no pueda escapar.

Entonces, puede echarse a reír, hacer mucho ruido y burlarse de él, danzar en torno suyo y decir cuanto le pase por la cabeza, moviendo los párpados y haciendo girar los ojos.

Ésos son los juegos y las disputas que acompañan al beso, pero también puede asociarse a la presión entre los brazos, a arañar con las uñas y dedos, a morder y a golpear.

Sin embargo, tales prácticas son tan sólo peculiares de los hombres y mujeres a quienes domina una intensa pasión.

Cuando un hombre besa el labio superior de una mujer y ésta le corresponde besándole el labio inferior, se denomina beso del labio superior.

Si uno de ellos coge los dos labios del otro entre los suyos, recibe el nombre de beso que oprime.

Hay que advertir que esta clase de beso las mujeres sólo lo practican con el hombre sin bigote.

Si, al darse este beso, uno de los amantes toca con la lengua los dientes, la lengua y el paladar del otro, se ha establecido el denominado combate de la lengua.

De la misma manera se puede ejercer presión de los dientes de uno de los amantes contra la boca del otro.

El beso es de cuatro clases: moderado, contraído, apretado y suave, según las diferentes partes del cuerpo en que se dé, puesto que para cada una existen los correspondientes besos más apropiados.

Cuando una mujer mira el semblante de su amante, mientras está dormido, y le besa para demostrar su intención o deseo, éste será un beso para avivar el amor.

Si una mujer besa a su amante mientras éste trabaja, cuando la riñe o mientras observa algo, tan embebido que su mente se encuentra en otra parte, a éste se le denomina beso que distrae la atención.

Cuando un enamorado llega a casa a altas horas de la noche y besa a su amada, que está durmiendo en su lecho, con el propósito de demostrarle su deseo, será sin duda el beso que despierta.

En tal ocasión, la mujer puede simular que duerme cuando llega su amante, de manera que le sea posible conocer sus intenciones y merecer su respeto.

En el caso de que una persona besa la imagen de otra, a la que ama, reflejada en un espejo, en el agua o en una pared, a éste se le llama el beso que manifiesta la intención.

El beso transferido consiste en que una persona besa a un niño sentado en sus rodillas, a un retrato o a una imagen, en presencia de la persona a la que ama.

Cuando, por la noche, en el teatro o en una reunión de casta, un hombre pasa ante una mujer y le besa un dedo de la mano si está levantada o un dedo del pie, si está sentada; cuando una mujer está frotando o dando masaje al cuerpo de su amante, pone el rostro en el muslo de éste, igual que si quisiera dormir, para enardecerle de ardor, y le besa en el propio muslo o en el dedo gordo del pie, en ambos casos se trata del llamado beso demostrativo.

Acerca de este tema también hay un versículo que dice:

«Cualquier cosa que uno de los enamorados haga al otro, éste debe devolvérselo; es decir, si la mujer besa al hombre, éste ha de besarla; si ella le golpea, él debe también golpearla.»

IV
ACERCA DE LA PRESIÓN Y MARCADO DE LAS UÑAS

Si el amor se hace más intenso, es el momento oportuno de practicar la presión o el arañazo con las uñas.

Tal práctica suele ocurrir, además de durante la primera visita, en las siguientes ocasiones: en el momento de iniciar la jornada, al regreso de una jornada cuando un amante irritable se reconcilia y, por último, cuando la mujer está embriagada.

La presión con las uñas es sólo propia de los amantes de pasión intensa.

Aquellos a quienes complace suelen asociarla a la práctica del mordisco.

Según la forma de las marcas que producen la presión con las uñas es de ocho clases:

1. Sonora.
2. Media luna.
3. Círculo.
4. Línea.

5. Garra de tigre.
6. Pata de pavo real.
7. Salto de liebre.
8. Hoja de loto azul.

Los lugares en los que esa presión debe realizarse son: el hueco de la axila, el cuello, los senos, los labios, el jaghana o parte media del cuerpo y los muslos.

Sin embargo, Suvarnanabha considera que si la pasión es excesiva, no es necesario preocuparse mucho del lugar.

Las cualidades que requieren unas uñas para ser buenas, son que sean brillantes, estén bien colocadas, limpias, completas, convexas, suaves y pulidas.

Según su tamaño las uñas son de tres clases:
Pequeñas.
Medianas.
Grandes.

Las uñas grandes o largas que dan gracia a las manos y que, por su apariencia, atraen el corazón de las mujeres, son las que poseen los bengalíes.

Las uñas pequeñas, que pueden utilizarse de distintas maneras, y que se emplean con el único fin de proporcionar placer, son habituales a la gente de los territorios del Sur.

Las uñas medianas, que tienen las propiedades de las otras dos, anteriormente descritas, son de la gente de Maharashtra.

1. Cuando una persona presiona el mentón, los senos, el labio inferior o el jaghana de otra, con tal suavidad que ni siquiera deja huella o rasguño, excepto que el vello se endereza al contacto de las uñas, que, a su vez, producen un sonido, a esto se le denomina presión sonora con las uñas.

Tal presión se practica con una muchacha, cuando su amante la fricciona, le rasca la cabeza y desea turbarla o asustarla.

2.   La marca curvada de las uñas hecha en el cuello y en los senos, se llama de media luna.

3.   Cuando las medias lunas quedan marcadas una frente a la otra, se denominan círculo. Tal marca con las uñas suele hacerse en el ombligo, en las pequeñas cavidades en torno a las nalgas y en las junturas de los muslos.

4.   Una marca, que tenga la forma de una pequeña línea, y que permita realizarla en cualquier parte del cuerpo, es la denominada línea.

5   Esa misma línea, si es corta y se traza sobre el pecho, se llama garra de tigre.

6.   Cuando se traza una señal o marca curvada en el pecho con las cinco uñas, se llama pata de pavo real. Tal marca se hace sólo para alardear, puesto que se requiere mucha destreza para practicarla adecuadamente.

7.   Si se producen cinco marcas con las uñas en torno al pezón, se denomina salto de liebre.

8.   Una señal o marca hecha en el pecho, en los labios, en la cadera, en forma de hoja de loto azul, es la llamada hoja de loto azul.

Cuando una persona, en el momento de partir de viaje, hace una marca en el muslo o en el pecho, esto es la señal del recuerdo. En tales ocasiones, suelen marcarse tres o cuatro líneas juntas, siempre con las uñas.

Aquí concluye lo relativo a las marcas con las uñas.

Con ellas también pueden practicarse otras marcas, además de las que antes se han descrito, puesto que, según indican los autores antiguos, son tan innumerables los grados de habilidad de los hombres que conocen la práctica de ese arte, como innumerables las formas resultantes de esas marcas.

Puesto que la presión o las marcas con las uñas dependen del amor que se sienta, nadie puede afirmar con certeza cuántas clases de señales existen.

Según Vatsyáyána, la razón principal estriba en que

la variedad es necesaria en el amor, pero éste, a su vez, es consecuencia de la variedad de medios.

Por este motivo resultan tan deseables las cortesanas, que están muy al corriente de la diversidad de medios y de vías.

Si buscamos la variedad en todas las artes y diversiones tales como el tiro con arco y ejercicios similares, con mucha mayor razón se buscan en el amor.

Las marcas con las uñas no deben realizarse nunca a mujeres casadas, aunque determinadas señales especiales se pueden marcar en sus partes más ocultas, como recuerdo que aumente el amor.

Acerca de esto existen unos versículos que afirman:

«El amor de una mujer se reaviva o renueva si ve señales de uñas en las partes más ocultas de su cuerpo, aunque sean antiguas y comiencen a borrarse. De no existir señales o marcas de uñas que le recuerden a una persona que por ella ha pasado el amor, éste disminuye, igual que ocurre cuando se deja pasar mucho tiempo sin que haya unión.»

Cuando un extraño ve, aunque sea de lejos, a una muchacha con marcas de uñas en los senos,[37] siente, al instante, amor y respeto por ella.

Del mismo modo, un hombre que muestre señales de uñas o de dientes en ciertas partes del cuerpo, ejerce una gran influencia en el ánimo de una mujer, por muy firme que ésta sea.

Por tanto, nada mejor que practicar señales de uñas o de mordiscos para que el amor aumente.

---

37.   Por lo que se deduce de esta afirmación, en la Antigüedad, las mujeres llevaban los senos al descubierto, lo mismo que en algunas poblaciones de la Grecia heroica y en la isla de Creta. Con respecto a la India, lo confirman las tumbas descubiertas en que aparecen damas de la familia real con los senos al aire.

V

ACERCA DEL MORDISCO Y DE LOS MODOS DE AMOR
QUE SE HAN DE EMPLEAR CON LAS MUJERES
DE LOS DISTINTOS PAÍSES

Todas las partes del cuerpo susceptibles de besarse, también se pueden morder, salvo el labio superior, el interior de la boca y los ojos.

Para que unos dientes sean buenos, han de ser iguales, de un brillo que resulte agradable a la vista, que puedan pintarse, de adecuadas proporciones, intactos y con finas extremidades.

Por el contrario, resultan defectuosos los dientes mellados, descarnados, romos, que estén flojos, que sean demasiado grandes y se vean mal colocados.

Las clases de mordiscos son:

1. El mordisco oculto.
2. El mordisco dilatado.
3. El punto.
4. La línea de puntos.
5. El coral y la joya.
6. La línea de joyas.
7. La nube quebrada.
8. El mordisco de jabalí.

1. El mordisco que sólo se descubre por el enrojecimiento de la piel, se le denomina mordisco oculto.

2. Cuando la piel se ve hundida a ambos lados, se trata del mordisco dilatado.

3. Si se muerde una pequeña porción de la piel con sólo dos dientes, se le llama el punto.

4. Al morder pequeñas porciones de la piel con todos los dientes, se produce la línea de puntos.

5. El coral y la joya es el mordisco realizado uniendo los dientes y los labios. El labio es el coral y los dientes, la joya.

6. El mordisco propinado con todos los dientes es la línea de joyas.

7. Se denomina la nube quebrada al mordisco cuyas marcas, en forma de círculo, quedan desiguales a causa de la separación que hay entre los dientes. Suele aplicarse en los senos.

8. El mordisco formado por diversas líneas largas de señales, una muy cerca de la otra, y con intervalos rojizos, es el mordisco de jabalí. Suele aplicarse en los senos y en la espalda. Estas dos últimas clases de mordiscos son propias de personas de pasión muy intensa.

El labio inferior es el lugar apropiado para dar el mordisco oculto, el mordisco dilatado y el punto.

El mordisco dilatado también puede darse en la mejilla, igual que el coral y la joya.

El beso, la presión de las uñas, y el mordisco son el adorno de la mejilla izquierda y siempre que se hable de mejilla se refiere a la izquierda.

La línea de puntos y la línea de joyas suelen aplicarse en el cuello, en la axila y en las junturas de los muslos. Sin embargo, la línea de puntos sólo se aplicará en la frente y en los muslos.

Si se marcan con las uñas o se muerden un adorno en la frente, un adorno para la oreja, un ramo de flores, una hoja de betel o una hoja de tamala, que luzca la mujer amada, significa que se desea gozar con ella.

Aquí concluyen las diferentes clases de mordiscos.

En cuestiones de amor, el hombre ha de realizar cuantas cosas sean agradables a las mujeres de distintas regiones.

Las mujeres de los territorios centrales, los comprendidos entre el Ganges y el Djumnah, tienen un modo de ser noble, carecen de la costumbre de prácticas vergonzosas y les molestan la presión de las uñas y los mordiscos.

Las mujeres del país de Balhika se dejan conquistar por quien las pega.

Aficionadas a los placeres indecentes, carecen de buenos modales; así son las de Avantika.

A las mujeres de Maharashtra les agrada practicar las sesenta y cuatro artes, pronuncian palabras groseras y malsonantes, desean que les hablen de idéntica manera y sienten un infinito afán de goce.

Las nativas de Pataliputra, es decir, la moderna Patna, son de naturaleza similar a las de Maharashtra, pero sólo muestran sus deseos en secreto.

Las de la tierra de Drávida, por mucho que se las acaricie y se las abrace apretadamente durante el acto sexual, tienen un derrame de semen muy lento, o sea que tardan mucho en completar el coito.

Las mujeres de Vanavasi patentizan siempre una pasión moderada. Gustan de toda clase de entretenimientos, lucen el cuerpo siempre tapado y les molestan quienes pronuncian palabras groseras y malsonantes.

Las de Avanti detestan los besos y las señales de uñas, igual que el mordisco, pero en cambio, son muy aficionadas a las diferentes clases de unión sexual.

Las naturales de Malwa saborean los abrazos y los besos, pero no que se las hiera, y se dejan ganar por quien las golpea.

Las féminas de Abhira y las del país que se extiende entre el Indo y los cinco ríos, es decir del Punjab, enloquecen por la auparishtaka o unión sexual bucal.

Las mujeres de Aparatika son extremadamente apasionadas y emiten muy lentamente el sonido «sit».

Las del país de Lat tienen deseos aún más impetuosos y violentos y también emiten el sonido «sit».

Las nativas del Stri Rjya y de Koshola (Yde) se sienten dominadas por deseos impetuosos, derraman gran cantidad de esperma y se drogan para facilitarlo.

Las mujeres del país de Audhra, de cuerpos tiernos y

suaves, sienten gran predilección por el goce y gustan de los placeres voluptuosos.

Las de Ganda son de corazón tierno y hablan con mucha dulzura.

Ahora bien, Suvarnanabha considera que lo que resulta agradable para una determinada persona, es mucho más importante que lo que constituye el gusto de todo un territorio.

En consecuencia, esas costumbres no es menester seguirlas en según qué casos.

Además, muchas veces, las diferentes formas de placer, el vestido, los ejercicios y las diversiones de un país acaban imponiéndose en otro, por lo que, en tales casos, hay que considerarlos como originarios de este último.

De las caricias antes mencionadas, es decir, abrazos, besos y mordiscos, etc., hay que realizar primero aquellas que aumentan la pasión. Luego, se proseguirá con aquellas otras que no tienen otro objeto que la diversión e introducir la variedad.

También aquí son de provecho los versículos que dicen:

«Cuando un hombre muerde violentamente a una mujer, ésta debe corresponderle igualmente furiosa, mordiéndole con doble fuerza. Así, a un punto ella contestará con una línea de puntos y a una línea de puntos, con una nube quebrada. De sentirse muy excitada, entablará al instante una querella de amor. Al propio tiempo, cogerá la cabeza de su amante por los cabellos, le obligará a inclinar la cabeza y le besará en el labio superior. Luego, ciega de amor y de deseo, cerrando los ojos, comenzará a morderle en distintos lugares del cuerpo, incluso de día y en un lugar público muy concurrido, si su amante le muestra alguna de las señales que ella le haya hecho en el cuerpo, sonreirá y, volviendo la cabeza como si fuera a regañarle, con mirada airada le mostrará las marcas que él haya marcado en el cuerpo. De tal manera que, si hombres y mujeres actúan de forma adecuada, su amor no disminuirá aunque se extienda durante todo un siglo.»

VI
ACERCA DE LAS DISTINTAS FORMAS DE ACOSTARSE Y LAS DIVERSAS CLASES DE CÓPULAS O UNIONES

En una unión sexual alta, la mujer mrigi (cierva) ha de tenderse de forma que su yoni quede ensanchado.

Por el contrario, en una unión baja, la mujer hastini (elefanta) se tenderá de manera que se le contraiga.

En una cópula igual, sé acostará en postura natural.

Cuanto se ha dicho de la mrigi y de la hastini, también se aplica a la mujer vadawa (yegua).

En una unión sexual baja, las mujeres tomarán drogas para que sus deseos queden rápidamente satisfechos.

La mujer cierva puede acostarse de tres distintas maneras:

1. La posición ampliamente abierta.
2. La posición abierta.
3. La posición de Indrani.

1. Cuando ella baja la cabeza y eleva la parte media del cuerpo, adopta la posición llamada ampliamente abierta.

2. Si la mujer cierva levanta los muslos y mantiene las piernas totalmente abiertas, y practica enseguida la unión sexual, es que se ha tendido en posición abierta.

3. Cuando ella aparta los muslos, dobla las piernas contra ellos, y, en tal posición, se efectúa la cópula, se ha realizado ésta en la posición de Indrani. Sólo se aprende

con la práctica y resulta muy conveniente en el caso de una unión muy alta.

La posición opresora se usa en la unión sexual baja y en la cópula muy baja, junto con la posición compresora, la enlazante y la de la yegua.

Se denomina posición opresora cuando las piernas del hombre y las de la mujer se hallan extendidas y rectas, en contacto mutuo.

Consiste en dos formas: la posición ladeada y la posición de espaldas, según la forma en la que se hallen acostados.

En la posición ladeada, el hombre debe tenderse invariablemente en el lado izquierdo y hacer que la mujer se tienda en el derecho. Esta regla ha de observarse con todas las mujeres.

Si una vez comenzada la unión sexual en la posición opresora, la mujer aprieta a su amante con los muslos, es que le aplica la posición llamada compresora.

La posición enlazante consiste en que la mujer coloque uno de sus muslos atravesado sobre el de su amante.

Cuando la mujer retiene a la fuerza la linga en su yoni, se dice que adopta la posición de la yegua. Tal posición sólo se aprende con la práctica y está muy extendida entre las mujeres del territorio de Andra.

Ésas son las diferentes maneras de acostarse que señala Babhravya. Sin embargo, Suvarnanabha indica otras, que son las siguientes:

La posición elevada que es cuando la mujer extiende ambos muslos y los levanta.

La posición abierta si alza las dos piernas para colocarlas en los hombros del amante.

La posición contraída que resulta cuando las piernas están contraídas y el amante las mantiene en tal posición contra su pecho.

Será semicomprimida si sólo una de las piernas está extendida.

La abertura de bambú la realiza la mujer apoyando una de las piernas sobre el hombro de su amante y extendiendo la otra, que luego apoya en el hombro de su amante, a continuación extiende la otra y va alternando tales movimientos.

La postura de un clavo si una de las piernas se apoya sobre la cabeza y se extiende la otra. Esta postura sólo llega a aprenderse con la práctica.

La posición del cangrejo se verifica cuando la mujer contrae ambas piernas y las apoya en el estómago.

La posición en paquete ocurre cuando los muslos están elevados y colocados uno sobre el otro.

La posición en forma de loto es si las piernas se apoyan una sobre otra.

Cuando un hombre, durante la unión sexual, se vuelve en redondo y goza de la mujer sin separarse de ella, mientras ésta le abraza por los riñones, se dice que lo hace en posición giratoria. Sólo llega a aprenderse con la práctica.

A juicio de Suvarnanabha, esas diferentes posiciones, acostado, sentado y en pie, se han de practicar en el agua, puesto que de este modo resultan más fáciles.

Sin embargo, Vatsyáyána juzga que la unión sexual en el agua no es aconsejable puesto que la prohíbe la ley religiosa.

La unión sexual apoyada se verifica si un hombre y una mujer se sostienen mutuamente sus cuerpos, o lo hacen contra un muro o contra una columna y, manteniéndose en pie, realizan el acto sexual.

La unión sexual suspendida es cuando un hombre se halla de pie, apoyado en una pared, y la mujer se sienta sobre las manos enlazadas de él, pasándole los muslos por la cintura y se mueve tocando la pared con los pies.

Cuando una mujer se apoya en las manos y en los

pies, como un cuadrúpedo, y el hombre monta sobre ella como un toro, tal tipo de cópula se la denominará la unión sexual de la vaca.

En tal posición se puede realizar sobre la espalda lo que, comúnmente, se efectúa sobre el pecho.

Asimismo, se puede realizar la unión sexual del perro, de la cabra, de la cierva, el asalto violento del asno, la unión sexual del gato, el salto del tigre, la presión del elefante, el frotamiento del jabalí y el asalto del caballo.

En todos esos casos imitarán los movimientos de los distintos animales.

La unión sexual reunida se produce al gozar un hombre al mismo tiempo de dos mujeres que le aman por un igual.

Pero si un hombre goza a un mismo tiempo de varias mujeres será la llamada unión sexual del rebaño de vacas.

Para imitar a los animales, se pueden llevar a cabo las siguientes uniones sexuales: el ejercicio en el agua o unión de un elefante con varias hembras, lo que, según se afirma, sólo ocurre en el agua, la unión del rebaño de cabras y la unión del rebaño de ciervas.

En Gramaneri, varios jóvenes gozan de una mujer que puede estar casada con uno de ellos, uno después de otro o todos a la vez.

Por ejemplo, uno la aguanta, el otro goza de ella, un tercero se apodera de la boca, el cuarto del vientre, etcétera, y, de esta manera, todos van gozando sucesivamente de todas sus partes.

Esto mismo puede hacerse cuando varios hombres se encuentran en compañía de una cortesana. Las mujeres del harén real también lo imitan cuando, por casualidad, ponen las manos en un hombre.

La gente de los territorios del Sur practican, además, una unión sexual en el ano que se denomina unión sexual inferior.

Aquí concluyen las distintas clases de unión sexual.

Acerca de este tema hay unos versículos que dicen lo que sigue:

«Una persona de ingenio debe multiplicar las clases de unión sexual, imitando las diferentes costumbres de las diversas especies de animales y de pájaros. Estas diferentes clases de unión sexual, que se realizan según los usos de cada región y la fantasía de cada individuo, son las que encienden el amor, la amistad y el respeto en el corazón de las mujeres.»

VII
ACERCA DE LAS DIFERENTES MANERAS DE GOLPEARSE Y DE LOS SONIDOS ADECUADOS

Las relaciones sexuales son comparables a una reyerta, a causa de las contrariedades del amor y de la facilidad con que degeneran en disputa.

El lugar más apropiado para golpear con pasión es el cuerpo y, del cuerpo, los lugares más apropiados son:

Los hombros.

La cabeza.

El espacio entre los senos.

La espalda.

La jaghana o parte media del cuerpo.

Los lados.

Existen cuatro modos distintos de golpear:

Golpear con el revés de la mano.

Golpear con los dedos un poco contraídos.

Golpear con el puño.

Golpear con la palma de la mano abierta.

Los golpes que despiertan dolor, provocan el sonido sibilante, que es de las distintas clases siguientes:

El sonido hinn.

El sonido del trueno.

El sonido del arrullo.

El sonido del llanto.

El sonido del phutt.

El sonido del phatt.

El sonido sutt.

El sonido platt.

Existen, además, palabras que tienen un especial significado, como, por ejemplo. «¡Madre mía!» y aquellas que expresan prohibición, suficiencia, deseo de liberación, dolor o alabanza, a las que se pueden agregar sonidos como los de la paloma, el cuclillo, el palomo verde, el papagayo, la abeja, el gorrión, el flamenco, el pato y la codorniz, todos ellos usados en diferentes ocasiones.

Los puñetazos se propinarán a la espalda de la mujer, cuando está sentada en las rodillas del hombre.

Ella ha de devolverle los golpes, insultándole como si estuviese furiosa, acompañándose de sonidos de arrullo y de llanto.

Cuando el orgasmo está en curso, se golpeará la zona entre los senos con el revés de la mano, primero muy despacio, aumentando progresivamente la rapidez a medida que crece la excitación, hasta el momento final.

Es entonces cuando deben emitirse los sonidos hinn y otros, alternándolos o como se quiera, según la costumbre de cada uno.

Cuando el hombre emite el sonido pahtt y, al mismo tiempo, golpea la cabeza de la mujer con los dedos un poco contraídos, realiza la operación denominada prasritaka, que significa golpear con los dedos algo contraídos.

En esa ocasión los sonidos apropiados serán el de arrullo, el sonido phatt y el sonido phutt en el interior de la boca y, cuando concluye el coito, los sonidos de suspiro y llanto.

El sonido phatt es una imitación del que produce el bambú al romperse.

El sonido phutt es similar al ruido que produce una cosa al caer en el agua.

Siempre que se besa a una mujer o que se la acaricia, ésta debe responder con un sonido sibilante.

Durante el acto, si la mujer no está acostumbrada a que la golpeen, murmura de continuo palabras que expresan prohibición, presunción o deseo de liberarse, o bien frases como «¡Padre mío!», «¡Madre mía!» entrecortadas con los sonidos de suspiro, de llanto y del trueno.[38]

Hacia el final de la cópula, el hombre ha de oprimir intensamente con las palmas de las manos abiertas los senos, el jaghana y los costados de la mujer, hasta el último instante.

En tanto, la mujer emitirá sonidos similares a los de la codorniz o de la oca.

Acerca de esto hay también unos versículos, cuyo texto dice:

«Es opinión muy generalizada que las principales características del sexo masculino son la rudeza y la impetuosidad. En cambio, la debilidad, la ternura, la sensibilidad y una gran inclinación a evitar las cosas desagradables son los signos que distinguen al sexo femenino. El ardor de la pasión y las peculiaridades de las costumbres pueden hacer que, en ocasiones se manifiesten de manera que parezca lo contrario pero, al final, acaba siempre por imponerse lo que es propio de la naturaleza.»

38. Los hombres experimentados en el arte de amar saben cuánto se diferencian unas mujeres de otras según los suspiros y sonidos que emiten durante el coito. Las hay que gustan de que les hablen de la forma más cariñosa posible, otras con lascivia, unas terceras con grosería, dedicándoles injurias y así sucesivamente. Unas gozan con los ojos cerrados, en silencio, mientras otras gimen y gritan y no pocas se desmayan. La habilidad consiste en comprender aquello que más les agrada y que les provoca mayor placer.

Además de las cuatro formas de golpear, antes mencionadas, cabe añadir el empleo de la cuña sobre el pecho, de las tijeras contra la cabeza, de un instrumento puntiagudo contra las mejillas y de las pinzas contra los senos y los costados, de lo cual resultan ocho maneras distintas.

Sin embargo, estas cuatro formas de pegar con instrumentos son propias de la gente de los territorios del Sur y por eso se aprecian las señales en los senos de sus mujeres.

Se trata, desde luego, de costumbres muy locales, pero Vatsyáyána opina que tal práctica resulta demasiado dolorosa, indica barbarie y vileza y en modo alguno debe imitarse.

Por principio, cuanto constituye una particularidad local no se adoptará en otros lugares sin un examen previo. Incluso en aquellos países en que prevalece la práctica, es aconsejable evitar el abuso.

Van aquí algunos ejemplos del peligro que representan tales prácticas:

El rey de los panchalas mató a la cortesana Madhavasena al utilizar una cuña en el momento de la unión sexual.

Shalakarni Shatavahana, rey de los kuntalas, le quitó involuntariamente la vida a su gran reina Malayavati con unas tijeras.

Por último, Naradeva, que tenía las manos deformadas, dejó ciega a una joven danzarina al lanzarle en dirección equivocada un instrumento puntiagudo.

Acerca de esto, existen dos versículos cuyo texto dice lo siguiente:

«Con respecto a tales cosas, no puede haber enumeración ni reglas fijas. Una vez se ha iniciado la unión sexual, sólo la pasión regula los actos de los protagonistas.»

En la unión sexual, no resulta posible definir los actos apasionados, los gestos o movimientos amorosos, nacidos de la excitación del momento.

Resultan tan irregulares como los sueños.

El caballo, una vez ha alcanzado el quinto grado de movilidad, continúa su carrera, ciego, sin advertir los hoyos, los fosos ni los postes que le pueden cerrar el paso.

Lo mismo les sucede a los amantes en el ardor de la pasión sexual.

La pasión les ciega y actúan, actúan furiosamente, sin que les preocupen excesos de ninguna clase.

Por esta causa, el hombre que domine a fondo la ciencia del amor y consciente de su propia fuerza, así como de la ternura y del ardor necesarios, además de la fuerza de su amante, actuará como es debido.

Las distintas formas de goce no resultan apropiadas para todos los momentos ni para todas las personas.

Al aplicarse, se han de tener en cuenta el momento, el país y el lugar.

VIII
ACERCA DE LAS MUJERES QUE DESEMPEÑAN EL PAPEL DE HOMBRE Y LA TAREA DEL HOMBRE

Cuando una mujer advierte que su amante se encuentra fatigado por una prolongada cópula, sin que por ello esté satisfecho, le acostará boca arriba, y tras obtener su permiso, le ayudará desempeñando su papel.

También puede hacerlo para satisfacer la curiosidad del hombre o su propio deseo de novedad.

Hay dos formas de realizarlo: la primera es cuando la mujer, durante la cópula, gira en redondo y sube sobre el amante, de manera que el acto continúe sin interrumpir el placer. La segunda consiste en que, desde un principio, ella desempeñe el papel del hombre.

Entonces, con la cabellera suelta, adornada de flores, sonriente y, al mismo tiempo, jadeante, apoyará los senos sobre el pecho de su amante. De esta forma, besándole con frecuencia la cabeza, le hará cuanto él haga, con golpes e invectivas.

Puede, por ejemplo, decirle:

—Estaba ya cansada de que me pusieras boca arriba y de que me molieras a golpes. Ahora me toca a mí ponerte a ti boca arriba y molerte de la misma manera.

Luego, recobrará su habitual recato, simulará sentirse fatigada y querer suspender la unión sexual.

De esta forma, cumplirá la tarea del hombre, tal como ahora vamos a exponer.

Todo cuanto un hombre hace para proporcionar placer a una mujer se denomina la tarea del hombre, que consiste en lo que sigue:

Mientras la mujer se encuentra tendida en la cama y, hasta cierto punto, absorbida por la conversación, él comenzará a desabrocharle la falda por abajo y, en caso de que ella le comience a increpar, la interrumpirá cubriéndola de besos.

Entonces, puesta su linga en erección, recorrerá con las manos, acariciando delicadamente determinadas partes del cuerpo de su amante.

Si la mujer siguiera avergonzada y fuese la primera vez que se encuentran, el hombre puede deslizar las manos entre sus muslos, si bien ella intentará, seguramente, mantenerlos apretados.

De tratarse de una muchacha, primero le tomará los senos, aunque ella pretenda cubrírselos con las manos, para luego pasarle los brazos por debajo de las axilas y del cuello.

De tratarse de una mujer experimentada, el hombre realizará todo cuanto pueda satisfacerles y resulte apropiado en aquellas circunstancias.

Luego, la tomará de los cabellos, sosteniéndole el mentón con los dedos para besarla.

De tratarse de una muchacha, en ese instante sentirá gran vergüenza y cerrará los ojos.

En todos los casos, el comportamiento de la mujer le indicará lo que debe hacerse para que la unión sexual resulte placentera.

No obstante, Suvernanabha considera que el hombre, al hacerle a la mujer lo que crea más oportuno durante la unión sexual, debe oprimirle las partes del cuerpo a las que ella dirija la mirada.

En la mujer los signos de goce y de satisfacción son los siguientes: relaja el cuerpo, cierra los ojos, olvida el pudor y expresa un creciente deseo de unir ambos órganos tan estrechamente como sea posible.

Por el contrario, los signos de que no goza son: da palmadas, no le permite al hombre levantarse, parece abatida, muerde a su amante y sigue agitándose una vez el compañero ha concluido.

En tales casos; el hombre debe frotarle el yoni con las manos y con los dedos, al igual que el elefante frota con su trompa, antes de reanudar la unión sexual, hasta que la irritación se calme.

Sólo después de realizadas estas caricias introducirá su linga.

Éstos son los actos que debe realizar el hombre:

1. Movimiento hacia adelante.
2. Friccionar o batir.
3. Abrir.
4. Frotar.
5. Oprimir.
6. Dar un golpe.
7. La embestida del jabalí.
8. La embestida del toro.
9. Las carantoñas del gorrión.

1.   El movimiento hacia adelante consiste en acercar debidamente y de modo directo los órganos.

2.   Se denomina batir a la operación de sostener la linga con la mano y darle vueltas dentro del yoni.

3.   El abrir ocurre cuando el yoni ha bajado y la linga golpea su parte superior.

4.   Si lo mismo se hace con la parte interior, es el frotar.

5.   Cuando durante largo rato la linga oprime al yoni, se produce el oprimir.

6.   Si se retira la linga a cierta distancia del yoni y, acto seguido, penetra en éste con fuerza, se dice que se da un golpe.

7.   La embestida del jabalí es la operación por la cual la linga frota sólo un lado del yoni.

8.   Si se frotan ambos lados del yoni, se realiza la llamada embestida del toro.

9.   Introducida la linga en el yoni, se agita ésta en un movimiento de vaivén, aunque sin llegar a retirarla; esta operación se denomina las carantoñas del gorrión.

Constituye el último acto de la unión sexual.

Cuando una mujer desempeña el papel de hombre, ha de realizar, además de las nueve operaciones señaladas anteriormente, las tres que ahora se indican:

1.   El par de tenazas.

2.   El trompo.

3.   El columpio.

1.   El par de tenazas es cuando la mujer mantiene la linga dentro de su yoni, lo introduce más, lo oprime y así lo retiene durante largo rato.

2.   Si en el curso de la unión sexual, ella gira en redondo, igual que una rueda, habrá practicado el trompo. Este movimiento sólo se consigue aprenderlo y realizarlo bien con la práctica.

3.   De modo similar, el columpio, será cuando el

hombre alza la parte media del cuerpo y la mujer da vueltas por la parte media de su cuerpo.

Si la mujer se siente fatigada, apoyará la frente en la de su amante, y se mantendrá así sin interrumpir la unión de los órganos.

Una vez hayan descansado, el hombre dará la vuelta para reanudar el acto.

Acerca de esto también hay unos versículos con el siguiente texto:

«Por muy reservada que sea una mujer y por mucho que disimule sus sentimientos, cuando se coloca encima de un hombre no puede evitar que se pongan de manifiesto su deseo, su amor y su pasión. El comportamiento de la mujer debe indicarle al hombre cuáles son sus disposiciones y la forma cómo desea que con ella goce. No resulta aconsejable que desempeñe el papel de hombre la mujer en el período de menstruación, la que haya dado a luz recientemente y la embarazada.»

IX
ACERCA DE LA AUPARISHTAKA
O UNIÓN BUCAL

Existen dos clases de invertidos: los que van vestidos como los hombres y los que se disfrazan de mujer.

Los invertidos que se disfrazan de mujer, las imitan en todo: vestidos, manera de hablar, gestos, amabilidad, timidez, sencillez, dulzura y modestia.

Esos invertidos efectúan con la boca los actos que se realizan en el jaghana, o parte media del cuerpo, de las mujeres.

Este proceder se denomina auparishtaka.

Tales invertidos hallan en el acto sexual bucal un placer imaginativo, así como una forma de ganarse la vida, por lo que actúan y se comportan como las cortesanas, en especial aquellos que van disfrazados de mujeres.

Los invertidos que van vestidos como los hombres mantienen ocultos sus deseos y, cuando han de abrazar una profesión eligen la de masajista.

Con la excusa de dar masaje, el invertido de esa clase abraza y atrae hacia sí los muslos del cliente le toca después los ligamentos de los muslos y el jaghana o partes centrales del cuerpo.

Si, en ese instante, la linga se encuentra en erección, la oprime con las manos y la frota para que se mantenga en tal estado.

Después de todo esto, y advertidas sus intenciones, el cliente no indica al invertido que continúe, éste lo hace por su cuenta y comienza el acto sexual.

En caso contrario, que sea el cliente quien le ordene hacerlo, entonces él rehúsa y sólo consiente tras mucho insistirle.

Entonces sigue una serie de ocho operaciones que realiza una tras otra el invertido. Éstas son:

1. Union nominal.
2. Mordisquear los costados.
3. Presión por la parte de fuera.
4. Presión por la parte de dentro.
5. Beso.
6. Frotar.
7. Succión de una fruta de mango.
8. Absorción.

Cada vez que concluye una de esas operaciones el invertido expresa su intención de no seguir. Sin embargo, tras la primera, el cliente exige la segunda, luego, la tercera, y, así, hasta el final.

1. El invertido sostiene la linga del hombre entre las manos y la roza con los labios; esta práctica es la denominada unión nominal.

2. Mordisquear los costados consiste en cubrir el

extremo de la linga con los dedos reunidos en forma de capullo de una flor, al tiempo que oprime los lados con los labios, usando también los dientes.

3. Cuando el invertido, al que se ha pedido que prosiga, oprime el extremo de la linga con los labios cerrados y lo besa igual que si quisiera expulsarlo hacia afuera, realiza la llamada presión por la parte de fuera.

4. Si prosiguiendo, el invertido introduce más la linga en su boca, la oprime con los labios y, después, la saca, habrá efectuado la presión por la parte de dentro.

5. Sosteniendo la linga con la mano, el invertido la besa, igual que si besara el labio inferior; esta operación es el beso.

6. Frotar consiste en, después de haberla besado, acariciarla por todas partes con la lengua, aunque de manera especial en su extremo.

7. A continuación, introduce la mitad de la linga en la boca, la besa y la succiona, operación que se denomina succión de una fruta de mango.

8. Y, por último, con el consentimiento del cliente, el invertido introduce por completo la linga en su boca, la oprime como si fuera a tragársela; es la denominada absorción.

A lo largo de esta especie de unión sexual se puede arañar, golpear, etcétera.

Asimismo el auparishtaka lo practican las mujeres disolutas y libertinas; también las sirvientas solteras que viven de la profesión de masajistas.

Los acharyas (autores antiguos y venerables) opinan que el auparishtaka es cosa propia de perros, pero no de hombres, ya que su práctica está prohibida por los libros sagrados, al ser grosera, puesto que el hombre sufre al poner la linga en contacto con la boca de las mujeres y de los invertidos.

Sin embargo, Vatsyáyána considera que la prohibición de los libros sagrados no afecta a quienes frecuentan las cortesanas y que la práctica del auparishtaka sólo debe prohibirse con las mujeres casadas.

Además, el daño que puede producirle al hombre se remedia con suma facilidad.

Las gentes de la región oriental de la India prefieren ignorar a las mujeres que practican el auparishtaka.

Los de Ahichhatra gozan con esas mujeres pero se abstienen de toda relación sexual bucal.

En Saketa practican con esas mujeres toda clase de relación sexual bucal, mientras que los de Nagara no la practican, aunque se dediquen a todo lo demás.

La gente de la región de Shurasena, en la ribera meridional del Djumnah, lo hacen todo sin titubeos, puesto que a su juicio, las mujeres son impuras por naturaleza.

En consecuencia, nadie puede estar seguro de su carácter, su modo de ser, su pureza, su conducta, sus prácticas, de sus confidencias o de sus palabras. Por tanto, no hay razón para prescindir de ellas, pues la ley religiosa, que, con toda su autoridad, las considera puras, dice que la ubre de la vaca es limpia en el momento de ordeñarla, aunque la boca de la vaca, igual que la del ternero, los hindúes las consideran impuras.

Del mismo modo, un perro está limpio cuando de caza captura una cierva, pese a que la carne que él toca se considere impura.

Un pájaro es puro cuando provoca la caída de un fruto del árbol a fuerza de picotearlo. Sin embargo, los objetos que han tocado los cuervos y otras aves se consideran impuros.

Del mismo modo, la boca de una mujer está igualmente limpia para dar o recibir besos y para otros actos similares en el momento de las relaciones sexuales.

Para resumir, Vatsyáyána considera que, en todas las formas de amor, cada uno debe actuar según los usos y costumbres de cada país y de sus propias aficiones.

Acerca de esto hay también unos versículos cuyo texto dice lo que sigue:

«Los criados masculinos de algunos hombres practican la unión sexual bucal con sus amos. Hay también gente que, al ser amigos, la practican entre ellos. Ciertas mujeres de harén, cuando se enamoran de otra, actúan mutuamente sobre sus yonis con la boca y hay hombres que hacen lo mismo con las mujeres.»

Para hacerlo, es decir, para besar el yoni, se imitará el beso en la boca.

Cuando un hombre y una mujer están tendidos en sentido opuesto o sea, la cabeza de uno a la altura de los pies del otro, y se entregan a esa clase de caricias, se dice que practican la unión del cuervo.

Esas prácticas llegan a apasionar de tal manera a algunas cortesanas que abandonan a amantes distinguidos, honrados y bien educados para entregarse a personas de baja condición, tales como esclavos y conductores de elefantes.

El auparishtaka o unión bucal no deben practicarlo un brahmán letrado, un ministro que se encarga de asuntos estatales ni un hombre de buena reputación.

Si bien este acto no aparece prohibido en los Shastra, no hay razón alguna para realizarlo, salvo en casos muy especiales.

Del mismo modo, por ejemplo, en los libros de medicina se mencionan, con grandes elogios, el sabor, la fuerza y las cualidades digestivas de la carne de perro. Sin embargo, esto no significa que el hombre prudente deba comer de ella.

No obstante, hay lugares y épocas en que esto se permite.

En consecuencia, cada hombre examinará el lugar, el momento y la práctica que va a realizar para comprobar si es conveniente para su naturaleza y para sí mismo.

Tras lo cual, puede o no entregarse a ella, según las circunstancias.

Pero, en definitiva, como estas cosas se hacen siempre en secreto y puesto que el espíritu del hombre es variable ¿cómo sabremos lo que una persona realizará en tal época, con una finalidad o un propósito especial?

X

ACERCA DE LA MANERA COMO EMPEZAR Y ACABAR EL ACTO SEXUAL, DE LAS DIFERENTES CLASES DE UNIÓN SEXUAL Y DE LAS QUERELLAS AMOROSAS

En la habitación destinada al placer, decorada con flores y aromatizada con perfumes, el hombre, en compañía de sus amigos y de sus criados, recibirá a la mujer, que aparecerá después de bañarse y engalanarse.

La invitará a que se refresque y beba libremente.

Debe sentarla a su izquierda y, luego, tomándola por los cabellos y tocando la punta y el lazo de su vestido, la abrazará delicadamente con el brazo derecho.

Entonces, se entregará a una agradable conversación acerca de diversos temas, si bien hablarán con medias palabras de cosas que en sociedad se mirarían muy mal.

Pueden cantar, acompañándose si gustan de gestos, tocar instrumentos musicales, hablar sobre bellas artes y excitarse mutuamente bebiendo.

Al fin, cuando la mujer no pueda ya contener su pasión y su deseo, el hombre despedirá a todo el mundo, y obsequiará a cada uno con flores, ungüentos y hojas de betel.

Cuando se encuentren a solas, actuarán de la manera que se ha descrito en los capítulos anteriores.

Éste es el comienzo de la unión sexual.

Al concluirla, los amantes, modestamente y sin mirarse el uno al otro, se dirigirán por separado al lavabo.

Luego, volverán a sentarse en los lugares que antes ocupaban, masticarán hojas de betel y el hombre aplicará ungüento de sándalo y otras esencias en el cuerpo de la mujer.

La abrazará con el brazo izquierdo, le dará de beber con una copa que él mismo sostendrá, al tiempo que le musita palabras amables.

Pueden comer dulces y otras cosas, según sus gustos, y beber jugos de fruta frescos,[39] tisanas, zumos de carne, sorbetes, jugo de mango, jugo de limón con azúcar o cualquier cosa que sea propia del país y que se tenga por dulce, agradable o pura.

Asimismo, los amantes se sentarán en la terraza del palacio o de la casa para gozar del claro de luna y enzarzarse en una animada conversación.

Es también el momento adecuado para que la mujer se siente en las rodillas de su amante y vuelva el rostro hacia la Luna, para que aquél le muestre los distintos planetas, la estrella matutina, la Polar, los siete Rishis u Osa Mayor.

De este modo termina la unión sexual.

De tal unión existen las siguientes clases:

1. Unión sexual de amor.
2. Unión sexual de amor subsiguiente.
3. Unión sexual de amor artificial.
4. Unión sexual de amor transferido.
5. Unión sexual a semejanza de los invertidos.
6. Unión sexual ilusoria.
7. Unión sexual de amor espontáneo.

1. Cuando un hombre y una mujer, que se aman desde hace mucho tiempo, logran encontrarse juntos,

---

39. En la India se bebe el zumo del cocotero, del dátil y de otras palmeras. No se conserva fresco mucho tiempo, pues fermenta muy pronto. Entonces, se destila para hacer licor.

tras vencer numerosos obstáculos, o uno de ellos regresa de un viaje o se reconcilian después de una desavenencia, su unión sexual se denomina de amor.

Se practica según la fantasía de los enamorados y durante el tiempo que les place.

2. Si el amor de dos personas está en sus comienzos o, por lo menos el de una de ellas, y llegan a unirse, será una unión sexual subsiguiente.

3. La unión sexual de amor transferido tiene lugar cuando un hombre para poder copular se ha de excitar con las sesenta y cuatro formas posibles, tales como el beso, abrazos, etc., o también se produce si un hombre y una mujer tienen contacto físico, pese a que cada uno de ellos ama a otra persona.

En este caso, es menester emplear todos los procedimientos y medios indicados por los *Kama Sutra*.

4. Si desde el principio hasta el fin de la cópula con una mujer, un hombre no deja de imaginar que está gozando de otra, a la que realmente ama, esta unión sexual será de amor transferido.

5. La unión sexual entre un hombre y una portadora de agua o una criada de casta inferior, que tan sólo dura hasta que se ha satisfecho el deseo, se denomina unión sexual a semejanza de los invertidos.

En este caso, se impone abstenerse de caricias externas, besos y otras manipulaciones.

6. Cuando se verifica una unión sexual entre una cortesana y un campesino, entre ciudadanos y campesinas o de barrios humildes, ésta recibe el nombre de unión sexual ilusoria.

7. Será unión sexual espontánea la que practican dos personas que sienten atracción mutua y que además se realiza de acuerdo con su fantasía.

Aquí terminan las clases de unión sexual.

Ahora vamos a tratar de las querellas amorosas.

Cuando una mujer ama a un hombre con todo su

corazón, no puede tolerar que en su presencia se pronuncie el nombre de una rival, sostener una conversación acerca de la otra o que se le dirijan con el nombre de aquélla.

De suceder cualquiera de esos tres contratiempos, se origina la reyerta y la mujer llora, se encoleriza, se mesa los cabellos, golpea a su amante, se deja caer en la cama o en un asiento, se despoja con violencia de adornos y guirnaldas, para acabar echándose al suelo.

En ese momento, el amante intentará apaciguarla con palabras conciliadoras y cariñosas, levantándola con precaución para acostarla en la cama.

Sin embargo, ella, ignorando sus cuidados con creciente furia, le tirará de los cabellos hasta obligarle a abatir la cabeza y le propinará puntapiés en el pecho, en los brazos, en la cabeza o en la espalda, tras lo cual se dirigirá hacia la puerta de la habitación.

De acuerdo con Dattka, se sentará junto a la puerta de la alcoba y se echará a llorar, pero, bajo ningún pretexto, abandonara el cuarto para no caer en la misma falta.

Al cabo de un rato, una vez haya permitido que su amante haga cuanto está en su mano para reconciliarse, le abrazará mientras le dirige amargos reproches, pero descubriendo un vivo deseo de union sexual.

Si la mujer se encuentra en su casa cuando se pelea con su amante, debe mostrar toda su irritación, luego, abandonarle.

No obstante, una vez el hombre le haya enviado el vita, el vidushaka o el pithamarda[40] para calmarla, ha de regresar con ellos y pasar la noche con su amante.

Así concluyen las disputas de amor.

Para resumir:

---

40. Páginas más adelante se indican las características de estos personajes.

Un hombre que ponga en práctica los sesenta y cuatro medios indicados por Babharavya logra siempre su objetivo y tiene asegurado el goce de una mujer de las de mejores cualidades.

Hará bien en conocer esas sesenta y cuatro partes, pues de no dominarlas, por mucho que conozca otros temas, no se le tendrá en mucha estima en las reuniones de hombres ilustrados.

Quien los conozca, pese a carecer de saber, ocupará siempre un lugar de preeminencia en cualquier reunión de hombres y mujeres.

¿Qué hombre no respetará esas sesenta y cuatro partes[41] considerando que lo hacen los hombres doctos, los astutos y las cortesanas?

Es precisamente por el respeto que merecen esas sesenta y cuatro partes, por el encanto que poseen y por los méritos que agregan a los atractivos naturales de las mujeres, que los acharyas las denominan caras a las mujeres.

A un hombre versado en las sesenta y cuatro partes le respetan y admiran su propia esposa, las esposas de los demás y las cortesanas.

---

41.   Estas sesenta y cuatro partes se reseñan en el capítulo III.

ACERCA DE CÓMO ADQUIRIR UNA ESPOSA

I
ACERCA DE LOS ESPONSALES Y EL MATRIMONIO

Cuando una muchacha virgen, y de la misma casta, se casa según los preceptos de los libros sagrados, semejante unión reporta obtener el dharma y el artha, descendencia, afinidad, aumento del número de amigos y un amor sin mancha.

Por tal motivo, el hombre elegirá a una muchacha de buena familia, cuyos padres aún no hayan muerto y que tenga tres o más años menos que él.

Ha de pertenecer a una familia muy respetada, rica, de desahogada posición, a la que rodeen numerosos parientes y amigos.

La muchacha ha de ser hermosa, agraciada, con signos de buen augurio en el cuerpo.

Las uñas, los dientes, las orejas, los ojos y los senos serán regulares, tal como deben ser, ni más ni menos, y completos. Y el cuerpo estará sano.

Como es lógico también el hombre ha de poseer todas esas cualidades.

Pero, según afirma Ghotakamukha, no se debe amar a una muchacha que ya se haya unido a otros, es decir, que no sea virgen, puesto que constituirá una acción reprobable.

Para que un proyecto matrimonial con una muchacha, como el que se ha descrito, llegue a buen fin, los padres y los amigos del hombre han de poner todo su esfuerzo, lo mismo que las amistades de ambas partes, cuya colaboración se reclamará.

Estos amigos descubrirán a los padres de la muchacha los defectos, tanto los actuales como los futuros, de cuantos hombres la cortejan y, al mismo tiempo, exaltarán, hasta la exageración, los méritos de su amigo, tanto en lo que respecta a sus antepasados como a su familia, de manera que resulte agradable para los padres y, en especial, para quienes estén en buenas relaciones con la madre de la muchacha.

Incluso, uno de los amigos puede disfrazarse de astrólogo y anunciar la buena fortuna y las riquezas que en el futuro aguardan a su amigo, asegurando que cuenta con todos los presagios[42] y signos de felicidad:[43] buena influencia de los planetas, entrada favorable del Sol en tal o cual signo del Zodíaco, estrellas propicias, marcas de buen augurio en el cuerpo, etcétera.

Por último, otros pueden despertar la envidia de la madre diciéndole que su amigo tiene la oportunidad de casarse con una muchacha mejor que su hija.

Conviene tomar a una muchacha por esposa, lo mismo que darla en matrimonio, cuando se está totalmente satisfecho de la fortuna, los signos, los presagios y las

42. El vuelo de un arrendajo azul por el lado izquierdo de una persona, se considera de mal agüero cuando se sale a tratar negocios, lo mismo que cruzarse con un gato negro. Existen muchos presagios de ese tipo, incluso en determinadas partes de Europa.
43. Uno de ellos es el parpadeo del ojo derecho en el hombre y del izquierdo en la mujer.

palabras de los demás,[44] pues, como asegura Ghotaka-mukha, un hombre no ha de casarse por un simple capricho que le pase por la cabeza.

No se tomará por esposa a una muchacha que esté durmiendo, llore o haya salido de casa en el momento en que se la va a solicitar en matrimonio o, bien, que ya esté prometida a otro.

Del mismo modo, se evitarán las siguientes mujeres:

La que se ha mantenido oculta.

La que tiene un nombre mal sonante.

La que tiene la nariz deprimida.

La que tiene las ventanas de la nariz grandes.

La que tiene formas masculinas.

La que va encorvada.

La que tiene los muslos torcidos.

La que tiene la frente prominente.

La que es calva.

La que no ama la pureza.

La que ha cohabitado con otros.

La que sufre gulman.[45]

La que está desfigurada por algo.

La que no ha llegado a la plena pubertad.

La que es amiga.

La que es la hermana menor.

La que es una varshkari.[46]

Tampoco a una muchacha que lleve el nombre de una de las veintisiete estrellas, el de un árbol o el de un

44.   Es costumbre en la India, antes de emprender cualquier empresa, ir a primera hora de la mañana a casa de un vecino, para oír lo que se dice en la familia. Según sea bueno o malo, se infiere al éxito o fracaso de la gestión.

45.   Enfermedad que provoca un aumento glandular en cualquier parte del cuerpo.

46.   La mujer que siempre tiene sudorosas las palmas de las manos y las plantas de los pies.

río, lo mismo que una muchacha cuyo nombre termine en *r o l*, pues se considera que ninguna de éstas valen gran cosa.

Sin embargo, según afirman algunos autores, sólo se puede ser feliz con una muchacha por la que uno se siente atraído, de lo cual se deduce, en consecuencia, que únicamente hay que casarse con la muchacha que se ama.

Cuando una muchacha llega a la edad del matrimonio, sus padres han de vestirla con coquetería y llevarla a lugares donde todo el mundo pueda verla.

Todas las tardes, tras vestirla y engalanarla, la mandarán con sus amigas a los deportes, sacrificios y ceremonias del matrimonio, haciéndola descollar, ya que es como una especie de mercadería.

Acogerán con buenas palabras y demostraciones de amistad a las personas de agradable presencia que sus parientes o amigos les envían a su casa, con el propósito de que se casen con su hija.

En tales ocasiones, la vestirán elegantemente y con un pretexto u otro, se la presentarán.

Después basta con esperar los favores de la suerte y fijar la fecha para decidir el matrimonio.

En esa ocasión, una vez hayan llegado los convidados, los padres de la muchacha les invitarán a bañarse y a cenar, diciéndoles:

—Todo llegará a su debido tiempo.

Así, sin acceder en seguida a la petición de mano, la dejarán para más adelante.

Cuando un hombre ha conseguido a una muchacha, según las costumbres del país, o de acuerdo con sus propios deseos, ha de casarse con ella, siguiendo los preceptos de los libros sagrados, que se refieren a las cuatro clases de matrimonio.

Aquí concluyen los matrimonios.

Acerca de este tema hay un versículo cuyo texto dice lo que sigue:

«Las diversiones de sociedad, tales como completar versos iniciados por otros, los casamientos y las ceremonias propiciatorias, no se practicarán con personas superiores ni inferiores, sino con las de igual rango. Se afirma que se trata de una alianza alta cuando un hombre, tras casarse con una muchacha, se ve obligado a ponerse a su servicio y al de sus padres, lo mismo que un criado, y tal alianza recibe la censura de la gente honrada. Los sabios califican de alianza baja, y la condenan, al matrimonio de un hombre que, de acuerdo con sus padres, trate a su esposa como un déspota. Cuando un hombre y una mujer se muestran mutuamente amables y se hacen agradable la vida el uno al otro, ésta es una verdadera alianza en el recto sentido de la palabra. En consecuencia un hombre no debe concertar una alianza alta, que le obligaría a rebajarse enseguida ante sus parientes, ni tampoco una alianza baja, a la que todos mirarían mal.»

II
ACERCA DE LA CONFIANZA QUE DEBE INSPIRARSE A UNA MUCHACHA

En los tres primeros días siguientes a la boda, el hombre y la mujer dormirán en el suelo, se abstendrán de placeres sexuales y no sazonarán los alimentos que tomen con especias ni con sal.

Durante los días siguientes, se bañarán acompañados por los alegres sones de instrumentos musicales, se engalanarán, comerán juntos y atenderán muy cumplidamente a sus padres y a cuantas personas hayan asistido a la boda.

Estas obligaciones se aplicarán a las personas de todas las castas.

En la noche del décimo día, el hombre comenzará a hablar a su joven esposa, con mucha dulzura, en el momento en que ambos queden a solas, de manera que le vaya inspirando confianza.

Hay bastantes autores que opinan que, para ganársela totalmente, no ha de hablarle durante tres días.

Sin embargo, los discípulos de Babhravya consideran que si un hombre guarda silencio durante tres días, es de temer que la joven esposa se disguste, al verle tan inanimado como un pilar, por lo que, desilusionada, le menosprecie igual que a un eunuco.

Vatsyáyána cree que desde el primer momento el hombre ha de comenzar a inspirar confianza a la muchacha, y ganársela totalmente, pero que resulta aconsejable que en ese intervalo se abstenga de placeres sexuales.

Las mujeres, puesto que son dulces por naturaleza, pretenden que se las aborde con dulzura.

Si han de sufrir el asalto brutal de un hombre al que apenas conocen, a veces sienten odio hacia el acto sexual y, no pocas, incluso contra el sexo del hombre.

Por tanto, el hombre se acercará a la muchacha con los miramientos que ella requiere y empleando procedimientos capaces de inspirarle cada vez mayor confianza.

Tales procedimientos son los siguientes:

La abrazará, por primera vez, de la forma que le resulte más agradable, puesto que tal cosa no dura mucho rato.

La estrechará contra la parte superior de su cuerpo, ya que ésta es la forma más fácil y sencilla. Si la muchacha es ya cumplida o si el hombre la conoce desde hace tiempo, puede abrazarla a la luz de una lámpara, pero si apenas la ha tratado o si es muy joven, la abrazará a oscuras.

Una vez la muchacha acepte el abrazo, el hombre le colocará en la boca una támbula, que es un fruto de areca y hojas de betel.

De rehusarla, la animará a aceptarlo con palabras conciliadoras, ruegos y juramentos, arrodillándose a sus pies, si es preciso, puesto que no cabe la menor duda de que ninguna mujer por muy furiosa o asustada que esté, es capaz de negarse a un hombre que ante ella se arrodilla.

En el momento en que le dé la támbula, la besará dulcemente en la boca, con elegancia y sin emitir sonido alguno.

Una vez logrado, la hará hablar, animándola a ello formulándole preguntas acerca de cosas que ignore, o que simule ignorar, y que sólo exijan una respuesta muy corta.

En caso de que ella no le responda, no la reñirá sino que le repetirá las mismas preguntas en tono conciliador.

Si tampoco así habla, le urgirá que lo haga, puesto que, como muy bien observa Ghotakamukha, «todas las muchachas escuchan lo que un hombre les dice aunque, con frecuencia, no digan nada».

Asediada de este modo, la muchacha acabará por responder aunque sólo sea con un movimiento de cabeza. Por el contrario, si está furiosa contra el hombre o éste la riñe, ni siquiera hará eso.

Cuando el hombre le pregunte si le desea y si le gusta, la muchacha ha de guardar silencio durante mucho rato y cuando, al fin, se ve obligada a responder, lo hace afirmativamente con un movimiento de cabeza.

Si el hombre la conociera desde algún tiempo, por supuesto antes de la boda, hablará con ella a través de una amiga, que le sea favorable y que, con la confianza de ambos, se avenga a llevar la conversación por ambas partes.

En tal ocasión, la muchacha ha de sonreír con la cabeza inclinada y, si la amiga dice más de lo que ella desea que se diga, debe reñirla y reconvenirla.

No obstante, la amiga, en tono de burla, debe declarar aquello que la muchacha no desea decir, agregando:

—Así opina ella.

A esto la joven, aunque confusa, debe advertir al instante:

—¡Yo no he dicho eso!

Entonces, ha de sonreír, dirigiendo miradas furtivas al hombre.

Si la muchacha conoce bien al hombre, le pondrá a su lado sin decir palabra, la támbula, la guirnalda y el ungüento, que él hubiese solicitado o bien los ocultará bajo su propio vestido.

Por su parte, el hombre tocará sus jóvenes senos, a modo de tentativa, presionándolos con las uñas. De impedírselo ella, le responderá:

—No lo volveré a hacer si me abrazas.

De este modo la inducirá al abrazo.

Mientras ella lo abraza, él le pasará las manos por distintas partes del cuerpo.

Luego, con mucha suavidad, se la sentará en las rodillas, y tratará de conseguir, poco a poco, su consentimiento.

En caso de que ella no cediese, debe asustarla, diciéndole:

—Te voy a marcar las señales de mis dientes y de mis uñas en los labios y en los senos. Haré otras similares en mi cuerpo y diré a todo el mundo que eres tú quien me las ha hecho. ¿Qué alegarás entonces?

De ésta y otras formas parecidas, al igual que se despiertan el temor y la confianza en el ánimo de los niños, el hombre puede ir consiguiendo lo que desea de la muchacha.

Durante la segunda y tercera noche, cuando aún ha crecido más la confianza entre ambos, él le acariciará el cuerpo con las manos y la irá besando en todas partes. Asimismo, le pondrá las manos en los muslos, a los que dará masaje.

De lograrlo, dará también masaje a las junturas de los muslos. Si ella trata de impedírselo, le responderá:

—¿Qué mal hay en que haga eso?

Luego, la persuadirá de que le deje hacer.

Una vez dado este paso, le tocará las partes secretas. Le aflojará la faja y el lazo del vestido y, alzándole la ropa interior, le acariciará las ingles.

Debe hacer todo esto con diversas excusas, pero, bajo ningún concepto, ha de empezar en ese momento el acto sexual.

Luego, ha de enseñarle las sesenta y cuatro artes, diciéndole lo mucho que la ama, las ilusiones que, desde hace tiempo, alberga con respecto a ella y las esperanzas que tiene puestas en su mutua dicha.

Ante todo, ha de prometerle fidelidad, disipar todas sus dudas acerca de posibles rivales y, por último, tras vencer su timidez, comenzará a gozar de ella de manera que no la asuste.

Todo esto, y aún mucho más, es necesario para inspirar confianza a una muchacha.

Sobre este tema también hay unos versículos, cuyo texto dice como sigue:

«Un hombre que actúe según las inclinaciones de una muchacha, ha de procurar dominarla de manera que ella le pueda amar y otorgarle su confianza por entero. Esto no se logra ni siguiendo a ciegas las inclinaciones de la muchacha, ni oponiéndose por completo a ella, sino que hay que adoptar un término medio. Quien sepa hacerse amar por las mujeres, cuidar de su honor e inspirarles confianza, tiene el amor asegurado. Sin embargo, aquel que abandona a una muchacha porque le parece demasiado tímida, sólo obtiene su desprecio. Ella le considera igual que una bestia, que ignora cómo dominar a una mujer. Además, una muchacha que la posea un hombre que no conoce el corazón femenino, se pone nerviosa, se altera y se siente abatida. Odia al hombre que la ha violentado y, como no han comprendido su amor, ni tampoco lo han correspondido, cae en la amargura y se convierte en enemiga del sexo masculino. Puede también que sólo deteste a su marido y recurra a otros hombres.»

III
ACERCA DEL NOVIAZGO Y DE LA MANIFESTACIÓN DE LOS SENTIMIENTOS POR MEDIO DE SIGNOS EXTERNOS Y LOS HECHOS

Un hombre pobre que tenga buena cualidad, un hombre que haya nacido en el seno de una familia de baja condición y que esté dotado de iguales cualidades, un vecino rico, un hombre sometido a su padre, a su madre o a sus hermanos, ninguno de ellos debe casarse sin antes haber procurado que la muchacha le ame y le estime desde la infancia.

Un muchacho separado de sus padres o que habite con su tío, intentará conseguir a la hija de éste o a alguna otra muchacha, incluso si ésta se ha prometido ya a otro hombre.

Esta manera de ganarse a una muchacha, afirma Ghotakamukha, es perfectamente correcta e irreprochable, pues de este modo se puede obtener al dharma, lo mismo que con cualquier otra clase de matrimonio.

Cuando un muchacho ha comenzado a cortejar a la joven que ama, dedicará todo el tiempo libre de que disponga a divertirla con diferentes juegos y entretenimientos adecuados a su edad y condición, tales como recoger y reunir flores, trenzar guirnaldas de flores, simular que forman parte de una supuesta familia, cocinar alimentos, jugar a los dados, a las cartas, a pares y nones, a identificar el dedo anular, a las seis piedras y otros muchos juegos que estén en boga en su región y que sean del agrado de la muchacha.

Asimismo, ha de organizar juegos en los que participen otras personas, tales como el del escondite, los granos, ocultar objetos en montoncitos de trigo y buscarlos, a la gallina ciega, etc., así como diversos ejercicios gimnásticos o juegos por el estilo, en los que, además de la muchacha participen sus amigas y sirvientas.

Del mismo modo el hombre demostrará simpatía por una determinada mujer, o mujeres, que la muchacha juzgue de confianza, con lo que conseguirá trabar nuevas amistades.

Sin embargo, lo principal estriba en que, con amabilidad y pequeños favores, se gane para su causa a la hija de la nodriza de su preferida.

De conseguirlo, aunque ella logre adivinar sus intenciones, no pondrá obstáculo alguno y facilitará su unión con la muchacha.

Conforme vaya conociendo su auténtico carácter, no dejará de alabar sus buenas cualidades a los padres de la muchacha, sin necesidad de que él se lo pida.

Por tanto, el hombre hará cuanto a la muchacha le resulte agradable, procurándole todas las cosas que desee.

Le proporcionará juguetes que la mayoría de sus compañeras no conozcan. También le regalará una bola pintada de diversos colores y curiosidades parecidas. Le dará muñecas de trapo, de madera, de cuerno de búfalo, de marfil, de cera, de arcilla o de tierra; utensilios de cocina, figuras de madera como un hombre y una mujer, un par de corderos, cabras o carneros, lo mismo que templos de tierra, de bambú, de madera consagrados a dioses y diosas, jaulas con papagayos, cucos, estorninos, gorriones, gallos y perdices, vasijas de agua de formas elegantes y variadas máquinas de lanzar el agua, guitarras, peanas para imágenes, taburetes, laca, arsénico rojo, ungüento amarillo, bermellón y colirio, madera de sándalo, azafrán, nueces y hojas de betel.

Estas cosas se las dará en distintas ocasiones con el

fin de encontrarse a solas con ella, unas veces en privado y otras en público, según las circunstancias.

Para resumir, procurará por todos los medios que se convenza de que está dispuesto a realizar todo cuanto ella desee.

Luego, obtendrá de ella una cita en un lugar apartado y, entonces le explicará que si le ha hecho regalos en secreto, ha sido por miedo a no agradar a sus padres.

También le indicará que cuanto le ha regalado, otras lo deseaban ardientemente.

Cuando crea que la muchacha ya le ama más, le explicará historias divertidas, si es que tal es su gusto. Pero, si a ella le complacen los juegos de manos, debe sorprenderla con varios trucos de prestidigitación, aunque si se siente atraída por alguna de las diferentes artes, le demostrará su destreza en este campo.

Si lo que le agrada son las canciones, le tocará música. Cuando en determinadas fiestas, vayan juntos a ferias o festivales al claro de luna o cuando ella regrese a casa tras una ausencia, él le ofrecerá ramos de flores, adornos para la cabeza y las orejas y anillos, puesto que en esas ocasiones se hacen regalos.

También conviene que enseñe a la hija de la nodriza los sesenta y cuatro medios de placer que practican los hombres y, con tal pretexto, mostrarle lo hábil que es en el arte del goce sexual.

Durante este tiempo, ha de vestir con elegancia y procurar tener un aspecto agradable, ya que a las muchachas les complace que los hombres que con ellas conviven sean guapos, elegantes y vayan bien vestidos.

Con respecto a la voz que afirma que las mujeres, aun cuando se enamoren perdidamente, nada hacen para conquistar el objeto de su cariño, son puras habladurías.

La mujer demuestra su amor por actos y signos externos, que abiertamente la delatan:

Jamás mira a la cara al hombre y se sonroja cuando él la contempla; con un pretexto u otro, le deja ver sus brazos y piernas; lo contempla en secreto cuando él se aleja; baja la cabeza cuando él le formula una pregunta y contesta con palabras torpes y frases entrecortadas; gusta de pasar largo rato en su compañía; cuando él se ha alejado, comienza a hablar misteriosamente con sus sirvientas, para llamarle la atención; no quiere marcharse del lugar en que él se encuentra; con cualquier excusa le obliga a que mire distintas cosas; le cuenta muy lentamente historias y fábulas, para alargar la conversación; besa y abraza a algún niño que tenga sentado sobre las rodillas; dibuja marcas de adorno en la frente de sus sirvientas; se mueve con viveza y gracia cuando sus sirvientas le hablan en presencia de su amado; se confía a los amigos de éste y les da muestras de respeto y de deferencia, es bondadosa con los sirvientes, habla con ellos, les anima a cumplir con su deber igual que si fuera la dueña, y les escucha, muy atentamente, cuando hablan a otra persona de su enamorado.

Entra en casa de la hija de la nodriza, cuando se la invita a hacerlo y, de este modo, se las ingenia para hablar y jugar con él; procura que su enamorado no la vea cuando va mal vestida y poco engalanada; por medio de amigas, le envía los adornos de las orejas, un anillo o alguna guirnalda de flores, según lo que él haya indicado que desea ver; luce de continuo algún objeto que él le haya regalado; se muestra triste cuando sus padres le hablan de otro pretendiente y no se relaciona con aquellas personas que apoyan o defienden la candidatura de este último.

También acerca de esto hay unos versículos cuyo texto dice lo que sigue:

«Cuando un hombre observa y comprende los sentimientos que por él siente una muchacha, al ver los signos y actos externos por los cuales se reconocen tales sentimientos, le conviene hacer cuanto sea posible para unirse a ella. A una jovencita se la gana mediante juegos infantiles, a una muchacha de más edad por la habilidad en las artes y a una muchacha mayor recurriendo a las personas de su confianza.»

IV

ACERCA DE LAS COSAS QUE EL HOMBRE HA DE REALIZAR POR SÍ MISMO PARA CONSEGUIR A UNA MUCHACHA, Y TAMBIÉN DE LO QUE DEBE EFECTUAR LA MUCHACHA PARA DOMINAR AL HOMBRE Y HACÉRSELO SUYO

Cuando la muchacha comienza a mostrar su amor por medio de signos externos y de ademanes, según en el anterior capítulo se ha indicado, el amante intentará conquistarla por todos los medios, que pueden ser los siguientes:

Durante los juegos y diversiones, en que ambos participen, él le cogerá la mano con toda intención.

Empleará con ella distintas clases de abrazo, por ejemplo, el de contacto, así como otros de los que se mencionan en un capítulo anterior (parte II, capítulo II).

A intervalos, le mostrará una pareja de figuras humanas recortada de una hoja de árbol y otras cosas similares.

En los juegos acuáticos, se sumergirá a cierta distancia de la muchacha, para reaparecer enseguida y muy cerca.

Expresará gran admiración por las hojas nuevas y cosas similares.

Le describirá los tormentos que por su causa está sufriendo.

También le explicará los hermosos sueños que ha tenido en los que aparecían otras mujeres.

En todos los juegos o reuniones de su casta, procurará sentarse junto a ella y tocarla con una excusa u otra.

Cuando consiga poner un pie sobre el de ella, le irá tocando cada uno de los dedos, asegurándose de oprimirle las uñas. De conseguirlo, entonces le cogerá el pie con la mano y le hará las mismas caricias.

También le oprimirá los dedos del pie con un dedo de la mano cuando ella se esté lavando los pies.

En todas las ocasiones que le haga un regalo o lo reciba de ella, su actitud y sus miradas han de expresar toda la intensidad de su amor.

Derramará sobre ella el agua que le ha servido para enjuagarse la boca. De encontrarse con ella en algún lugar solitario y oscuro, le declarará su amor, descubriéndole sus sentimientos, aunque procurará no asustarla ni afligirla en modo alguno.

Siempre en que coincidan en un mismo asiento o lecho, le murmurará:

—Tengo algo que decirte en secreto.

Entonces, si ella consiente en escucharle en algún lugar retirado y tranquilo, le puede confesar su amor con gestos y signos, antes que con palabras.

Una vez conozca con certeza los sentimientos de la muchacha, simulará caer enfermo y la llamará a su domicilio para hablarle.

Entonces, con toda intención, le tomara la mano y se la llevará a los ojos y a la frente y, con el pretexto de que ha de prepararse alguna medicina, le rogará que se encargue de ello en éstos o parecidos términos:

—Sólo a ti, y a nadie más que a ti, te corresponde esa tarea.

Cuando ella se despida para marcharse, la dejará partir, aunque rogándole con vehemencia que vuelva otras veces.

Tal simulacro de enfermedad no ha de durar más de tres días y tres noches.

Luego, como ella ya tiene la costumbre de visitarle a menudo, mantendrá con ella largas conversaciones, puesto que, según Ghotakamukha, «por mucho y muy apasionadamente que un hombre ame a una muchacha, jamás conseguirá triunfar sin un gran dispendio de palabras».

Por último, cuando ya haya conquistado definitiva y totalmente a la muchacha, entonces puede comenzar a gozar de ella.

Debe advertirse que lo que suele afirmarse de que las mujeres se muestran menos tímidas de lo habitual por las noches y a oscuras, momentos en que intensamente desean la unión sexual por lo que no rechazan a los hombres y que sólo entonces se puede gozar de ellas, no pasa de pura palabrería.

Cuando un hombre no logra alcanzar estos objetivos por sí mismo, puede utilizar a la hija de la nodriza o a alguna amiga que cuente con la total confianza de la muchacha, para conseguir que ésta la atienda, y, entonces, procederá de la manera antes descrita.

También desde un principio, puede enviar a su sirvienta para que viva con ella como dama de compañía, de manera que le facilite la conquista.

En definitiva, una vez haya logrado comprobar debidamente los sentimientos de la muchacha, revelados con su actitud y de su comportamiento hacia él, puede empezar a gozar de ella, cuando se encuentren a solas en las ceremonias religiosas, en las matrimoniales, en las ferias, los festivales, los teatros, las asambleas públicas y otras ocasiones.

Vatsyáyána afirma que de dirigirse a las mujeres en los momentos oportunos y en los lugares adecuados, jamás rechazan a sus amantes.

Toda muchacha bien educada y dotada de excelentes cualidades, aunque haya nacido en el seno de una familia de clase inferior o sin fortuna y que, por lo tanto, no la busque otro del mismo rango, y también toda muchacha huérfana que carezca de padres pero que observe las reglas de su familia y de su casta, en cuanto llegue a la edad de casarse y se proponga asentarse en la vida, se ha de esforzar por conquistar a un joven fuerte y de buena presencia, o que pueda casarse con ella por debilidad de carácter, incluso prescindiendo del consentimiento paterno.

Con este fin, la muchacha empleará cuantos medios disponga para hacerse amar y aprovechará todas las ocasiones para verle y encontrarse con él.

Del mismo modo, su madre no regateará medios para reunirles, sirviéndose de sus amigas y de la hija de la nodriza.

La propia muchacha se las arreglará para encontrarse a solas con su amado en algún lugar tranquilo, a quien regalará flores, nueces, hojas de betel y perfumes. También le mostrará su habilidad en las artes del masaje, el rascado y la presión de uñas.

Por último, le hablará de temas que a él le interesen y discutirán de las formas y medios apropiados para conquistar el amor de una muchacha.

Sin embargo, según los autores antiguos, por muy ardiente que sea el amor de una muchacha por un hombre, jamás debe ser ella quien se ofrezca ni se adelante a confesar sus sentimientos.

Una muchacha que actúe de esta forma se expone a que la rechacen y además que la desprecien.

Únicamente cuando el hombre parece se propone gozar de ella, se mostrará dispuesta, sin cambiar su actitud cuando él la abrace, y acogerá todas sus manifestaciones de amor como si ignorase lo que él pretende.

Sin embargo, en el momento en que pretenda besarla, se opondrá, y cuando le pida practicar la unión sexual, sólo le permitirá tocarle sus partes secretas y aun oponiendo gran resistencia.

Sean cuales fueren sus razones o sus amenazas e incluso sus ruegos, jamás ella debe ceder sino que se ha de oponer a todos sus intentos de gozarla.

Cuando esté convencida de que la ama y de que él le es totalmente fiel y que no va a abandonarla ni cambiará de sentimientos, puede entregársele, pero le ha de apremiar para que enseguida la haga su esposa.

Una vez haya perdido la virginidad, la muchacha lo ha de comunicar confidencialmente a sus amigas íntimas.

De este modo concluyen los esfuerzos de una muchacha por conquistar a un hombre.

También acerca de esto hay unos versículos, cuyo texto dice lo que sigue:

«Una muchacha con numerosos pretendientes, se ha de casar con el hombre que ama y al que ella considera que debe rendirle obediencia, por serle placentera. Sin embargo, en el caso de que los padres la casen con fines interesados con un hombre rico, sin preocuparse del carácter o de la apariencia de éste o si la entregan, por los mismos motivos, a un hombre que tenga ya varias mujeres, la muchacha jamás puede sentir afecto por su marido, aunque esté dotado de buenas cualidades, sea obediente, activo, robusto, sano de cuerpo y con deseos de complacerla en todos los aspectos. Es siempre preferible un marido condescendiente pero libre, por muy pobre que sea y carezca de buena presencia, que otro que a la vez lo sea, de otras mujeres, por muchos atractivos y apostura que tenga. Las mujeres casadas con hombres ricos, que tienen varias esposas, no suelen sentir afecto por ellos ni jamás se les confían. Al final, por mucho que gocen de los encantos externos de la vida, nunca dejan de recurrir a otros hombres. Un hombre de espíritu grosero, que haya perdido su posición en la sociedad o que sienta especial inclinación por los viajes no merece casarse. Del mismo modo, quien tiene muchas mujeres y muchos hijos o ama de modo excesivo los deportes y los juegos, y muy de tarde en tarde se dedica a su mujer, tampoco es digno del matrimonio. De todos los amantes de una joven, el único que será su marido de veras es aquel que tenga las cualidades que ella prefiere y únicamente este marido tendrá algún ascendiente sobre ella por ser marido de amor.»

V
ACERCA DE LAS DISTINTAS FORMAS DEL MATRIMONIO[47]

Cuando una muchacha no puede entrevistarse a solas con su amante, le enviará la hija de su nodriza, en el supuesto de que confíe en ella y que la haya ganado para defender sus intereses.

En sus conversaciones con el hombre, la hija de la nodriza ensalzará el rango de la muchacha, su buen carácter, su belleza, su talento, su habilidad, su madurez de espíritu y su afectuosidad pero de forma que él no llegue a sospechar que lo hace por encargo de la propia interesada.

De este modo aumentará en el corazón del hombre su amor por la muchacha.

Asimismo le explicará a ésta las excelentes cualidades del hombre, sobre todo aquellas que de antemano sabe que van a serle agradables.

También le hablará en términos peyorativos de los otros pretendientes de la muchacha, criticará su avaricia y la indiscreción de sus padres, y señalará la poca solera de sus familias.

A mayor abundamiento, la hija de la nodriza citará

47. Estas formas de matrimonio son muy distintas a las indicadas en el capítulo I y sólo se emplean cuando la conquista de la muchacha se ha hecho en la forma indicada en los capítulos III y IV.

muchachas de épocas pasadas, como Sakuntala y otras, que unidas a enamorados de su propia casta y de su libre elección, fueron eternamente felices.

Hablará asimismo de otras muchachas que, casadas con hombres de grandes familias y pronto atormentadas por esposas rivales, cayeron en la miseria y, al fin, se vieron abandonadas.

Por último, mencionará la feliz fortuna, la inalterable prosperidad, la castidad, la complacencia y el afecto y cariño del hombre y, si la muchacha se enamora de él, procurará tranquilizar su pudor, disipar sus temores y sus sospechas en relación a las desventuras que puedan sobrevenirle relacionados con su casamiento.

Para resumir, cumplirá fielmente las funciones de una mensajera, descubriéndole a la muchacha cuanto sepa del amor de este hombre, los sitios que él frecuenta, los esfuerzos que ha hecho para encontrarla y le repetirá a menudo:

—Todo iría mejor si el hombre te raptara por la fuerza y de improviso.

FORMAS DE MATRIMONIO

Después que una muchacha se haya enamorado y se comporte en público como si fuera la esposa de un hombre, éste ha de traer fuego de la casa de un brahmán y, tras haber sembrado en la tierra hierba kusha y ofrecido un sacrificio al fuego, se desposará con ella, según los preceptos de la ley religiosa.

Enseguida, informará de todo ello a sus padres, puesto que, de acuerdo con los autores antiguos, un matrimonio contraído solemnemente ante el fuego, ya no puede anularse.

Una vez consumado el matrimonio, se notificará a los demás parientes del hombre, y también se comunicará a los de la muchacha, para que todos den su consentimiento y olviden la forma cómo se realizó la boda.

Logrado esto, tendrá la reconciliación, propiciada mediante distintos regalos y respetuosas actitudes.

De este modo ha de casarse un hombre con una muchacha, según la forma grandharva de matrimonio.

De encontrarse con una muchacha que no esté decidida a casarse o no quiera reconocerlo, el hombre puede alcanzar su objetivo por los siguientes medios:

1.   A la primera oportunidad, y con cualquier pretexto, obtendrá que alguna amiga de su entera confianza, y que a la vez lo sea de la muchacha, la acompañe a su casa. Entonces, irá a buscar el fuego a casa de un brahmán y procederá en la forma indicada anteriormente.

2.   Cuando se ha anunciado la boda de la muchacha con otro hombre, el enamorado desacreditará hasta la exageración al futuro esposo ante la madre de ella. Entonces, ha de lograr que la madre la lleve a casa de una vecina, tras lo cual él irá a buscar el fuego al hogar de un brahmán y procederá en todo tal como se indica más arriba.

3.   El hombre procurará hacerse amigo íntimo del hermano de la muchacha. Ha de buscar a uno de edad aproximada a la suya, que tenga una extremada afición por las cortesanas y viva siempre entre intrigas de mujeres. El hombre le prestará ayuda en todos estos negocios y, cuando se presente la ocasión, le hará algunos regalos. Al cabo de un tiempo, cuando ya hayan intimado, le confesará lo muy enamorado que está de su hermana, puesto que es de sobra conocido lo predispuestos que se sienten los jóvenes a sacrificarlo todo, incluida la propia vida por las personas de su misma edad, costumbres y aficiones. De este modo, puede conseguir que el hermano traiga a la muchacha a su casa y, cuando la tenga allí, obtener el fuego del hogar de un brahmán, para seguir el procedimiento ya descrito.

4.   Al celebrarse algún festival, el hombre ha de

conseguir que la hija de la nodriza de la muchacha le dé a ésta alguna sustancia embriagadora y, por tal medio, que consienta en ir a su casa, mientras está adormecida. Tras gozar de la muchacha y antes de que despierte, hará traer el fuego de casa de un brahmán y actuará tal como se hace en tales circunstancias, según lo ya dicho.

5. De acuerdo con la hija de la nodriza, el hombre raptará a la muchacha mientras duerme y se la llevará a su casa. Luego, tras gozar de ella, y antes de que vuelva en sí del sueño, hará traer el fuego de casa de un brahmán y actuará según ya se ha indicado.

6. Cuando la muchacha esté en un jardín o se haya trasladado a algún pueblo vecino, el hombre, con ayuda de sus amigos, caerá sobre los guardianes que la acompañan y, tras matarlos o ahuyentarlos, raptará a su amada por la fuerza; a continuación obrará tal como antes se ha enumerado.

Acerca de este tema hay también unos versículos cuyo texto dice lo que sigue:

«De las distintas formas que se han indicado en este capítulo de la presente obra, el primero es siempre mejor que aquel que le sigue, por estar más de acuerdo con los preceptos de la religión y, por tanto, sólo se permite recurrir al segundo cuando el primero resulta imposible. Puesto que el fruto de todo buen matrimonio es el amor, la forma de matrimonio grandharva[48] puede respetarse, incluso cuando se ha llevado a la práctica en circunstancias desfavorables, por cumplir la finalidad que se propone. Otra de las razones por las que se respeta mucho la forma de matrimonio grandharva es que proporciona la dicha, presenta menos dificultades que las otras para realizarse y, sobre todo, es consecuencia de un gran amor previo.»

48. Esta forma de matrimonio es un contrato mutuo que se establece de común acuerdo, sin ceremonia ni rito alguno. Los grandharvas eran una especie de trovadores de la corte de Indra que se suponía actuaban de testigos invisibles.

CUARTA PARTE

ACERCA DE LA ESPOSA

I
*ACERCA DE CÓMO HA DE VIVIR
UNA MUJER VIRTUOSA Y DE CÓMO
DEBE COMPORTARSE CUANDO SU ESPOSO
ESTÁ AUSENTE*

Una mujer virtuosa que ame a su marido, ha de comportarse según los deseos de éste, igual que si se tratara de un ser divino y, con su consentimiento, tomará sobre sí la carga de cuidar a toda la familia.

Mantendrá limpia la casa, arreglará y colocará flores en las estancias, tendrá el suelo bien fregado, de manera que toda la vivienda produzca una sensación de aseo y decencia.

Asimismo cuidará del jardín que rodea la casa, en el que criará, a punto siempre de utilizarlas, las materias indispensables para los sacrificios de la mañana, del mediodía y de la noche.

Además, reverenciará en su santuario a los dioses lares, pues, según indica Gonardiya, «nada une más el corazón del jefe de la casa al de su esposa que la observancia de las reglas antes indicadas».

Respecto a los padres, amigos, hermanas y servidores del marido, actuará según los méritos de cada uno.

En el jardín ha de plantar semillas de legumbres verdes, macizos de caña de azúcar, canastas de higos, plantas de mostaza, de perejil, de hinojo y de *Xanthochymus pictorious*.

También cultivará en dicho jardín diversas flores como la trapa bispinosa, el jazmín silvestre, el *Gasminum grandiflorum*, la amaranta amarilla, el jazmín, la tabernamontana coronaria, el nadyaworta, la rosa de China y muchas más.

Del mismo modo, tendrá allí césped perfumado, *Andropogon schoenanthus* y la raíz perfumada de la planta *Andropogon miricatus*.

Por último, el jardín ha de contar con árboles, asientos y, en el centro, un pozo, estanque o depósito.

La esposa evitará en todo momento la compañía de pordioseras, mendigas y otras corrompidas y pérfidas, que se jactan de adivinadoras y saben fabricar hechizos.

Para las comidas tendrá siempre en cuenta aquello que le agrada o disgusta a su esposo, lo que le sienta bien y lo que le perjudica.

En cuanto oiga el ruido de sus pisadas al entrar en el hogar, se pondrá en pie, dispuesta a cumplir lo que le ordene y encargará a la sirvienta que le laven los pies, si es que no lo hace ella misma.

En todas las ocasiones en que salga con él, se pondrá los adornos, galas y mejores ropas.

Ha de tener siempre el consentimiento de su esposo para cursar o aceptar invitaciones, asistir a bodas o sacrificios, reunirse con sus amigas o acudir a los templos de los dioses.

Si desea participar en un juego o en una competición deportiva, de la clase que fuere, lo consultará siempre con su marido.

Del mismo modo, y ya por norma, se sentara a su

lado, se levantará antes que él y no le despertará mientras duerme.

La cocina ha de estar en una pieza tranquila y retirada, de manera que los extraños no tengan entrada a ella y ha de mantenerse siempre limpia.

En las ocasiones en que el marido se haya portado mal, no le responderá nunca con acritud, sean cuales fueren sus despropósitos.

No le dirigirá palabras injuriosas, sino que los reproches que le haga, han de ir acompañados con frases conciliadoras, tanto si están solos como en presencia de extraños.

Pero, sobre todo, no debe ser gruñona ni agresiva, pues, de acuerdo con Gonardiya, «a un marido nada le desagrada tanto en su mujer como esos defectos».

La mujer evitará hablar de mala manera, mirar de modo arisco, la murmuración, situarse en el umbral de la puerta para ver quién pasa, hablar en demasía en los lugares públicos y permanecer demasiado tiempo en lugar solitario.

Para resumir, ha de mantener su cuerpo, sus dientes, sus cabellos y cuanto le pertenece limpio, elegante y bien dispuesto.

Cuando una mujer desee permanecer a solas con su marido, su vestido ha de estar ricamente adornado con muchas clases de flores, y decorado con varios colores. También se compondrá con ungüentos y perfumes.

Sin embargo, el vestido que lucirá a diario ha de consistir en un tejido ligero, un tisú ceñido, algunas flores y adornos, y pocos perfumes.

Observará los ayunos y votos de su esposo y si éste intenta impedírselo, a ella le toca persuadirle de que se lo permita.

En las épocas del año en que se venden a buen precio comprará los materiales siguientes: tierra, bambús, leña para el fuego, pieles, vasijas de hierro, aceite y sal.

Las sustancias olorosas, los vasos hechos del fruto de la planta wrightea antidysenterica o wrightea de hojas ovaladas, los medicamentos y otros objetos que se necesitan de continuo, también conviene que los compre en los momentos oportunos y los guarde bajo llave.

Asimismo, en la estación apropiada, comprará para sembrarlas en el jardín, las semillas de: rábano, patata, remolacha común, ajenjo indio, mango, pepino, berenjena, kushmanda, calabaza, surana, ignonia, sándalo, ajo, cebolla y otras legumbres.

La mujer casada nunca dirá a extraños a cuánto asciende su fortuna ni los secretos que su esposo le haya podido confiar.

Ha de superar a todas las mujeres de su rango en habilidad, elegancia, aptitudes y conocimientos culinarios, distinción en el vestir y manera de servir y atender a su marido.

Los gastos del año se han de pagar con los propios beneficios.

La leche sobrante de las comidas se convertirá en mantequilla.

En la propia casa ha de prepararse el aceite y el azúcar, lo mismo que es donde se ha de hilar y tejer y siempre habrá una provisión de cuerdas y de cordeles, así como de cortezas de árbol para trenzar cuerdas.

Ella en persona se preocupará de que desgranen y limpien el arroz, cuyos granos menudos y pajuelas puedan emplearse de diversas formas.

Pagará los sueldos de los sirvientes, vigilará el cultivo de los campos, el cuidado de los rebaños y manadas, supervisará la construcción de vehículos, y tendrá gran cuidado de los corderos, gallos, codornices, papagayos y estorninos, cucos, pavos reales, monos y ciervas y, por último, contará y se asegurará de los ingresos y gastos diarios.

Los trajes usados puede regalarlos a los sirvientes

que hayan trabajado con esfuerzo, de modo que comprendan que aprecia sus servicios, o darles otros destinos.

Vigilará muy atentamente las vasijas en las que se prepara el vino o en las que se almacena, desechando aquellas que ya no sirven.

Asimismo ha de vigilar todas las ventas y compras.

Acogerá con amabilidad a todos los amigos de su marido, a los cuales ofrecerá flores, bálsamos, hojas y nueces de betel.

Guardará siempre la debida consideración a su suegro y a su suegra, aviniéndose de continuo a su voluntad y sus deseos, sin llevarles la contraria, hablándoles con pocas palabras, aunque sin brusquedad, no riendo de manera estrepitosa ante ellos y comportándose con sus amigos y enemigos como si fuesen los propios.

Del mismo modo, evitará ser vana, ni tampoco sentir demasiada preocupación por los placeres. Ha de ser liberal con los criados, a los cuales recompensará en los días de fiesta y durante los festivales.

Por último, nada regalará sin haber antes informado a su marido.

Aquí concluyen las cualidades y formas de vivir de la mujer virtuosa.

Durante la ausencia del marido, que puede haber partido de viaje, la mujer virtuosa no lucirá adornos ni amuletos, pero cumplirá con los ayunos en honor de los dioses.

Por muchos deseos que tenga de recibir noticias de su esposo, no desatenderá los trabajos domésticos.

Ha de dormir con las mujeres más ancianas de la casa, y procurará serles agradable. Cuidará y conservará en buen estado los objetos predilectos de su marido y continuará los trabajos que él hubiese iniciado.

Tan sólo visitará a sus parientes o amigos a causa de un hecho feliz o de duelo y, aun en esas ocasiones, irá con su traje habitual de viaje, en compañía de los sirvientes de su marido, y permanecerá allí muy poco tiempo.

Deben observarse todos los ayunos y fiestas de la casa con el consentimiento de las personas de más edad. Aumentará los ingresos de la casa por medio de compras y de ventas, según la costumbre de los mercaderes, ayudada por los criados más honrados, que ella, en persona, debe controlar.

De este modo, multiplicará los ingresos, al tiempo que procurará reducir los gastos en todo lo posible.

Al regreso de su marido, le ha de recibir con el traje habitual, para que él compruebe cómo se ha ataviado durante su ausencia, y le ofrecerá regalos, lo mismo que materias para los sacrificios que ha de presentar a los dioses.

Aquí concluye cuanto se refiere a la conducta de la mujer durante la ausencia del marido, que ha emprendido un viaje.

Acerca de esto hay también unos versículos, cuyo texto dice como sigue:

«La mujer, tanto si es hija de noble familia, como viuda virgen,[49] vuelta a casar o concubina, debe llevar una vida casta, sentirse por completo entregada al marido y no regatear esfuerzos para el bienestar de éste. Cuantas mujeres actúan así adquieren el dharma, artha y kama, consiguen una posición elevada y, por lo general, se ganan el corazón de sus esposos.»

49.   Sin duda se refiere a una niña casada durante su infancia y cuyo esposo ha muerto antes de llegar a la edad de celebrar el matrimonio. Las bodas entre niños eran, y aún parece que son muy frecuentes en la India.

II

*ACERCA DE LA CONDUCTA DE LA ESPOSA
DE MAYOR EDAD CON RESPECTO A LAS DEMÁS
ESPOSAS DE SU MARIDO, Y DE LA MÁS JOVEN HACIA
LAS DE MAYOR EDAD. ACERCA DE LA CONDUCTA
DE LA VIUDA VIRGEN CASADA DE NUEVO,
DE LA ESPOSA REPUDIADA POR SU MARIDO,
DE LAS MUJERES DEL HARÉN DEL MONARCA
Y DEL ESPOSO QUE TIENE VARIAS ESPOSAS*

Las causas y motivos de nuevo matrimonio en la vida de una mujer son:

1. Su locura o mal carácter.
2. La repulsión que el marido siente hacia ella.
3. La falta de descendencia.
4. El tener sólo hijas.
5. La incontinencia del esposo.

Desde el primer día de matrimonio, la mujer se ha de esforzar por ganarse el corazón del esposo, mostrándose solícita en todo momento, de buen humor y sensata.

No obstante, de no tener hijos, ella misma aconsejará a su marido que busque otra mujer.

Una vez esta nueva esposa se haya instalado en la casa, la primera le concederá una posición superior a la propia y la tratará como si fuera su hermana.

Al comenzar el día, la de mayor edad obligará a la más joven a engalanarse en presencia del esposo y no se ha de molestar ni sentir envidia por las atenciones que éste le dispense.

Si la más joven hace algo que disgusta al marido, la de mayor edad no ha de desdeñarla, sino que ha de estar dispuesta a darle los mejores consejos y a enseñarle cómo hacer diversas cosas en presencia del marido.

Ha de tratar a los hijos de la más joven como si fueran propios, tendrá mucha mayor consideración con los criados de esta última que con los suyos, del mismo modo que se mostrará más complaciente con sus amigos y honrará a los parientes de la más joven.

Si además de ella, en la casa hay otras mujeres, la esposa de mayor edad ha de aliarse con la que le sigue en rango y en años e impulsar a la que haya gozado recientemente de los favores del marido para que entable disputas con la favorita del día.

Luego, ha de compadecerla, tras lo cual, reunirá a todas las mujeres, las animará a renunciar a la favorita como persona mala e intrigante, aunque sin comprometerse jamás.

Si la favorita se pelea o discute con el esposo, entonces la de mayor edad tomará su partido y la alentará para envenenar la pelea. De ser ésta de escasa importancia, ha de procurar que se agrave.

No obstante, de comprobarse que, pese a todo, el marido sigue amando a su favorita, ha de cambiar de táctica, y se esforzará por llevar la reconciliación entre ambos, de manera que no despierte el descontento del esposo.

Aquí concluye la conducta de la esposa de mayor edad.

La esposa más joven tratará a la de mayor edad como si fuera su madre y nada regalará, ni siquiera a sus propios padres, sin antes habérselo consultado.

Ha de comunicarle cuantas cosas a ella se relacionen y no se acercará al esposo sin su permiso.

No revelará a nadie los secretos que la otra le haya confiado y cuidará de sus hijos con la mayor atención.

Al estar a solas con su marido, le servirá con todo esmero, pero sin decirle la tristeza que le produce la existencia de su rival. Asimismo, ha de conseguir que, en secreto, su marido le imponga algunas marcas especiales de preferencia, explicándole que sólo vive para él y para las atenciones que le dispensa.

No confiará a nadie el amor que siente por su esposo, ni el que éste le tiene, tanto si se ve impelida por el orgullo como por la rabia, ya que una mujer que descubre los secretos del marido acaba provocando su desprecio.

Respecto a conseguir favores especiales del esposo, Gonardiya aconseja que se haga siempre en privado, por miedo a la mujer de mayor edad.

Si a ésta el marido la repudia o resulta estéril, debe demostrarle simpatía y rogar al marido que sea bueno con ella.

No obstante, ha de esforzarse en superarla, llevando una vida totalmente casta.

Aquí concluye la conducta de la mujer más joven hacia la de mayor edad.

Una viuda en circunstancias de inferioridad, pobre de salud o de espíritu, que se casa nuevamente, suele denominarse una viuda casada de nuevo.

Los seguidores de Babhravya afirman que una viuda virgen no debe casarse con un hombre del que podría verse obligada a separarse, sea a causa de su mal carácter o porque carece de las características y cualidades esenciales en el hombre.

Gonardiya opina que, cuando una viuda vuelve a casarse, lo hace con la esperanza de ser feliz, y puesto que la felicidad depende, sobre todo, de las cualidades del marido, junto con el gusto por el placer, lo mejor es que elija a un hombre dotado de todas esas cualidades.

No obstante, Vatsyáyána considera que una viuda puede casarse con quien desee, siempre que crea que es capaz de hacerla feliz.

Al contraer matrimonio, la viuda pedirá al esposo el dinero necesario para costear las reuniones para beber, las fiestas campestres con los parientes y los regalos que ha de ofrecerles tanto a éstos como a los amigos.

De preferirlo, puede costearlo con sus propios recursos.

Del mismo modo, lucir sus adornos o los de su marido.

No existe regla fija con respecto a los regalos que deben intercambiarse con el marido. Pero, si después de la boda, ella abandona al marido por decisión propia, ha de restituir cuantos él le haya hecho, excepto los que se hayan ofrecido mutuamente. En cambio, si la expulsan de casa del esposo, nada debe restituirle.

Concluida la boda, ha de vivir en casa del marido, donde se la considerará como uno de los principales miembros de la familia.

No obstante, ha de tratar con suma bondad a las otras esposas, de manera generosa a los criados y con familiaridad y buen humor a todos los amigos de la casa.

Ha de demostrar que está mejor instruida en las sesenta y cuatro artes que las demás mujeres de la casa y, de disputar con su esposo, no debe maltratarlo, sino que, en privado, se prestará a cuanto desee, practicando las mencionadas sesenta y cuatro formas de goce.

Ha de mostrarse amable con las otras esposas de su marido, hará regalos a sus hijos, y procurará educarlos.

Pero hará bien en depositar mayor confianza en los sirvientes y amigos de su marido que en las otras esposas.

Por último, se mostrará siempre dispuesta a participar en reuniones para beber, en fiestas campestres, ferias, festivales y en toda clase de juegos y de diversiones.

Aquí concluye lo que se refiere a la conducta de una viuda virgen casada de nuevo.

Una mujer a la que su marido no ame y que la molestan y hacen sufrir las demás esposas, ha de aliarse con la preferida de aquél y que le asiste con mayor asiduidad que las otras, procurando enseñarle las artes que no conozca.

Actuará de nodriza de los hijos de su marido y, una vez se haya puesto de acuerdo con sus amigos, hará saber al esposo cuánto le ama.

En las fiestas religiosas, votos y ayunos, debe tomar la iniciativa, sin que por eso pretenda sobrevalorarse.

Cuando el marido se halle tendido en la cama, sólo se reunirá con él en caso de que sea el mismo quien lo solicite y en ningún momento le demostrará mal humor.

Si el esposo se pelea con alguna de sus mujeres, procurará reconciliarles y si él desea ver en secreto a alguna mujer, ella concertará el encuentro.

Además, procurará descubrir los puntos débiles del carácter de su esposo, pero manteniéndolo y considerándolo como un secreto, comportándose siempre y en todas las cosas de manera que el marido la pueda considerar como una esposa buena y entregada. Aquí concluye cuanto se refiere a la mujer a la que no ama su esposo.

En todo lo que antecede, se indica también cómo deben comportarse las mujeres del harén del monarca, por lo que ahora trataremos, tan sólo, del propio monarca.

Las sirvientas que forman parte del harén real, a las que se dan los nombres de kanchukiyas,[50] mahallarikas[51] y mahallikas[52], deben ofrecer al soberano, de parte de sus esposas, y el monarca, a su vez, les hará regalos, junto con los objetos y prendas que haya vestido el día anterior.

50. Nombre que se daba a las sirvientas del rey, en una época en que llevaban los senos cubiertos con una tela que era llamada de ese modo. Era costumbre que, mientras ellas los ocultaban, las reinas los mantuviesen descubiertos.

51. Significa «mujer superior», por lo que puede suponerse que se refería a la que tenía alguna autoridad dentro del harén.

52. También esta palabra indica determinada autoridad dentro del harén. Todas las mujeres que ostentaban cargos fueron sustituidas por eunucos.

Por la tarde, el monarca, revestido con sus mejores galas, visitará a las mujeres del harén, las cuales se habrán adornado con sus joyas y ropas.

Entonces, y tras haber asignado a cada una el lugar apropiado y haberles prestado la especial atención que sus méritos merecen, sostendrá con ellas una agradable conversación.

A continuación, visitará a las esposas que sean viudas vírgenes vueltas a casar y, por último, a las concubinas y a las danzarinas.

Todas las visitas a estas tres categorías de mujeres, citadas anteriormente, tendrán lugar en las habitaciones particulares de cada una de ellas.

Cuando el monarca se levante de su siesta de la tarde, la mujer encargada de indicarle cuál de sus esposas ha de pasar con él la noche, irá a su encuentro en compañía de las sirvientas de esta última, cuyo turno le ha llegado regularmente, de aquella cuyo turno pasó por error y de aquella que pudo encontrarse indispuesta cuando le tocaba.

Las sirvientas depositarán a los pies del soberano los ungüentos y perfumes que cada una de las esposas habrá enviado y que, previamente, sellaron con un anillo. Le dirán sus nombres y los motivos por los que le envían aquellos ungüentos.

Entonces, el monarca aceptará el ungüento de una de ellas, de lo que la informarán debidamente, con lo que sabe que le ha llegado el turno.[53]

En las fiestas, ejercicios de canto y ceremonias públicas, se ha de tratar con mucho respeto a todas las esposas del monarca y servirles bebida a todas.

53. Cuando los monarcas practicaban la poligamia era costumbre que yacieran con sus mujeres por riguroso turno. Cuando alguna lo perdía, por descuido, por ausencia del soberano o por indisposición, ésta y las que les tocaba el turno hacían una especie de lotería, enviando sus ungüentos al soberano para que eligiese y, de este modo, se solucionaba la cuestión.

Sin embargo, a las mujeres del harén real no les está permitido salir solas y sólo podrán entrar en el harén las mujeres que, sin pertenecer a él, son conocidas y se sabe cuál es su condición y carácter.

Por último, el trabajo de las esposas del monarca no debe fatigarlas en exceso.

Aquí termina todo lo referente a la conducta del monarca respecto a las mujeres de su harén.

Un hombre con varias esposas debe comportarse lealmente con todas ellas.

Jamás mostrará desdén ni excesiva indulgencia por sus faltas y nunca revelará a una de ellas el amor, la pasión, los defectos corporales ni las imperfecciones secretas de otra.

En ningún momento les dará ocasión para que hablen de sus rivales y si alguna comienza a criticarle a otra, la reprenderá asegurándole que tiene exactamente los mismos defectos que la criticada.

A una la complacerá con confidencias íntimas, a otra con atenciones especiales, a una tercera con algún halago secreto y a todas juntas organizando un paseo colectivo por el jardín, entreteniéndolas, ofreciéndoles mil presentes, honrando sus familias, confiándoles secretos y, por último, poniendo gran placer en las uniones sexuales.

Una esposa joven, que esté siempre de buen humor y se comporte de continuo según los preceptos de los libros sagrados, tiene asegurado el cariño de su marido y el éxito sobre sus rivales.

Aquí concluye cuanto se refiere a la conducta de un marido que tenga varias esposas.

QUINTA PARTE

ACERCA DE LAS ESPOSAS
DE LOS DEMÁS

I
*ACERCA DE LAS CARACTERÍSTICAS DE LOS
HOMBRES Y DE LAS MUJERES Y DE LAS RAZONES
POR LAS QUE ELLAS RECHAZAN LOS GALANTEOS
DE LOS HOMBRES. ACERCA DE LOS HOMBRES
QUE TIENEN ÉXITO CON LAS MUJERES
Y DE LAS MUJERES QUE RESULTAN FÁCILES
DE CONQUISTAR*

Se puede recurrir a las esposas de otros hombres en las ocasiones que se han enumerado en el capítulo V de la primera parte de esta obra, pero, ante todo, es preciso examinar las posibilidades de conseguirlas, la aptitud para cohabitar con ellas, el peligro que encierra el unírseles y el efecto que producen tales uniones.

A un hombre le está permitido dirigirse a la mujer de otro con el fin de salvar su propia vida, cuando se da cuenta de que su amor por ella va aumentando gradualmente de intensidad.

Tales grados de intensidad son diez y se reconocen por los siguientes síntomas:

1. Amor del ojo.
2. Afecto espiritual.
3. Reflexión constante.
4. Carencia de sueño.
5. Cuerpo adelgazado.
6. Hastío de toda clase de diversión.
7. Pérdida de todo pudor.
8. Demencia.
9. Desfallecimiento.
10. Fallecimiento.

Algunos autores de la Antigüedad afirman que un hombre ha de darse cuenta de las disposiciones, sinceridad, pureza e instintos de una mujer joven, así como de la intensidad o debilidad de sus pasiones, examinando la forma de su cuerpo, junto con algunos signos o marcas características.

Sin embargo, Vatsyáyána opina que la forma del cuerpo y los signos o marcas características son aquí tan sólo indicios engañosos y que las mujeres se han de juzgar por su conducta, la expresión externa de sus pensamientos y los movimientos de su cuerpo.

Gonikaputra dice que, como regla general, una mujer se enamora siempre que ve a un hombre hermoso, lo mismo que un hombre que ve a una mujer bella. Pero, con frecuencia, este amor no prospera por diversos motivos.

En el amor, las siguientes circunstancias son peculiares de la mujer:

Ama sin tener en cuenta si obra bien o mal y no pretende conquistar a un hombre con una finalidad determinada.

Además, cuando un hombre la asedia, se aparta instintivamente de él, aunque en el fondo estuviera dispuesta a unírsele. Sin embargo, si los esfuerzos del hombre se repiten y renuevan, con el fin de conquistarla, acaba por consentir.

El hombre, por el contrario, prefiere enamorarse primero. Luego, domina sus sentimientos con consideraciones morales y de prudencia y, aunque piense a menudo en aquella mujer, no cede, aunque tenga el propósito de conquistarla.

En ocasiones, hace una tentativa o realiza algún esfuerzo para ganarse el objeto de su cariño, pero si falla lo deja para otra oportunidad.

Del mismo modo, una vez que el hombre ha conquistado a la mujer, le resulta indiferente por completo.

El dicho de que el hombre no se preocupa de aquello que le resulta fácil de conseguir y que sólo le preocupa aquello que se consigue con dificultad, resulta por completo falso y equivocado.

Las razones por las que una mujer rechaza el acoso de un hombre son:

1. Amor por su esposo.
2. El deseo de posteridad legal.
3. Falta de oportunidad.
4. Enfado de verse abordada con demasiada familiaridad por un hombre.
5. La diferencia de rango social.
6. Falta de seguridad debido a la costumbre de viajar que tiene el hombre.
7. Sospechas de que el hombre esté ligado a otra persona.
8. Miedo a que el hombre no guarde el debido secreto respecto a sus intenciones.
9. La creencia de que el hombre está demasiado entregado a sus amigos y que es demasiado condescendiente con ellos.
10. Temor de que el hombre sea poco serio.
11. Timidez por tratarse de un hombre muy ilustre.
12. En el caso de la mujer-cierva temor de que sea muy potente o de pasiones impetuosas.

13. Cortedad porque él es demasiado hábil.

14. El recuerdo de otros tiempos, en que vivió con él en términos puramente amistosos.

15. Menosprecio por su escaso conocimiento del mundo.

16. Desconfianza a causa de su carácter vil y ruin.

17. Indignación por sus exigencias en conocer si es cierto que le ama.

18. En el caso de la mujer-elefanta, sospechar que se trata de un hombre-liebre o de pasiones débiles.

19. Miedo de que le suceda alguna desgracia motivada por esa pasión.

20. Desconfianza basada en sus propias imperfecciones.

21. Miedo de que la descubran.

22. Desilusión al descubrirle los cabellos grises o su apariencia descuidada.

23. Miedo de que sea una maniobra de su marido para comprobar su castidad.

24. La sospecha de que es poco respetuoso en cuestiones de moralidad.

Cualquiera que sea la causa, si el hombre la descubre o la adivina, debe esforzarse por contrarrestarla desde un principio.

Por tanto, ha de combatir la vergüenza que puedan producir su elevada posición o su talento, demostrándole un amor apasionado.

Si la mujer alega falta de oportunidades o dificultades para llegar hasta él, le indicará algún medio bastante sencillo.

Si ella le muestra excesivo respeto, la enardecerá comportándose con gran familiaridad.

Si ella sospecha que tiene un carácter ruin, ha de demostrarle su valor y su sensatez.

Si le acusa de negligencia, ha de hacerle un verdadero derroche de atenciones y, ante el miedo, tomar las medidas convenientes para disiparlo.

Los hombres que, por lo general, suelen tener éxito con las mujeres son los:

1. Muy versados en la ciencia del amor;
2. que tienen habilidad para contar historias;
3. familiarizados, desde la infancia, con las mujeres;
4. que han conquistado la confianza de las mujeres;
5. que les envían regalos;
6. que hablan bien;
7. que hacen cosas que a ellas las complace;
8. que antes no amaron a otras mujeres;
9. que actúan como mensajeros;
10. que conocen los puntos débiles de las mujeres;
11. que desean las mujeres honestas;
12. que están relacionados con sus amigas;
13. bien parecidos;
14. que han sido educados junto a ellas;
15. que son vecinos suyos;
16. dedicados a los placeres sexuales, aunque con sus propias sirvientas;
17. amantes de la hija de su nodriza;
18. recién casados;
19. que gustan de las comidas campestres y de las reuniones de placer;
20. generosos;
21. de reconocida fortaleza (hombres-toro);
22. emprendedores y decididos;
23. que superan a los propios maridos en sabiduría, en presencia, en buenas cualidades y en generosidad;
24. que tienen una magnífica forma de vestir y de vivir.

Las mujeres que resultan fáciles de conquistar son las:

1. que se entretienen a la puerta de su casa;
2. que constantemente van por la calle;
3. que se pasan la vida conversando en casa del vecino;
4. mujeres que miran con mucha fijeza a los hombres;
5. correveidiles;
6. que miran de reojo;
7. que su marido ha tomado otra mujer sin causa justificada;
8. que detestan a su marido o a la que su marido detesta;
9. que no tienen a nadie que vele por ellas;
10. que no han tenido hijos;
11. que son de una familia o casta no muy conocida;
12. que se les han muerto los hijos;
13. que andan muy metidas en sociedad;
14. que, aparentemente, están muy encariñadas con su marido;
15. esposas de los actores;
16. viudas;
17. pobres;
18. aficionadas a los placeres;
19. casadas con un hombre que tiene hermanos y hermanas más jóvenes que él;
20. vanidosas;
21. que su marido es inferior en rango y en ingenio;
22. que están muy orgullosas de su habilidad en las artes;
23. que tienen la mente perturbada por la locura del marido;

24. que, cuando eran niñas, casaron con un hombre rico, al que no aman de mayor y que desean uno más de acuerdo con su carácter, su talento y su sensatez;

25. que se ven, injustamente, maltratadas por su marido;

26. que no se ven respetadas por otras mujeres iguales en rango o belleza;

27. que su marido pasa el tiempo viajando;

28. esposas de los joyeros;

29. celosas;

30. codiciosas;

31. inmorales;

32. estériles;

33. holgazanas;

34. cobardes;

35. jorobadas;

36. enanas;

37. contrahechas;

38. vulgares;

39. que huelen mal;

40. enfermas;

41. viejas.

Acerca de esto también hay unos versículos cuyo texto dice:

«El deseo, que inspira la naturaleza y aumenta el arte y cuya sensatez aleja todo peligro, se hace firme y duradero. Un hombre hábil, que dependa de su propia destreza, que observe con cuidado las ideas y los sentimientos de las mujeres, que sepa vencer las causas de su alejamiento de los hombres, es, por lo general, feliz con ellas.

II
ACERCA DEL MODO DE ABORDAR A UNA MUJER Y DE LOS ESFUERZOS NECESARIOS PARA CONQUISTARLA

Muchos autores antiguos opinan que las muchachas se dejan seducir menos por las alcahuetas que por la acción personal de los hombres, y, por el contrario, las mujeres casadas ceden antes a los intermediarios que al propio amante.

Vatsyáyána considera que, mientras sea posible, el hombre ha de actuar por propia iniciativa y, sólo ante la absoluta imposibilidad de hacerlo, recurrir a los oficios de una alcahueta.

Con respecto al dicho de que las mujeres que actúan con decisión y desenfado, ceden a los esfuerzos del hombre y que aquellas a quienes faltan esas cualidades lo hacen ante los manejos de las alcahuetas, son meras palabras.

Sin embargo, cuando un hombre actúa por sí mismo debe conocer a la mujer que ama, de la siguiente manera:

1. Ha de ingeniárselas para que ella le vea en alguna ocasión natural o especial. La ocasión es natural cuando uno de los dos visita al otro en su casa. Es especial cuando ambos coinciden en casa de un amigo o de un compañero de casta, de un ministro, de un médico, etcétera, con motivo de las ceremonias de una boda, de algún sacrificio, de festivales, de funerales, etcétera.

2. Sea cual fuere el momento y la ocasión en que se encuentren, el hombre mirará a la mujer de manera tal que ella adivine su estado de ánimo. Se retorcerá el bigote, hará ruido con las uñas, procurará que suenen sus joyas, se morderá el labio inferior u otras señales parecidas. Cuando ella se fije en él hablará de ella misma con

sus amigos y de otras mujeres, y se mostrará liberal y amante de los placeres. Si se encuentra sentado junto a una amiga, bostezará, retorcerá el cuerpo, contraerá las cejas, hablará con gran lentitud, igual que si estuviera fatigado y la escuchase con gran indiferencia. También resulta aconsejable hablar con un niño, con el que se sostendrá una conversación de doble sentido, que parezca referirse a una tercera persona, pero que, en realidad, se refiere a la mujer que ama. De este modo, le descubrirá su amor, simulando ocuparse de otros en lugar de ella misma. Con los dedos o con un bastón, dibujará en la tierra señales que a ella se refieran. En su presencia, abrazará y besará a un niño, le dará con la lengua la mezcla de nuez y de hojas de betel y le oprimirá la barbilla, a modo de caricia. Todo esto ha de realizarse en el momento y lugar adecuados.

3. El hombre acariciará a un niño que ella tenga sentado en las rodillas. Le dará un juguete para que se entretenga, y se lo quitará de nuevo. De este modo, le será posible entablar con ella una conversación que se refiera al niño, para empezar a familiarizarse con la mujer que ama. Asimismo, estudiará la mejor forma de hacerse agradable a los padres de la mujer. La amistad que hayan entablado puede ser una excusa para visitarla con frecuencia. Entonces hablará de amor, aunque ella no se encuentre a su lado, pero se mantenga lo bastante cerca para oírle.

Al aumentar la amistad, él le confiará cierta suma en depósito, del que irá retirando cantidades de vez en cuando. También se aconseja la entrega de algunas sustancias aromáticas o nueces de betel para que se las guarde. Luego, procurará ponerla en buenas relaciones con su propia esposa, induciéndolas a hablar íntimamente y a sentarse juntas en lugares solitarios.

Con el fin de verla con frecuencia, procurará que ambas familias tengan el mismo orfebre, el mismo joyero, el mismo cestero, el mismo tintorero y el mismo blanqueador.

Le hará, a la luz del día, largas visitas con la excusa de algún asunto que con ella debe tratar y un asunto llevará a otro, de manera que así estarán siempre en continua relación. Si ella desea algo, si tiene necesidad de dinero o el propósito de conseguir destreza en tal o cual arte, le indicará que puede pedir o hacer cuanto desee. En consecuencia, le prestará el dinero necesario o le enseñará tal o cual arte, puesto que cuenta con medios para realizarlo. Entablará con ella largas conversaciones, en compañía de otras personas, en los que comentará lo que han hecho y dicho amigos comunes, examinará distintos objetos, tales como joyas, piedras preciosas, etc.

En determinadas ocasiones, puede mostrarle cosas que ella no conozca y, si se da el caso de que no estén de acuerdo en cuanto a su valor o a su calidad, no la contradecirá, sino que simulará compartir su opinión en todos los aspectos.

Aquí concluye lo que se refiere a las formas de entablar amistad con la mujer a la que se desea.

Una vez una muchacha se ha familiarizado con un hombre, de la forma más arriba descrita, y le ha descubierto su amor por medio de diferentes signos externos y de movimientos del cuerpo, el hombre dirigirá todos sus esfuerzos a poseerla.

Sin embargo, como las doncellas carecen de experiencia en la unión sexual, se impone tratarlas con gran delicadeza, por lo que el hombre ha de actuar con mucho tiento y cuidado.

Como es lógico, esto no se refiere a las mujeres que están avezadas a las relaciones sexuales.

Cuando las intenciones de la muchacha no ofrezcan ya la menor duda y haya abandonado el pudor, ha llegado el momento de que el hombre empiece a gastarle el dinero y ambos han de intercambiar vestidos, anillos y flores.

En este punto, el hombre ha de cerciorarse de que sus regalos son bellos y valiosos.

Ella, por su parte, le ofrecerá una mezcla de nueces y de hojas de betel y si él ha de acudir a algún lugar de diversión, le dará la flor que lleve en el pelo o la que tenga en la mano.

Cuando sea él quien le regale la flor, procurará que tenga un agradable perfume y esté marcada con las señales que él mismo ha impreso, con las uñas o con los dientes.

De este modo, progresiva y gradualmente, ha de ir disipando los temores de la muchacha, para, al fin, conducirla a algún lugar solitario y, una vez allí, abrazarla y besarla.

Por último, en el momento en que le entregue una nuez de betel o que sea él quien la reciba, o bien que intercambien un ramo de flores, el hombre le tocará las partes secretas, y procederá a culminar de forma satisfactoria sus deseos.

Cuando un hombre abrigue el propósito de seducir a una mujer, no ha de intentar seducir otra al mismo tiempo.

Sin embargo, una vez haya conseguido a la primera, y gozado de ella durante un tiempo considerable, puede conservar su cariño haciéndole regalos que le complazcan y, a la vez, iniciar el asedio de la otra.

Si un hombre ve que el marido de la mujer a la que ama se dirige a algún lugar próximo a su vivienda, se abstendrá de gozar de ella, aun con la seguridad de que iba a rendírsele fácilmente en aquel momento.

Un hombre sensato, que se preocupe por su reputación, no piensa jamás en seducir a una mujer miedosa, tímida, de carácter frívolo, bien vigilada o que tenga suegro y suegra.

III

ACERCA DEL EXAMEN DEL ESTADO DE ÁNIMO
DE UNA MUJER

Cuando un hombre pretenda seducir a una mujer, ante todo ha de examinar su estado de ánimo y actuar de acuerdo con lo que a continuación se indica.

Si ella le escucha, aunque sin descubrirle sus intenciones, procurará ganarla por medio de una alcahueta.

Habiéndose encontrado ya en una ocasión, si ella vuelve a reunírsele en otra, pero mejor vestida que en la anterior, puede tener el hombre la seguridad de que, con un poco de violencia, conseguirá sus propósitos.

Una mujer que se deja galantear por un hombre, pero que no cede ante sus deseos, ni siquiera al cabo de mucho tiempo, puede considerársela como inconstante en el amor. Pero, dada la inconstancia de la condición humana, será posible triunfar sobre esta clase de mujeres manteniendo relaciones cada vez más estrechas.

Si una mujer evita las atenciones de un hombre, procurando, sea por respeto hacia él o por orgullo personal, no encontrarle ni acercársele, el hombre, pese a todo, conseguirá su propósito aunque habrá de vencer grandes obstáculos, si llega a familiarizarse con ella o se sirve de una intermediaria muy hábil.

Pero cuando un hombre galantea a una mujer y ésta le rechaza con palabras violentas e injuriosas, es conveniente dejarlo correr desde aquel mismo instante.

Ahora bien, si una mujer rechaza a un hombre, pero al mismo tiempo le demuestra su amor, hay que insistir por todos los medios.

Una mujer que se encuentre con un hombre en lugares solitarios y permita que él la toque con el pie, aunque a causa de su indecisión de ánimo simula no enterarse, conseguirá conquistarla con paciencia y grandes esfuerzos, obrando tal como se indica a continuación:

Si ocurriera que duerme cerca del hombre, éste la enlazará con el brazo izquierdo y comprobará si, cuando despierta, le rechaza en serio o simplemente de manera que se puede comprender que sólo desea que comiencen nuevamente.

Cuanto se hace con el brazo, también se puede realizar con el pie.

Si el hombre tiene éxito en estas operaciones, la abrazará con mayor fuerza y si ella se lo impide, e incluso se levanta, pero al día siguiente se comporta con él de la misma manera, resulta claro que no se encuentra muy lejos de ceder a sus deseos.

No obstante, si ella dejara de presentarse, interesa que él continúe cortejándola por medio de una alcahueta. Si, pasado algún tiempo, ella reaparece y le trata normalmente, no resulta aventurado suponer que ella ya no siente grandes reparos a unírsele.

Cuando una mujer ofrece una oportunidad a un hombre y le manifiesta su amor, la gozará.

Las distintas formas de cómo una mujer descubre su amor son las siguientes:

1. Se dirige al hombre sin que éste haya sido el primero en hablarle.

2. Se le acerca en lugares secretos.

3. Le habla trémula y con palabras entrecortadas.

4. Tiene los dedos de las manos y de los pies muy sudorosos y su rostro resplandece de placer.

5. Se dedica a darle masaje en el cuerpo y a oprimirle la cabeza.

6. Al darle masaje, lo hace sólo con una mano,

mientras con la otra le toca y acaricia diversas partes del cuerpo.

7. Permanece con las manos sobre el seno, sin moverse, igual que si algo la hubiera dejado sorprendida o si estuviera muy fatigada.

8. De vez en cuando inclina el rostro sobre los muslos del hombre y, si éste le ruega que le dé masaje, no demuestra repugnancia en hacerlo.

9. Coloca las manos en el cuerpo del hombre, pero sin moverse, y, aunque se las oprima entre los miembros, ella no las retira durante mucho rato.

10. Por último, aunque se ha resistido a todas las tentativas del hombre, comparece al día siguiente para darle nuevamente masaje en el cuerpo.

Cuando una mujer no anima lo más mínimo al hombre, pero tampoco le evita y se oculta en algún lugar solitario, se intentará conquistarla por medio de una criada de la vecindad.

Si, pese a que la llamen, mantiene la misma conducta, se impone recurrir a una alcahueta experimentada.

Pero, si ella se niega a recibir sus mensajes y a devolverlos, el hombre ha de reflexionar mucho antes de continuar con su galanteo.

Aquí concluye el examen del estado de ánimo de una mujer.

El hombre ha de ser el primero en acercarse a la mujer y en sostener la conversación.

Le hará algunas referencias a su amor y, según las respuestas, si se da cuenta de que le acoge bien, pondrá enseguida manos a la obra para mirar de conseguir sus propósitos, sin miedo alguno.

La mujer que en la primera entrevista traiciona su amor con signos externos, resulta muy fácil de conquistar.

Del mismo modo, la mujer lasciva que, cuando se le habla amorosamente, responde al instante con palabras que revelan su gran amor, puede considerarse que está ganada de antemano.

Todas las mujeres, tanto si son sensatas como sencillas o confiadas, si descubren abiertamente su amor, resultan una conquista fácil.

IV

ACERCA DE LOS COMETIDOS DE UNA ALCAHUETA

Si una mujer manifestó su amor o su deseo por medio de signos o de movimientos del cuerpo y, luego, ya no se deja ver en mucho tiempo o nunca y se trata de una persona a la que se acaba de conocer, el hombre ha de recurrir a una alcahueta para poder tenerla.

La alcahueta, tras ganarse la confianza de la mujer según sus disposiciones, intentará que odie o que desprecie a su marido, para lo cual mantendrá con ella sutiles conversaciones, le hablará de medicinas para tener hijos, le contará chismes de todas clases acerca de los vecinos o de las otras mujeres, al tiempo que celebra y alaba su belleza, su inteligencia, su sensatez, su generosidad y su elegancia.

Le dirá:

—Realmente es una vergüenza que una mujer como tú, tan extraordinaria en todos los aspectos, esté dominada por un marido como el tuyo. Hermosa dama, piensa que él no vale siquiera para servirte.

Entonces, la alcahueta le hablará de la débil pasión de su marido, de sus celos, de su ruindad, de su ingratitud, de su odio hacia los placeres, de su mezquindad, de su estupidez y de cuantos defectos puede tener y la esposa conozca.

Insistirá sobre todo en el defecto o imperfección que compruebe que a ella más le afecta.

Si la esposa es una mujer-liebre y el marido un hombre-liebre nada puede decirse, pero si él fuese un hombre-liebre y ella una mujer-yegua o una mujer-elefanta entonces le pondrá de manifiesto esa desproporción.

Gonikaputra opina que cuando la mujer vive su primera intriga o sólo ha manifestado su amor de manera muy discreta, el hombre le ha de enviar una alcahueta que ya la conozca y en quien ella tenga confianza.

Pero volvamos al asunto.

La alcahueta hablará a la mujer del amor y de la devoción de aquel hombre y, al ver que aumentan el amor y la confianza de la mujer, le dirá lo que ha de hacer, de la forma siguiente:

—Escucha esto, hermosa dama; ese hombre, hijo de una buena familia, te ha visto y pierde la cabeza por ti. ¡Es un muchacho de naturaleza tan sensible! Jamás se ha encontrado en semejante situación y me temo que sucumba a su pena, que acabe muriendo.

Si la mujer atiende con interés esas palabras al día siguiente, la alcahueta, al descubrir signos de buen augurio en su rostro, en sus ojos y en su conversación, volverá a hablarle del hombre y le contará las historias de Ahalya,[54] de Indra y de Savuntala[55] y de Dushyanti, junto con otras parecidas que adaptará a las circunstancias del momento.

Irá ensalzando la fuerza del hombre, sus cualidades, su habilidad en las sesenta y cuatro formas del placer que menciona Babhravya, su agradable presencia y sus relaciones con alguna dama noble, sin que importe lo más mínimo que sea o no cierto.

54. Esposa del sabio Gautama, seducida por Indra.
55. Protagonista de uno de los mejores dramas de la literatura hindú.

Además, la alcahueta ha de observar con mucho cuidado la actitud de la mujer hacia ella.

De serle favorable, la mujer se comportará como sigue:

La ha de acoger con gesto muy sonriente y, sentándose a su lado, interrogarla:

—¿Dónde has estado? ¿Qué has hecho? ¿Dónde has comido? ¿Dónde has dormido? ¿Qué has visto?

Además, la mujer tendrá inclinación a reunirse con la alcahueta en lugares solitarios, donde ésta le explicará historias, bostezará distraída, quedará ensimismada, lanzará suspiros, le hará regalos, recordará jornadas felices y, al despedirse, le dirá en tono cariñoso:

—Mujer, ¿por qué me has dicho esas aviesas palabras?

Luego, comentará acerca de si es pecado tener relaciones sexuales con aquel hombre y nada dirá de las citas o conversaciones que con él haya podido sostener, pero favorecerá que le hagan preguntas acerca de tales cosas y, por último, se burlará de la pasión del hombre, aunque sin criticarlo.

Una vez la mujer manifieste su amor tal como acabamos de decir, la alcahueta atizará esa pasión, trayéndole regalos del hombre.

Sin embargo, si la mujer no le conoce mucho, la alcahueta la conducirá hacia su objetivo, celebrando y loando sus buenas cualidades y explicándole anécdotas acerca del amor que por ella siente.

A este respecto Auddalaka afirma que si un hombre y una mujer no se conocen personalmente y no se han mostrado signos de afecto, es inútil recurrir a una alcahueta.

Por el contrario, los discípulos de Babhravya afirman que aunque no se hayan tratado personalmente, mientras se muestren signos de afecto mutuo, resultan útiles los servicios de una alcahueta.

Gonikaputra, por su parte, considera que estos servicios son temporales si se conocen personalmente, aunque no haya entre ellos muestras de afecto.

Pero Vatsyáyána indica que, incluso si no se conocen personalmente ni se han demostrado afecto, ambos pueden confiarse a un intermediario.

La alcahueta ofrecerá a la mujer regalos tales como nueces y hojas de betel, perfumes, flores, anillos, que el hombre le haya entregado para ella, y en esos regalos deben ir impresas las señales de los dientes y de las uñas del pretendiente junto con otros signos.

En la ropa que le envíe, dibujará, con azafrán, dos manos unidas en señal de fervorosa plegaria.

La alcahueta también presentará a la mujer figuras ornamentales de distintas clases, recortadas en hojas, así como adornos para las orejas y rosarios de flores, que llevarán prendidas cartas de amor, en la que se exprese el deseo del hombre.

La alcahueta inducirá a la mujer a que le envíe en compensación, regalos afectuosos.

Una vez ambas partes hayan aceptado dichos regalos, la alcahueta, por su propia iniciativa, preparará una cita entre ellos.

Los seguidores de Babhravya opinan que esa cita ha de tener lugar en la época en que se suelen visitar los templos de alguna divinidad, con motivo de ferias, paseos por el jardín, representaciones teatrales, casamientos, sacrificios, festivales y ceremonias fúnebres o bien cuando se van a bañar al río e incluso en tiempos de calamidades naturales,[56] de incursiones de bandidos o de invasión por un país enemigo.

Gonikaputra considera que tales citas han de rendir-

56. Con seguridad, se refiere a algunas de las epidemias, tormentas, terremotos o épocas de hambre, desgraciadamente tan frecuentes en ese país.

se preferentemente en las casas de las amigas, de pordioseras, de astrólogos y de ascetas.

Pero Vatsyáyána advierte que el único lugar adecuado es el que tiene fáciles acceso y salida, en el que se han tomado las disposiciones necesarias para evitar accidentes y en el que el hombre encuentra un camino rápido para abandonarlo, cuando lo desee, sin riesgo de un encuentro enojoso.

Ahora sigue una relación de las diferentes clases de alcahuetas.

1. La que toma sobre sí todo el peso del asunto.

2. La que sólo ejecuta una parte muy reducida del asunto.

3. La que se limita a llevar una carta.

4. La que actúa por cuenta propia.

5. La de una joven esposa inocente.

6. La casada que hace las veces de alcahueta de su marido.

7. La muda.

8. La que desempeña el papel del viento.

1. La mujer que ha advertido la pasión mutua entre un hombre y una mujer, los pone en relación y lleva la intriga sin otros medios que su inteligencia, es la alcahueta que toma sobre sus espaldas el peso del asunto. Estas alcahuetas se emplean, principalmente, cuando el hombre y la mujer ya se conocen y han hablado varias veces. En este caso, no sólo la envía el hombre, lo que también ocurre en todos los otros, sino además la mujer. También se confiere ese nombre a la alcahueta que, al comprobar que un hombre y una mujer se convienen mutuamente, procura unirlos aunque aún no se conozcan.

2. Pero si una alcahueta, al advertir que ya se ha realizado parte del asunto o que el hombre ya se ha insi-

nuado, se encarga del resto será la que ejecuta sólo una parte muy reducida del asunto.

3. Se denomina alcahueta que se limita a llevar una carta a la que cumple este cometido entre un hombre y una mujer que se aman, pero sin poderse encontrar con frecuencia.

4. La que va al encuentro de un hombre y le dice que en sueños ha disfrutado de la cópula con él; que le manifiesta su cólera porque su mujer se haya enfadado con él al llamarla por el nombre de su rival, en vez del suyo propio; que le da un objeto cualquiera con la marca de sus uñas y de sus dientes; que le descubre que desde hace tiempo sabe que él la desea y le pide cuál de las dos tiene mejor aspecto, su esposa o ella, es lo que se denomina alcahueta por cuenta propia. En este caso el hombre se limitará a concederle una cita y hablar con ella en privado y de manera secreta.

También se aplica ese nombre a la que, tras prometer a otra que actuará en representación suya, conquista al hombre para sí misma, y entra en relación personal con él, de modo que con ese proceder fracasa la amiga. Igualmente cabría considerar así al hombre que, haciendo de intermediario a favor de otro y sin que antes hubiese conocido a la mujer, la conquista para sí mismo y, con ello, el otro fracasa.

5. La alcahueta de una joven esposa es la que se ha ganado la confianza de una esposa joven o inocente de un hombre y que, conociendo sus secretos, sin haber ejercido presión alguna sobre ella, sabe gracias a sus revelaciones, el modo cómo se porta su marido con ella, puede enseñarle el arte de hacerse amar de ese esposo, y sobre el modo de expresar su amor e indicándole cómo o cuándo ha de encolerizarse o procurar disimularlo. Luego, tras haber hecho ella misma unas marcas de uñas y dientes en el cuerpo de la joven esposa, la animará a mostrarle dichas marcas, de manera que excite su pla-

cer. En esos casos el marido ha de responder a través de la misma persona.

6. Cuando un hombre envía a su propia esposa para conquistarse la confianza de otra mujer, a la que desea poseer, mandándola incluso a su propia casa para que alabe la sensatez y habilidad de su marido, a la primera se la llama la casada que hace las veces de alcahueta de su marido. En tal caso, la mujer a la que cortejan también ha de dar a conocer sus sentimientos por medio de la esposa que hace de intermediaria.

7. La muchacha o criada que enviada por el hombre a casa de una mujer con una excusa cualquiera y que esconde una carta en el ramo de flores o en los adornos de las orejas, o lleva impresa alguna marca con los dientes, uñas o algún signo parecido, se la denomina una alcahueta muda. En tal ocasión, el hombre ha de esperar una respuesta por medio de la misma persona.

8. Se denomina alcahueta que desempeña el papel del viento a la que lleva a una mujer un mensaje con doble sentido, relativo a un hecho pasado, que resulta ininteligible para los demás. También en ése ha de esperarse la respuesta por medio de la misma mujer.

Aquí termina la relación de las diferentes clases de alcahuetas.

Las astrólogas, las sirvientas, las pordioseras y las artistas suelen estar muy al corriente del oficio y de las artes de la alcahuetería y fácilmente logran ganarse la confianza de otras mujeres.

Cada una de ellas puede, a su albedrío, aumentar la intimidad entre dos personas o la amabilidad de tal o cual mujer por la que se interesan, o describir las artes que otras mujeres practican en la unión sexual.

Asimismo, y con grandes alabanzas, hablan del amor de un hombre, de su habilidad en los placeres sexuales, de la pasión que otras mujeres, más hermosas aún que la que les escucha, sienten por él y explican las dificultades que pueden retenerle en su casa.

Por último, una alcahueta, gracias al artificio de su conversación, puede conseguir que una mujer se interese por un hombre, aun en el caso de que ni siquiera haya pensado en él o que el hombre haya considerado que está por encima de sus posibilidades.

También suelen poner a un hombre en contacto con una mujer, de la que se hubiera separado por alguna razón.

V
ACERCA DEL AMOR DE AQUELLOS QUE TIENEN AUTORIDAD SOBRE LAS MUJERES AJENAS

Los monarcas y sus ministros no tienen acceso a las casas de los ciudadanos y, además, su manera de vivir está continuamente vigilada, observada e imitada por la multitud.

Es lo mismo que ocurre en el mundo animal, que al notar la salida del Sol, se despereza y, en cuanto se pone, le imita, acostándose a su vez.

Las autoridades, por tanto, han de evitar en público cualquier acto censurable, prohibido por su posición, que iba a merecer una censura general.

Sin embargo, cuando ese acto parece necesario, lo realizarán, empleando todos los medios apropiados, tales como los que a continuación se describen:

El jefe de un pueblo, el oficial del rey allí destinado y el hombre que tiene a su cargo el oficio de espigar el trigo, pueden seducir a las muchachas de la aldea con sólo pedírselo.[57]

57. El que «tiene el oficio de espigar trigo» es como se designa a quien realiza la tarea de todos y todos se encargan de alimentarlo.

Los voluptuosos dan el nombre de pícaras a esta clase de muchachas.

La cópula de los hombres antes indicados con esa clase de mujer suele ocurrir con motivo de algún trabajo no pagado, tales como el almacenamiento de las cosechas en los graneros, de la entrada de objetos o la salida de éstos en la casa, de la limpieza de las viviendas, del trabajo en los campos, de la compra de algodón, lana, lino, cáñamo, hilo y, en época de la compra, venta e intercambio de otros artículos diversos así como en los momentos en que se llevan a cabo esos trabajos.

De la misma manera, los vigilantes de parques de vacas gozan las mujeres en los prados y los funcionarios que tienen el encargo de atender a las viudas, a las mujeres que carecen de apoyo y a las que han perdido a sus maridos, tienen relaciones sexuales con ellas.

Los más hábiles cumplen su tarea merodeando por el pueblo durante la noche.

Existen también aldeanos que mantienen relaciones con sus nueras, por pasar mucho tiempo a solas con ellas.

Por último, los vigilantes de los mercados tienen mucho que hacer con las aldeanas cuando éstas van allí de compras.

1. Durante los festivales de la octava luna, es decir, durante la mitad del brillante mes de Margarshirsha, lo mismo que durante los festivales del claro de luna del mes de Kartika, y el festival de primavera de Chaitra, las mujeres de los pueblos y de las ciudades, se dirigen al palacio del rey para visitar a las mujeres del harén real. Esas visitantes, por ser conocidas de las mujeres del harén, entran libremente en las habitaciones particulares. Pasan allí la noche conversando, practicando deportes y divirtiéndose, y se van por la mañana. En tales ocasiones, una sirvienta del rey, que previamente sabe cuál es la mujer que éste desea, se hará la encontradiza con la

elegida, en el momento en que va a entrar en su casa, para invitarla a ver las curiosidades de palacio. Incluso antes de los festivales, puede haberle mandado recado de que, cuando se celebren los mencionados festejos, quiere enseñarle cuantas cosas interesantes hay en palacio. En efecto, le mostrará la glorieta de enredaderas en forma de coral, la casa del jardín en su suelo incrustado de piedras preciosas, la glorieta de uvas, el edificio sobre el agua, los pasos secretos dentro de los muros de palacio, las pinturas, los animales de caza y de deporte, las máquinas, los pájaros y las jaulas de los leones y de los tigres. Luego, una vez a solas con ella, le revelará el amor que el soberano le tiene y le explicará la gran fortuna que iba a reportarle su unión con el monarca, asegurándole y garantizándole que el secreto se guardará celosamente. Si ella acepta la oferta, le entregará magníficos regalos, dignos de un rey, y, tras acompañarla un breve trecho, la despedirá con afectuosas muestras de aprecio.

2.   También puede darse el caso de que las esposas del monarca hayan trabado amistad con el marido de esa mujer, a la que invitarán a visitarlas en el harén, ocasión que la sirvienta, enviada expresamente allí, aprovechará para actuar como más arriba se indica.

3.   O bien una de las esposas del soberano conocerá a la mujer que éste desea, y le enviará una de sus sirvientas para que intime con ella y la invite a ir a palacio. Luego, una vez la haya visitado y tenga confianza con ella, una espía del monarca, encargada expresamente de este cometido, actuará como más arriba se ha indicado.

4.   A veces la esposa del rey invitará a palacio a la mujer que éste desea, para que conozca la maravilla de arte en la que ella habita. Una vez haya entrado en el harén, una criada se encargará del resto del asunto.

5.   Una mendiga, puesta de acuerdo con la esposa del rey, le dirá a la mujer que éste desea, y cuyo marido

puede haber perdido su fortuna o tener algo que temer del soberano:

—Esta esposa del rey tiene sobre él mucha influencia, aparte de ser bondadosa por naturaleza. No tienes más remedio que recurrir a ella para este asunto. Yo me encargo de hacerte entrar en el harén y ella conseguirá despejar cualquier motivo de peligro o de miedo.

En caso de que la mujer acepte la oferta, la mendiga la acompañará un par o tres de veces al harén y la esposa le prometerá su protección. Luego, cuando la mujer contenta por la acogida recibida, vuelva otra vez al harén, una sirvienta del monarca lo culminará tal como ya se ha dicho.

6. Lo que acaba de decirse acerca de la esposa de un hombre que tenga algo que temer del rey, se aplica también a las esposas de aquellos que solicitan servir al monarca, que son muy pobres, no están satisfechos de su posición, desean granjearse el favor real, quieren destacar entre el pueblo, se ven oprimidos por miembros de su propia casta, quieren afrentar a sus compañeros de casta, actúan como espías del rey o quieren obtener algo.

7. Por último, si la mujer a la que el monarca desea vive con un hombre, sin haberse casado o que no es su verdadero esposo, el soberano puede detenerla y reducirla a la esclavitud por tal delito, encerrándola en el harén. También el rey puede ordenar a un emisario que se querelle con el esposo de la mujer a la que desea, y encarcelarla como cónyuge de un enemigo suyo, y seguidamente trasladarla al harén.

Aquí concluyen los medios de conseguir secretamente las esposas de los demás.

Los medios que antes se han citado para conseguir a las mujeres de los demás suelen practicarse en los palacios reales.

Sin embargo, un monarca jamás ha de penetrar en domicilio ajeno, ya que Abhira,[58] rey de los kottas, fue muerto por un lavandero cuando se encontraba en casa extraña, y Jayasana, rey de los kashis, murió despedazado en una ocasión parecida, por orden de sus caballeros.

No obstante, según las costumbres de ciertos países, los monarcas gozan de ciertas facilidades para hacer el amor a las esposas de otros hombres. Así, en el país de los andras,[59] las recién casadas tienen la costumbre de presentarse en el harén real, con grandes regalos, al décimo día de su matrimonio. Una vez el monarca las ha poseído, pueden marcharse.

No ha de sorprender que en el país de los vatsagulmas,[60] las esposas de los primeros ministros van al encuentro del monarca por la tarde y se ponen a su disposición.

Es costumbre en el país de los vaidharbas,[61] que las más bellas mujeres de los súbditos pasen un mes en el harén real, con la excusa del afecto que sienten por la persona del rey.

Entre los aparatakas,[62] los ciudadanos envían sus más bellas esposas como regalo a los ministros y al soberano.

Por último, las sauraashtras,[63] tanto las de la ciudad como las del campo van al harén para complacer al rey, bien sea todas juntas o por separado.

58.   No se conoce la fecha en que estos monarcas reinaron, aunque se supone que fue a principios de la Era cristiana.

59.   El actual territorio de Tailagam, al sur de Radjahmundry.

60.   Quizá sea un territorio al sur de Malwa.

61.   Actualmente se llama Berar, capital Oomravati, la antigua Kundinpura.

62.   El Concán del Norte y del Sur, también llamada Aparantakas.

63.   La actual provincia de Kattyavar, capital Junagurth, antiguamente Girigunda.

Acerca de esto también hay unos versículos cuyo texto dice lo que sigue:

«Los procedimientos que antes se han descrito, y aun otros similares, son los que emplea el rey respecto a las esposas de los demás. Sin embargo, jamás ha de ponerlos en práctica el monarca que no se preocupe por el bienestar de su pueblo.

»El rey que ha triunfado sobre los seis enemigos de la Humanidad[64] se convierte en el dueño del mundo entero.»

VI
ACERCA DE LAS MUJERES DEL HARÉN REAL Y DE LA CUSTODIA DE LA PROPIA ESPOSA

Las mujeres del harén real se encuentran tan estrechamente vigiladas que no pueden verse ni citarse con ningún hombre. Por ello sus deseos jamás quedan satisfechos puesto que su único esposo les es común a todas ellas.

Por ese motivo, se entregan entre ellas al placer de modo muy distinto, tal como a continuación se explica:

Visten con ropas masculinas a las hijas de sus nodrizas, a sus amigas o a sus sirvientas y, entonces, satisfacen sus deseos por medio de bulbos, raíces y frutos que tienen forma de linga. También suelen acostarse con una estatua, que representa la figura del hombre, que tiene la linga visible y en erección.

Algunos monarcas, compadecidos, toman o se aplican ciertas medicinas que les permiten gozar de varias esposas durante una noche, aunque, por propio deseo, no lo hubiesen hecho.

---

64. Estos seis enemigos de la Humanidad son la lujuria, la ira, la avaricia, la ignorancia espiritual, el orgullo y la envidia.

Los hay que sólo gozan de las mujeres que prefieren y, finalmente, otros toman a sus mujeres por un orden muy riguroso.

Ésas son las formas de gozar que prevalecen en las regiones orientales y cuanto se ha dicho acerca de los medios de satisfacer a las mujeres puede aplicarse, asimismo, a los hombres.

No obstante, con la complicidad de sus sirvientas, las mujeres del harén real reciben en sus apartamentos, con bastante frecuencia, a hombres disfrazados de mujeres.

Sus servidores y las hijas de sus nodrizas, que conocen muy bien aquel lugar, tienen la misión de comprometer a hombres para que entren de ese modo en el harén, hablándoles de la fortuna que les aguarda, de las facilidades para entrar y salir, de las grandes dimensiones de palacio, de la negligencia de los centinelas y de la condescendencia que todos tienen respecto a las esposas reales.

Sin embargo, esas mujeres no han de inducir por medio de engaños a un hombre para que entre en el harén real, puesto que ocasionaría su perdición, casi sin ninguna duda.

Respecto al hombre, éste hará mejor en renunciar a entrar en el harén, por muy fácil que le resulte, a causa de los muchos contratiempos a que se expone.

Si, pese a todo, quiere hacerlo, en primer lugar se asegurará de si existe una salida fácil, si todo el edificio está rodeado por el jardín de recreo, si hay diferentes compartimientos que de él dependa, si los centinelas son poco escrupulosos y si el monarca está ausente.

Una vez comprobados estos extremos, en el momento en que las mujeres del harén hagan la señal convenida, observará atentamente aquel lugar y entrará por el camino que se le indique.

De ser posible, merodeará con cualquier pretexto a

diario por el harén, familiarizándose con los centinelas y se mostrará muy amable con la servidumbre que puede conocer su propósito, manifestando a todo el mundo su sentimiento por no poder lograr aún su deseo.

Por último, confiará la misión de alcahueta a la mujer que tenga acceso al harén y procurará reconocer a los emisarios del monarca.

De no existir tal alcahueta, se situará en un lugar desde el que pueda ver a la mujer que ama y a la que desea poseer.

Si ese lugar estuviera ocupado por los centinelas reales, se disfrazará de sirvienta de la dama que viene a palacio o que pasa por allí.

Cuando la mujer que acosa le mire, le dará a conocer sus sentimientos con signos y ademanes externos, mostrándole objetos de doble sentido, rosarios de flores y anillos.

Tomará muy cuidada nota de la respuesta que ella le dé con palabras, signos o ademanes y, entonces, intentará entrar en el harén.

De ir ella a algún lugar determinado, él se ocultará allí previamente y, en el momento más oportuno, entrará a su vez, mezclándose con los guardianes que la acompañan.

También puede entrar y salir en un lecho plegado o dentro de la cubierta de un lecho.

Pero lo mejor es que procure hacerse invisible[65] aplicándose al cuerpo la receta que a continuación damos.

Quémese a la vez, sin permitir que el humo se escape, el corazón de una garduña, el fruto de un tumbi o calabaza larga y los ojos de una serpiente. Tritúrense las cenizas, y mézclese con igual cantidad de agua.

---

65. En toda la literatura hay referencias a la facultad de hacerse invisible, a cambiar el propio físico por el de otra persona o a adquirir el don de la ubicuidad.

Si con tal textura se unta los ojos, podrá andar libremente sin que nadie le vea.

Hay otros medios de invisibilidad prescritos por los brahmanes de Duyana y por los Jogashiras.

También un hombre conseguirá entrar en el harén real durante los festivales de la octava luna, en el mes de Nagarshirsha, o durante los festivales del claro de luna, cuando los vigilantes están muy ocupados celebrando la fiesta.

Acerca de esto hay que regirse por los siguientes principios:

La entrada de jóvenes en el harén, lo mismo que su salida, generalmente tiene lugar cuando se sacan o introducen objetos de palacio; en el momento de los festejos y de la bebida; cuando las sirvientas están más atareadas; cuando una de las esposas reales cambia de residencia; cuando las mujeres del monarca van a los jardines o a las ferias; cuando regresan a palacio y, por último, cuando el rey se encuentra ausente con motivo de una larga peregrinación.

Las mujeres del harén real conocen sus mutuos secretos y, como sólo tienen un objetivo, se prestan gran ayuda entre sí.

Un joven que las haya poseído a todas y que pertenezca a todas por un igual, puede continuar gozando de ellas mientras esto se mantenga en secreto y sin trascender.

En el país de los aparatakas, las esposas del rey no están lo suficientemente guardadas y numerosos jóvenes entran en el harén gracias a las mujeres que tienen acceso al palacio real.

Las mujeres del rey de Ahira se entienden con los centinelas del harén, llamados kshatriyas.

Las esposas del monarca de los vatsagulinas hacen que entren en el harén los hombres que les interesan, confundidos con las mandaderas.

Los hijos de las mujeres del rey de los vaidarbhas, entran en el harén con toda libertad y gozan de las esposas reales, a excepción de sus madres.

En el Stri-rajya, las mujeres del rey se entregan a sus amigos de casta y a sus parientes. En el Ganda, las mujeres del harén real se ponen en manos de los brahmanes, de sus amigos, de sus criados y de sus esclavos.

Los criados, los hermanos de leche y otras personas de idéntica condición gozan de las mujeres del harén del rey de Samdhava.

En el país de los haimavatas, los ciudadanos aventureros sobornan a los centinelas para penetrar en el harén.

Entre los vanyas y los kalmyas, los brahmanes, a sabiendas del rey, entran en el harén, con la excusa de entregar flores a las damas, hablan con ellas detrás de un cortinaje y, por último, las poseen. Para acabar ya, las mujeres del harén del soberano de los prachyas mantienen oculto en el harén a un joven, por cada serie de nueve o de diez mujeres.

Así actúan las esposas ajenas.

Por estas razones, todo marido debe vigilar a su mujer.

Ciertos autores antiguos afirman que el rey ha de elegir, como centinelas de su harén, a hombres muy conocidos para que no tengan deseos carnales.

No obstante, aunque libres de esos deseos, esos hombres pueden introducir, por temor o avaricia, a otras personas en el harén.

Esto hizo que Gonikaputra afirmase que los reyes han de colocar en el harén a hombres que estuvieran al abrigo de los deseos carnales, del miedo y de la avaricia.

Por último, Vatsyáyána observa que algunos hombres pueden entrar bajo la influencia del dharma,[66] por lo que se impone elegir a los guardianes entre quienes están preservados de los deseos carnales, como del temor, de la avaricia y del dharma.[67]

Los seguidores de Bahravya afirman que un marido ha de inducir a su esposa a relacionarse con otra mujer, la cual le informará acerca de los secretos del vecindario y de la castidad de su propia esposa.

Sin embargo, Vatsyáyána recuerda que las personas malintencionadas tienen siempre éxito con las mujeres, por lo que no resulta sensato que un marido exponga a su inocente esposa a corromperse con la amistad de una viciosa.

Las razones por las que una mujer pierde la castidad son:

Exceso de vida social, de chismes y de amistades.

Falta de moderación.

Las costumbres disipadas del marido.

Falta de cautela en las relaciones con otros hombres.

Ausencias largas y repetidas del marido.

Destrucción, por parte del marido, del amor y de la delicadeza de sentimientos.

Amistad con mujeres licenciosas.

Celos injustificados del marido.

Acerca de esto también hay unos versículos cuyo texto dice:

«Un hombre hábil, que haya aprendido de los Shastra las maneras de seducir a las esposas ajenas, nunca le engañará la propia. Sin embargo, nadie debe hacer uso de esos medios para seducir a las esposas de los demás, pues no siempre tienen éxito y, además, con frecuencia

66. Es decir, bajo la influencia de la perfección religiosa de quien pretende entrar.

67. Por lo visto, en la época en que se escribió la presente obra, en los harenes no había aún eunucos, si bien se empleaban para otros menesteres.

ocasionan desastres, tales como la destrucción del dharma y del artha. Este libro, cuyo propósito es el bienestar de los ciudadanos, y que les enseña el medio de guardar a las propias esposas, no debe servir sólo de guía para descarriar a las mujeres de los demás.»

SEXTA PARTE

ACERCA DE LAS CORTESANAS

I

ACERCA DEL PORQUÉ UNA CORTESANA RECURRE A LOS HOMBRES, DE LOS MEDIOS PARA ATRAERSE AL HOMBRE DESEADO Y DE LA CLASE DE HOMBRES QUE LE CONVIENE ATRAERSE

Al relacionarse sexualmente con los hombres, las cortesanas se procuran placeres sexuales y, al mismo tiempo, los medios para subsistir.

Cuando una cortesana acoge a un hombre impulsada por el amor, su acción es natural, pero si se dirige a él para ganar dinero, entonces la acción resulta artificial o forzada.

Pero incluso en tal caso, se comportará como si realmente le ama, puesto que los hombres prefieren a las mujeres que dan la impresión de que les aman.

Al dar a entender a un hombre que le ama, la cortesana demuestra encontrarse totalmente libre de avaricia y, con vistas a un futuro crédito, se abstendrá de obtenerle dinero por medios desleales.

La cortesana, una vez bien vestida y engalanada, permanecerá sentada o en pie a la puerta de su casa, y sin ponerse demasiado en evidencia, mirará hacia la calle de manera que puedan verla los transeúntes, ya que, en cierto modo, no es más que un objeto expuesto a la venta.[68]

Ha de buscar la amistad con personas que la ayuden a que surjan enemistades entre los hombres y otras mujeres.

Ha de conseguir esas amistades con vistas a solucionar sus propios problemas, a hacerse rica, a defenderse y prevenirse contra malos tratos e insultos por parte de gente con la que puede haber tenido discusiones por una u otra razón.

Tales personas son los:
— guardias o policías de la ciudad;
— oficiales de los juzgados;
— astrólogos;
— hombres pobres e interesados;
— sabios;
— profesores de las sesenta y cuatro artes;
— pithamardas o confidentes;
— vitas o parásitos;
— vidushakas o bufones;
— mercaderes de flores;
— perfumistas;
— comerciantes de líquidos espirituosos;
— lavanderos;
— barberos;
— mendigos;
— y todas cuantas personas puedan serle útiles para el objetivo que persigue.

Los hombres a quienes una cortesana ha de cultivar con el único fin de ganar dinero, son los:
— económicamente independizados;

68.   En la India, como en muchos países de Oriente las cortesanas se sientan a la puerta de sus casas o en las ventanas, a la espera de sus clientes.

- jóvenes;
- libres de todo lazo;
- representantes del rey que tienen autoridad;
- que se han asegurado unos medios de existencia libres de dificultades;
- que poseen fuentes ciertas de ingresos;
- que se creen hermosos;
- que gustan de vanagloriarse;
- eunucos que pretendan hacerse pasar por hombres;
- que detestan a sus iguales;
- que son liberales por naturaleza;
- que tienen influencia sobre el rey o sus ministros;
- que son siempre felices;
- que están orgullosos de su fortuna;
- que desobedecen las órdenes de sus mayores;
- que reciben gran atención los miembros de su casta;
- que son hijos únicos y sus padres son ricos;
- ascetas que están interiormente atormentados por el deseo;
- valientes;
- médicos del rey;
- antiguos amigos.

Además, tanto por interés de su reputación como por amor, se dirigirá a hombres dotados de excelentes cualidades, tales como:

Los hombres de ilustre estirpe, que conozcan bien el mundo y hagan cosas convenientes en las épocas adecuadas.

Los poetas.

Los narradores de buenas historias.

Los hombres elocuentes.

Los hombres enérgicos, diestros en las diferentes artes, que sepan prever el futuro, dotados de gran poder de perseverancia, de firme devoción, libres de cólera, liberales, amantes de su familia y que gusten de todas las reuniones de sociedad, hábiles en completar versos compuestos por otros y al corriente de los distintos deportes, exentos de cualquier enfermedad, de cuerpo perfectamente constituido, robustos, no entregados a la bebida, infatigables en los ejercicios del amor, sociables, que amen a las mujeres y que atraigan a los corazones de éstas, aunque sin entregarse ellos totalmente, poseedores de medios de existencia independiente, libres de envidia y, finalmente, libres de sospechas.

Éstas son las buenas cualidades de un hombre.

La mujer, a su vez, ha de distinguirse por las características que siguen:

Ha de ser bella, amable y poseer en su cuerpo signos de buen augurio. Se complacerá con las buenas cualidades de los demás y tendrá afanes de riqueza. Se deleitará con las uniones sexuales que resulten del amor, tendrá un espíritu firme y, en lo que se refiere al goce físico, estará en la misma categoría que el hombre.

Deseará siempre adquirir experiencia y saber, estará libre de avaricia y sentirá en todo momento inclinación por las reuniones de sociedad y por las artes.

Las cualidades generales de todas las mujeres son las siguientes:

Inteligencia y buen carácter. Maneras agradables y conducta regular. De natural agradecido, previsión del futuro antes de emprender nada: actividad, buena presencia, conocimiento de los momentos y lugares convenientes para cada cosa, lenguaje correcto, sin risas groseras, ni maldad, ni cólera. No ha de ser avara, ni tonta ni estúpida. Conocerá los *Kama Sutra*. Y diestra en las artes relacionadas con éstos. La ausencia de alguna de las cualidades antes descritas constituye los defectos de las mujeres:

Las cortesanas evitarán al:

atacado de consunción;

de temperamento enfermizo; que tiene gusanos en la boca;

que le huele mal el aliento;

que ama a su esposa;

que habla con dureza;

que sospecha siempre;

avaro;

que no tiene piedad;

ladrón;

fatuo;

aficionado a la hechicería;

que no le importa que le respeten;

fácilmente corruptible con dinero por sus propios enemigos;

y, por último, al que es excesivamente pudoroso.

Algunos autores antiguos opinan que las cortesanas, al dirigirse a los hombres, obedecen a uno de los móviles siguientes: amor, miedo, dinero, placer, una venganza que van a llevar a cabo, curiosidad, tristeza, costumbre, dharma, fama, compasión, deseo de amistad, vergüenza, parecido del hombre con alguna persona querida, búsqueda de la felicidad, ganas de romper con otro hombre, sentirse adecuadas al hombre para la unión sexual, residir en un mismo lugar, constancia y miseria.

Sin embargo, Vatsyáyána se atiene al principio de que el deseo de la riqueza, la búsqueda del bienestar y el amor son las únicas causas que impulsan a las cortesanas a unirse a los hombres.

A pesar de eso, jamás una cortesana sacrificará el dinero por amor, puesto que el dinero es lo primero que debe desear, aunque, en casos de miedo y otros, tenga en cuenta las cualidades y la fuerza de su amante.

Además, pese a que un hombre la invite a unirse a él, no consentirá enseguida puesto que los hombres tienen gran tendencia a menospreciar lo que fácilmente consiguen.

En tales ocasiones, la cortesana obrará rectamente si primero envía a los masajistas, cantores, bufones que pueda tener a su servicio o, en caso contrario, a los pithamardas o confidentes, y a otras para que tanteen el estado de ánimo y el espíritu de aquel hombre.

A través de esas personas, sabrá si el hombre es puro o impuro, si está bien dispuesto u obligado, si es capaz de afecto, liberal o avaro y, si la cortesana lo encuentra a su gusto, empleará el vita y otras personas para conseguirlo.

En consecuencia, el pithamarda llevará al hombre al domicilio de la cortesana, con el pretexto de presenciar los combates de codornices, de gallos, de corderos, de escuchar el maina (especie de estornino) asistir a un espectáculo, a la práctica del arte o, bien, acompañar a la mujer a la vivienda del hombre.

Una vez éste haya llegado a la casa de la mujer, ella le entregará un objeto capaz de excitar su curiosidad y de despertar su amor, como por ejemplo, un regalo de amor que le indicará si lo ha destinado especialmente.

Se divertirá cuanto pueda, contándole historias y haciendo cosas que le resulten agradables.

Una vez el hombre se haya ido le enviará a menudo a una de sus sirvientas, hábil en sostener conversaciones divertidas, al tiempo que le hace llegar un pequeño regalo.

En ocasiones, será ella misma quien vaya a visitarle, con cualquier pretexto, en compañía de un pithamarda.

Aquí terminan los medios de que dispone una cortesana para atraerse al hombre que desea.

También acerca de esto hay unos versículos que dicen:

«Cuando un galán se presenta en casa de la cortesana, ésta ha de obsequiarle con una mezcla de hojas y de nuez de betel, guirnaldas de flores y ungüentos perfumados. Luego, mantendrá con él una larga conversación, al mismo tiempo que le demuestra su destreza en las artes. De igual manera, le ofrecerá regalos de amor, intercambiará con él distintos objetos y, al propio tiempo, demostrarle su experiencia en las artes sexuales. Una vez se ha unido de esta forma con su amante, la cortesana estudiará la manera de resultarle siempre agradable con dones amistosos, con una amena conversación y con su habilidad en las distintas formas de goce.»

II
ACERCA DE LA CORTESANA QUE VIVE MARITALMENTE CON UN HOMBRE

La cortesana que vive con su amante igual que si estuvieran casados, ha de comportarse como una esposa casta y satisfacerle en todo.

Debe, en resumen, complacerle en todo, pero no es imprescindible que sienta afecto por él, aunque se comporte como si se lo tuviera.

Veamos cómo debe proceder para conseguir el objetivo en cuestión.

Si tiene aún madre, hará que viva con ella y la presentará como una mujer muy apegada a las ganancias y sólo preocupada por amontonar dinero.

De no tenerla, hará que represente tal papel una vieja nodriza o alguna mujer de confianza.

Por su parte, la madre o la que ocupe su lugar, ha de mostrarse mal dispuesta respecto al amante y procurará retirarle a la hija incluso por la fuerza. En tales ocasiones la cortesana simulará cólera, abatimiento, temor, vergüenza, y otros sentimientos parecidos, pero bajo ningún pretexto desobedecerá a la madre o a la nodriza.

De cuando en cuando, la cortesana dirá a su madre o

a su nodriza que el hombre se halla indispuesto y, con esa excusa, le visitará.

Se consignan ahora las demás cosas que ha de realizar para obtener los favores del hombre:

Enviará a su criada a buscar las flores que le entregaron la víspera, para servirse de ellas como de signo de amor.

Asimismo, le pedirá la mezcla de nuez y de hojas de betel que no haya comido, demostrará gran sorpresa ante la experiencia que él supo demostrar en sus tratos sexuales y en los diversos modos de goce que empleó y aprenderá de él las sesenta y cuatro clases de placer que enumera Babhravya.

Del mismo modo, practicará los medios de disfrute que él le haya enseñado, adaptándose a su fantasía, guardará sus secretos, le confiará lo que desea y lo que la preocupa y disimulará su ira.

En la cama, no le rechazará cuando él vuelva el rostro hacia ella, sino que, por el contrario, le irá tocando, según los dictados del capricho, diferentes partes del cuerpo; le besará y lo abrazará, mientras su amante esté dormido.

Le ha de contemplar con ansiedad cuando sueñe o piense en algo que no sea ella.

Tampoco demostrará completa indiferencia ni excesiva alegría cuando él venga a verla o cuando, desde la calle, la vea de pie en la terraza de su casa.

Ha de sentirse interesada por lo que a él le agrada, odiar a sus enemigos y amar a los que él quiere.

Estará triste o contenta según él lo esté, expresará el deseo de ver a sus esposas, no tendrá largos enojos, simulará sospechar que las marcas y los rasguños que ella misma le ha hecho en el cuerpo, con uñas y dientes, fueron hechos por otra mujer.

No le demostrará su amor con palabras, sino con actos, signos o medias insinuaciones. Ha de guardar silen-

cio cuando él duerma, esté embriagado o enfermo y es-
cuchará con atención las explicaciones que él le confíe
de sus actos meritorios, y al instante los repetirá para
alabarlos.

Le responderá con vivacidad y alegría, en cuanto le
vea tranquilo, se mostrará atenta a cuanto él le explique,
excepto en lo que se refiere a sus rivales y expresará sus
sentimientos de abatimiento o tristeza cuando él suspi-
re, bostece o se desvanezca.

Cuando él estornude, pronunciará enseguida las palabras: «¡Larga vida!», simulará estar enferma o embarazada cuando se sienta aburrida, se abstendrá de alabar las buenas cualidades de otra persona o de criticar a
quienes tengan idénticos defectos que su amante y llevará siempre puesto cualquier objeto que él le haya dado.

Evitará vestirse con sus propios ornamentos, dejara
de comer cuando él esté enfermo, desanimado o sufra alguna pena y le consolará y compartirá con él sus preocupaciones.

Solicitará acompañarle en el caso de que él haya
abandonado el país, por propia voluntad o desterrado
por el monarca, afirmará que no desea sobrevivirle, le
insistirá en que el único objeto de su vida es vivir unida
a él y no dejará de ofrecer a los dioses los sacrificios de
antemano prometidos, cuando él consiga riquezas, vea
satisfecho algún deseo o cuando se reponga de alguna
enfermedad.

A diario se pondrá los ornamentos que él le haya
dado, en su presencia no actuará con excesiva libertad,
introducirá su nombre y el de su familia en las canciones
que cante, le apoyará la mano en los riñones, el pecho y
la frente y se sentirá desfallecida de placer ante las caricias que él le dispense.

Se ha de sentar en sus rodillas, quedándose así dormida, querrá tener un hijo suyo y no deseará sobrevivirle.

Guardará celosamente sus secretos y le disuadirá de que haga votos y ayunos, diciéndole:

—Déjame a mí el pecado.

Sin embargo, cuando no logre cambiar su decisión, observará, al mismo tiempo que él, sus votos y sus ayunos, pero advirtiéndole que son difíciles de cumplir, siempre que, respecto a ellos, tengan una discusión.

Se ocupará tanto de la fortuna suya como de la de él, se abstendrá de asistir sin su compañía a las reuniones públicas y le acompañará siempre que se lo pida. Ha de complacerle en utilizar las cosas que él haya ya utilizado y en comer lo que él haya dejado.

Respetará a su familia, su carácter, su habilidad en las artes, su casta, su color, su país natal, sus amigos, sus buenas cualidades, su amabilidad natural.

Le rogará que cante y que haga algo por el estilo, si de ello es capaz. Irá a su encuentro sin miedo y sin preocuparse del frío, del calor o de la lluvia. Cuando se hable de la otra vida, le dirá que incluso allí será su amante.

Adaptará sus propios deseos a los de él, lo mismo que sus actos y se abstendrá de hechicerías.

Sostendrá continuas peleas con su madre acerca de las visitas que deba hacerle y, si su madre quiere llevarla por la fuerza a otros sitios, amenazará con envenenarse, dejarse morir de hambre, clavarse un puñal o ahorcarse.

Por último, a través de sus agentes, le inspirará una absoluta confianza en su constancia y en su cariño y, aunque sea ella quien recibe el dinero, evitará discusiones con su madre acerca de este asunto.

Si el hombre emprende un viaje, le exigirá el juramento de que volverá muy pronto y, durante su ausencia, abandonará ligeramente los votos de adoración a los dioses y sólo debe ponerse aquellos adornos que dan la felicidad.

De pasar el día en que su amante debía regresar, intentará conocer la fecha auténtica, cosa que hará basándose en ciertos presagios, en las indicaciones de sus vecinos y en las posiciones de los planetas, de la Luna y de las estrellas.

Con motivo de algún sueño de buen augurio o de alguna diversión, dirá:

—¡Así pueda reunirme pronto con él!

De sentirse melancólica o de ver algún mal presagio, realizará enseguida ceremonias para aplacar a los dioses.

Una vez el hombre haya regresado, adorará al dios Kama[69] y presentará dádivas a los otros dioses.

Luego, hará que sus amigos le traigan un vaso de agua y honrará al cuervo que devora las ofrendas realizadas a nuestros amigos muertos.

Después de la primera entrevista, rogará a su amante que también cumpla determinados ritos, cosa que él hará de buena gana si la ama lo bastante.

Se afirma que un hombre ama lo bastante a una mujer cuando su amor es desinteresado, si desea las mismas cosas que su amante y le tienen sin cuidado las cuestiones de dinero que se refieren a ella.

Éste es el modo cómo una cortesana ha de vivir maritalmente con un hombre. Se ha registrado para que le sirva de guía, según las reglas de Dattaka. Lo que se haya omitido se practicará de acuerdo con las costumbres y carácter de cada individuo.

Los versículos siguientes tratan de este tema:

«Se desconoce el alcance del amor de las mujeres y aun de los objetos que aman, a causa de la sutileza, lo mismo que de la avaricia y gentileza del sexo femenino.

»Casi nunca resulta posible conocer la auténtica cara de las mujeres, tanto si aman a los hombres como si les resultan indiferentes, lo mismo si les proporcionan

---

69. El Cupido de la mitología hindú.

placer que si les abandonan. Ni siquiera si logran apoderarse de toda su fortuna.»

III
ACERCA DE LOS MEDIOS DE OBTENER DINERO DE UN AMANTE, DE LOS SIGNOS DE QUE COMIENZA A HASTIARSE ASÍ COMO DEL MODO DE LIBRARSE DE ÉL

Existen dos maneras de obtener dinero de un amante: Por medios naturales y mediante artificios.

Los autores antiguos opinan que si una cortesana puede conseguir de su amante tanto dinero como necesita para cumplir con sus obligaciones, en modo alguno ha de recurrir a los artificios.

Sin embargo, Vatsyáyána advierte que si ella puede obtener el dinero por medios naturales, con artificios conseguirá el doble y, consecuentemente, recurrirá a los artificios para sacarle dinero por todos los medios.

Los artificios apropiados para conseguir dinero de un amante son:

1. En distintas ocasiones le pedirá dinero para comprar artículos, tales como adornos, alimentos, bebidas, flores, perfumes y vestidos, pero no los comprará o los comprará más baratos.

2. Le elogiará cara a cara su inteligencia.

3. Simulará tener la obligación de hacerle regalos con motivo de unos festivales que tienen por objeto votos, árboles, jardines, templos o depósitos.[70]

4. Mentirá diciendo que al dirigirse a casa de él, le

---

70. Según la mitología hindú las almas de aquellos que han muerto sin satisfacer sus deseos, van al mundo de los Manes, pero no al Ser Supremo.

han robado las joyas los guardias del rey o unos ladrones, según le parezca más verosímil.

5. Dirá que ha perdido sus propiedades por haberlas destruido el fuego, hundírsele la techumbre o por la negligencia de los criados.

6. Pretenderá haber perdido los adornos de su amante y los suyos propios.

7. Le informará, por medio de otras personas, de los gastos que le ocasiona ir a verle.

8. Contraerá deudas a nombre de su amante.

9. Se peleará con su madre por algún gasto que haya hecho por su amante y que su madre no aprobaba.

10. No acudirá a las fiestas o las reuniones de sus amigos por no tener regalos que ofrecerles, después de haber previamente informado a su amante de los ricos presentes que ellos le hicieron.

11. No cumplirá determinados ritos, con la excusa de que carece de dinero para dedicarse a ellos.

12. Invitará a unos artistas para que realicen algo por cuenta de su amante.

13. Mantendrá a médicos y ministros con vistas a algún propósito.

14. Ayudará a sus amigos y bienhechores tanto con motivo de fiestas como de infortunio.

15. Observará los ritos domésticos.

16. Simulará tener que pagar los gastos de boda del hijo de una amiga.

17. Querrá satisfacer determinados antojos durante el embarazo.

18. Dirá que está enferma y abultará los gastos del tratamiento.

19. Deseará sacar a un amigo de una situación comprometida.

20. Venderá algunas joyas para hacerle un regalo a su amante.

21. Simulará haber vendido algunos de sus ador-

nos, muebles, o utensilios de cocina a un comerciante al que previamente habrá advertido del papel que debe representar en este asunto.

22.   Querrá adquirir utensilios de cocina de valor superior al normal, para distinguirse con mayor facilidad y no correr el peligro de que les confundan con otros de casta y calidad inferiores.

23.   Recordará la generosidad inicial de su amante y hará que sus amigas hablen continuamente de ella.

24.   Ensalzará ante su amante los grandes beneficios que han obtenido otras cortesanas.

25.   Describirá ante sus amigas y en presencia de su amante, sus propias ganancias, asegurando que son superiores a las de las otras, aunque no sea cierto.

26.   Resistirá abiertamente a su madre, cuando ésta le diga que tome otros hombres, a los que ya antes había conocido, por los muchos beneficios que de ella podría obtener.

27.   Por último, hará notar a su amante la generosidad de sus rivales.

Aquí concluye cuanto se refiere a la forma de ganar dinero.

Toda mujer debe adivinar el estado de espíritu, los sentimientos y la disposición de su amante respecto a ella, basándose en los cambios de humor, su comportamiento y el color de la cara.

La conducta de su amante que va alejándose es:

1.   Entrega a la mujer menos de lo que ésta necesita para cubrir sus necesidades o, en ocasiones, algo distinto de lo que ella le ha pedido.

2.   La mantiene en vilo por medio de promesas.

3.   Advierte que hará tal o cual cosa y, luego realiza otra.

4.   No satisface sus deseos.

5. Olvida lo que prometió o bien hace algo muy distinto.

6. Habla en secreto con los criados de la mujer.

7. Pasa la noche en otra casa, con la excusa de que debe tratar algo con un amigo.

8. Por último, habla en privado con las doncellas de una mujer a la que ya conocía.

Cuando una cortesana advierte un cambio en los sentimientos de su amante, tomará cuanto de valioso posea, antes de que él advierta sus intenciones, y hará que se lo lleve por la fuerza un supuesto acreedor como pago de una deuda imaginaria.

Si el amante es rico y siempre se ha comportado bien con ella, continuará tratándole respetuosamente.

De ser pobre y sin recursos, se desembarazará de él, como si jamás lo hubiera conocido.

Los medios para librarse de un amante son:

1. La mujer presentará las costumbres y vicios del amante como algo desagradable y odioso, riéndose abiertamente mientras golpea con el pie.

2. Le hablará de asuntos que él no conoce.

3. No se admirará de su saber, sino que, por el contrario, le criticará.

4. Humillará su orgullo.

5. Buscará la compañía de hombres que le son superiores en saber y en inteligencia.

6. En distintas ocasiones le manifestará desdén.

7. Criticará a cuantos tienen los mismos defectos que él.

8. Mostrará su desagrado por las formas de goce que a él le son habituales.

9. No le ofrecerá la boca para que la bese.

10. Le negará el acceso a su jaghana, es decir, a la parte central del cuerpo entre el ombligo y los muslos.

11. Demostrará disgusto hacia las heridas producidas por las uñas y los dientes.

12. Se mantendrá indiferente cuando él la abrace.

13. Permanecerá inmóvil durante la union sexual.

14. Cuando él se muestre cansado, le exigirá ayuntarse.

15. Se reirá del amor que él le tiene.

16. No corresponderá a sus abrazos.

17. Se apartará cuando él vaya a abrazarla.

18. Fingirá tener sueño.

19. Se irá de visita, a ver a una amiga, por ejemplo, cuando advierta que él tiene deseos de pasar el día a su lado.

20. Simulará no entender lo que le dice.

21. Se reirá sin motivo alguno o, si él le gasta una broma, se reirá de otra cosa.

22. Mirará de reojo a sus sirvientas y batirá palmas cuando él le hable.

23. Le interrumpirá cuando él le cuente algo y se pondrá a contar sus propias historias.

24. Divulgará sus defectos y vicios, y afirmará que son incurables.

25. Dirá a sus sirvientas palabras apropiadas para zaherir a su amante.

26. Evitará mirar a su amante cuando éste vaya a verla.

27. Pedirá a su amante lo que de antemano sabe que no le puede conceder.

28. Y, por último, le despedirá.

Y unos versículos sobre esto advierten:

«El deber de una cortesana consiste en entablar relaciones con hombres adecuados, tras un serio examen, hacerse suyo al hombre con el cual se ha unido, conseguir dinero del que por ella siente afecto y, una vez le ha despojado de toda fortuna, despedirle.

»Una cortesana que lleve la vida de una mujer casada, no ha de soportar las impertinencias de muchos amantes y, sin embargo, no deja de obtener idéntica abundancia y riqueza.»

IV
ACERCA DE UNA NUEVA UNIÓN
CON UN ANTIGUO AMANTE

Cuando una cortesana abandona a un amante, al que ya ha sonsacado toda su fortuna, ha de pensar en unirse de nuevo con un antiguo amante.

Pero sólo le irá a buscar si ha vuelto a enriquecerse, si aún le queda fortuna y si todavía siente amor por ella.

De darse el caso de que ese hombre viva entonces con otra mujer, la cortesana lo meditará bien antes de tomar una decisión.

Ese hombre sólo se puede encontrar en una de las siguientes seis situaciones:

1. Haber abandonado a su primera mujer por propia decisión e, incluso, haber abandonado a otra posteriormente.

2. De que ambas mujeres le hayan despedido.

3. Puede haber abandonado a una de las dos mujeres por voluntad propia y la otra, a su vez, haberle despedido.

4. Abandonada una de las mujeres por propia decisión vive ahora con la otra.

5. Quizá una de ellas le ha rechazado y abandonado a la otra por su propia voluntad.

6. Puede haberle despedido una de las mujeres y vivir con la otra.

1. Si el hombre se ha separado de las dos mujeres por su propia voluntad, carece de sentido ir a buscarle

de nuevo, a causa de la frivolidad e inconstancia de su espíritu y de su indiferencia ante las hermosas cualidades de ambas mujeres.

2.   Respecto al hombre que fue despedido por ambas mujeres, si la última lo rechazó porque esperaba obtener más dinero de otro hombre, entonces, se le irá a buscar sin discusión. Si él aún siente cariño por la primera mujer, entonces le dará más dinero por vanidad y por el despecho que siente hacia la que le ha despedido. Por el contrario, si le despidieron por su pobreza o por su avaricia, no conviene ir a buscarle.

3.   En caso de que el hombre hubiese abandonado voluntariamente a una de las mujeres y la otra le hubiera despedido, si se decide a volver con la primera y le entrega mucho dinero por adelantado, se le acogerá de nuevo.

4.   Cuando el hombre haya abandonado voluntariamente a una de las mujeres y viva ahora con otra, si la primera desea reconquistarle, ha de asegurarse previamente si la abandonó con la esperanza de encontrar en la otra alguna cualidad excepcional y, al no encontrar lo que esperaba, está dispuesto a reconciliarse con ella y entregarle mucho dinero, como compensación a su conducta y al amor que aún le tiene.

Puede también ocurrir que, al haber descubierto numerosos defectos en la segunda, esté bien dispuesto a descubrir en la primera mayores cualidades de las que posee, por lo que se mostrará generoso.

Por último, la mujer ha de comprobar si se trata de un hombre débil, al que agrada gozar con muchas, si amaba a una que carecía de fortuna o que jamás ha hecho nada por la cortesana que con él convivía.

Una vez haya estudiado todos estos extremos a fondo, según las circunstancias intentará volver con él.

5.   El hombre que ha abandonado voluntariamente a una de las mujeres y la primera lo ha despedido por la otra, en caso de que ésa desee volver con él, se cerciora-

rá, ante todo, de si siente aún amor por ella, por tanto, se muestra dispuesto a gastarse mucho dinero con ella. Puede ser que, pese a amar sus excelentes cualidades, sienta inclinación por otra mujer, y, al haberle ella despedido antes de que satisfaciera totalmente sus deseos sexuales, intenta ahora reconciliarse para vengar la ofensa recibida. O que pretenda reconciliarse para ganarse su confianza y recuperar la fortuna que le dio, dejándola en la ruina más completa. Por último, ha de tener en cuenta si no deseará obligarla a romper con su amante para abandonarla seguidamente. Si, tras considerar todo esto, cree que sus intenciones son sinceras, puede iniciar una nueva relación con él. Pero, de sospechar malos propósitos, ha de desistir inmediatamente de reconquistarlo.

6. El hombre rechazado por una mujer y que ahora vive con otra, si hace intentos para reconciliarse con la primera, la cortesana reflexionará mucho antes de actuar y, mientras la otra está ocupada en retenerle, ella por su parte, intentará volverle a conquistar, aunque manteniéndose un poco en segundo plano y formulándose los siguientes razonamientos:

1. Le despedí injustamente y sin razón y, ahora que vive con otra mujer, debo esforzarme por recobrarle.

2. Con una sola vez que hablase conmigo, iba a romper con la otra.

3. Por medio de mi antiguo amante, conseguiría dominar el orgullo del que ahora tengo.

4. Se ha enriquecido, ocupa una buena posición y ostenta un cargo elevado al servicio de nuestro rey.

5. Se ha separado de su mujer.

6. Ahora es independiente.

7. Vive separado de su familia.

8. Reconciliándome con él, dispondría de un hombre rico, muy rico, que si no vuelve a mi lado es a causa del amante que ahora tengo.

9.   Puesto que su mujer ya no le respeta, es el momento de conseguir separarle de ella.

10.   El amigo de este hombre ama a mi rival, que me odia profundamente. Ésta puede ser una buena ocasión para separar a ese hombre de su querida.

11.   Y, por último, voy a desacreditarle si consigo que vuelva conmigo, pues de ese modo quedará patente la inconstancia de su carácter.

Cuando una cortesana decide conquistar nuevamente un antiguo amante, su pithamarda y otros criados, le irán con el recado de que, si antes le despidieron, todo se debió a la maldad de la madre, que la hija le amaba incluso más que el primer día pero que la forzaron a ceder, por deferencia a la voluntad materna, que ahora es muy desdichada con su actual amante al que odia de todo corazón.

Además, procurarán inspirarle confianza hablándole del antiguo amor de la cortesana y se referirán a un determinado signo de amor, del que aún guarda recuerdo.

Esa señal de amor le ha de recordar una especial clase de placer que pudieran haber practicado, como, por ejemplo, su manera de besar o la forma que tenían de realizar la unión sexual.

Aquí concluye cuanto se refiere al modo de reconciliarse con un antiguo amante.

Cuando una mujer puede elegir entre dos amantes, uno de los cuales en otro tiempo estuvo unido a ella, pero desconoce al otro, los Acharyas consideran que resulta preferible el primero porque, al conocer sus gustos y su carácter, le podrá complacer con mayor facilidad.

Sin embargo, Vatsyáyána considera que un antiguo amante, que ya ha gastado gran parte de su fortuna, no desea seguir perdiendo dinero y que, por tanto, merece menos confianza que el desconocido.

Puede haber casos que contradigan esa regla, según el distinto carácter de los hombres.

Acerca de este tema también unos versículos nos indican que:

«Una nueva unión con un antiguo amante puede resultar conveniente con el propósito de separar a tal o cual mujer de ése o aquel hombre, o viceversa, e, incluso, para impresionar al amante actual.

»Cuando un hombre siente un afecto excesivo por una mujer teme verla relacionarse con otros hombres por lo que se muestra ciego respecto a sus defectos y le da cuanto dinero le pide por temor a que le abandone.

»Una cortesana se mostrará siempre amable con el hombre que la ama y rechazará al que no se comporta bien con ella. Si mientras vive con uno, recibe al intermediario de otro, rehusará todo trato o le indicará la fecha en que irá a verle. Sin embargo no debe abandonar al hombre que vive con ella y que además la quiere.

»Una mujer sensata, antes de reconciliarse con un antiguo amante, se asegurará de que la nueva unión le comportará dicha, beneficios económicos, amor y amistad.»

V

*ACERCA DE LAS DIFERENTES CLASES
DE GANANCIAS*

Si una cortesana diariamente gana mucho dinero a causa de su numerosa clientela, no ha de sujetarse a un solo amante.

Por el contrario, fijará el precio por noche, tras considerar con todo cuidado el sitio, la estación, los recursos de la clientela, las buenas cualidades que a ella le adornan y comparará sus precios con los de otras cortesanas.

Comunicará ese precio a todos sus amigos y conocidos, pero si tiene la suerte de obtener buen beneficio con un solo amante, lo más sensato es unirse a él para hacer vida marital.

Los sabios opinan que si una cortesana tiene la oportunidad de obtener igual beneficio de dos amantes, ha de elegir aquel que va a darle lo que ella necesita.

No obstante, Vatsyáyána considera que siempre ha de preferir al que le dé oro, ya que éste no puede quitarse como las otras cosas, se recibe con suma facilidad y es el medio de conseguir cuanto se desea.

De todas esas cosas, plata, cobre, bronce, hierro, vasijas, muebles, camas, buques hechos con calabazas, aceite, trigo, reses, etc., el oro es superior a todas ellas.

Si la conquista de dos amantes requiere idéntico esfuerzo o si se desea conseguir lo mismo de cada uno de ellos, conviene fiarse de una amiga para elegir.

La decisión también puede basarse en las cualidades personales de los dos hombres e, incluso, en los signos de buena o de mala fortuna que se puedan presentar.

Si de dos amantes, uno está ligado a una cortesana y el otro es, simplemente, generoso, los Acharyas creen sensato dar preferencia al segundo.

No obstante, Vatsyáyána opina que más vale elegir al ligado con la cortesana, ya que puede volverse generoso.

En efecto, incluso un avaro da dinero si se prenda de una mujer mientras que el generoso por naturaleza jamás llegará a amar con pasión.

Pero cuando los que la aman son un pobre y un rico, preferirá, sin lugar a dudas, al segundo.

De encontrarse con dos amantes, uno generoso y el otro dispuesto a prestar toda clase de servicios a la cortesana, los Acharyas opinan que se prefiera al servicial, pero, por el contrario, Vatsyáyána considera que quien presta un servicio cree que lo ha hecho todo de una vez, al tiempo que el hombre generoso nunca vuelve a pensar en lo que ya ha dado. En tal caso, la cortesana ha de decidir basándose en las posibilidades de beneficio que cada uno de ellos pueda reportarle.

Si uno de los amantes se muestra muy agradecido y el otro muy liberal, ciertos Acharyas creen indicado preferir a este último, pero Vatsyáyána opina que se ha de elegir al primero pues los hombres liberales son, por lo general, altivos, bruscos al hablar y con poco respeto hacia los demás.

Tales hombres muy liberales, aunque hayan vivido mucho tiempo con una cortesana, si en un momento dado le descubren algún defecto o les hablan mal de ella, no tendrán en cuenta sus anteriores servicios y romperán su unión de manera definitiva.

En cambio, el hombre agradecido no rompe bruscamente con ella y tiene en cuenta los esfuerzos que pudo hacer para complacerle.

También aquí la elección depende de las probabilidades que ofrezca el futuro.

Cuando a una cortesana se le presentan a la vez la oportunidad de complacer la petición de un amigo y la de ganar dinero, los Acharyas opinan que, ante todo, hay que preocuparse de ganar dinero.

Sin embargo, Vatsyáyána cree que el dinero tanto se puede encontrar hoy como mañana y que, al despreciar la petición de un amigo, es fácil provocar su resentimiento.

También aquí la elección radica en los mejores beneficios que se crea conseguir.

No obstante, en ese último caso, la cortesana puede apaciguar a su amigo diciéndole que tiene algo urgente que hacer y que al día siguiente complacerá su petición.

De este modo, no perderá la ocasión que se le ofrece de ganar dinero.

Si se le presenta la ocasión de ganar dinero y la de

evitar cualquier desastre, los Acharyas indican que debe elegirse la de ganar dinero.

Sin embargo, Vatsyáyána cree que el dinero tiene una importancia limitada, al tiempo que el desastre, una vez se ha evitado, ya no suele repetirse.

Aquí, además, lo que puede decidir la elección es la importancia del desastre.

Los beneficios de las cortesanas de la clase más rica y más distinguida, estarán sujetos a:

Edificar templos, depósitos y jardines, entregar un millar de vacas a distintos brahmanes, practicar el culto de los dioses y celebrar fiestas en su honor y, por último, a cumplir los votos que estén al alcance de sus medios.

Los beneficios de las demás cortesanas se aplicarán de la forma siguiente:

En un vestido blanco, para llevar cada día; en procurarse alimentos y bebidas en cantidad suficiente para saciar el hambre y calmar la sed; en comer a diario un tambula perfumada, es decir, una mezcla de nuez y de hojas de betel, y en lucir adornos bordados con oro.

Los Acharyas afirman que estos gastos representan los beneficios de las clases media e íntima de las cortesanas, pero Vatsyáyána cree que no es posible calcular ni fijar sus beneficios puesto que dependen de las condiciones del lugar y de las costumbres del pueblo, así como de la propia presencia y de otras muchas cosas.

Si una cortesana desea impedir que un hombre se dirija a otra mujer o separarle de la que está unido; si cree que uniéndose a él elevará su posición, obtendrá grandes beneficios y resultará más deseable para los demás hombres; si desea conseguir su ayuda para evitar cualquier desgracia; si le ama de veras; si pretende perjudicar a alguien por mediación suya; si desea agradecerle algún favor recibido o si sólo el placer la impulsa a unirse a él, en cualquiera de esos casos, únicamente le pedirá una reducida suma de dinero y aun de manera amistosa.

Por el contrario la cortesana intentará conseguir de su amante tanto dinero como pueda y lo más rápidamente posible, si tiene intención de abandonar a un amante para tomar otro; si tiene razones para creer que su amante la abandonará pronto para volver a sus antiguas amigas; si se ha gastado todo su capital y se encuentra arruinado y sabe que su tutor, amo o padre irán a reprenderla; si su amante está a punto de perder su posición, si es veleidoso.

Además, si la cortesana considera que su amante está a punto de recibir hermosos regalos; de obtener algún cargo al servicio del monarca; de heredar una fortuna; de recibir un barco cargado de mercaderías; que tiene grandes reservas de trigo y de otras materias; que si ella hace algo por él no será un esfuerzo baldío; que su amante se muestra siempre fiel a su palabra, en tales casos la cortesana examinará la posibilidad de bienestar para el futuro y vivirá con él como si fuera su esposa.

Acerca de esto también hay unos versículos cuyo texto dice:

«Si atiende a la vez los beneficios actuales y al bienestar futuro, una cortesana evitará a los hombres que hayan ganado, con grandes esfuerzos, los medios de fortuna que posean, así como aquellos que se hayan vuelto egoístas y duros a fuerza de conseguir los favores del monarca.

»La cortesana hará cuantos esfuerzos pueda para unirse a personajes ricos y generosos y a quienes iba a resultar arriesgado rehuir o humillar en lo más mínimo. Aunque cueste algún sacrificio, ha de unirse a hombres enérgicos y generosos, quienes, una vez satisfechos, le darán mucho dinero, aunque sea a cambio de un simple servicio.»

ACERCA DE LAS GANANCIAS Y DE LAS PÉRDIDAS DE LAS GANANCIAS Y PÉRDIDAS ACCESORIAS DE LAS DUDAS Y, POR ÚLTIMO, DE LAS DISTINTAS CLASES DE CORTESANAS

Las razones de tales pérdidas son:

Escasa inteligencia.
Exceso de amor.
Orgullo desmedido.
Egoísmo exagerado.
Simplicidad exagerada.
Confianza sin fundamento.
Ira desatada.
Pereza.
Abandono.
Malas influencias.
Circunstancias accidentales.

Los resultados inherentes son:

Gastos sin ninguna compensación.
Malogro del bienestar futuro.
Pérdida de los beneficios que estaban a punto de lograrse.
Quebranto de lo que ya había conseguido.
Agriamiento del carácter.
Hacerse enemigos.
Misantropía.
Alteración de la salud.
Caída del cabello y otros accidentes.

Las ganancias pueden ser de tres clases: ganancias de fortuna, ganancias de méritos religiosos y ganancias de placer.

A su vez, las pérdidas se dividen en tres clases; pérdidas de fortuna, pérdidas de méritos religiosos y pérdidas de placer.

Si cuando se buscan unas ganancias, llegan, por añadidura, otras ganancias, a éstas se las llaman ganancias accesorias.

Cuando la ganancia es incierta, a la duda acerca de su naturaleza se la llama duda simple.

Si existe duda acerca de cuál de las dos cosas va a ocurrir se le llama duda mixta.

Cuando surgen dos resultados acerca de algo que se está realizando tenemos la combinación de resultados y si lo mismo provoca diversos resultados, es la combinación de resultados múltiples.

Vamos ahora a dar algunos ejemplos de lo que se ha dicho:

a. Cuando una cortesana vive con un gran personaje lo que, de momento, le reporta buenos beneficios, pero a la vez se entiende con otras personas capaces de procurarle oportunidades de bienestar futuro y un aumento de la riqueza, haciéndose deseable de todos en este caso será una ganancia de riqueza acompañada de otra ganancia.

b. Si una cortesana vive con un hombre, del que obtiene buenas sumas de dinero, se dirá que tiene una ganancia de riqueza, no acompañada de otra ganancia.

c. La cortesana que recibe dinero de otras personas que no son su amante, sólo consigue: pérdida del futuro bienestar que el amante le hubiera podido proporcionar; posibilidad de perder el amor de un hombre que la quería sinceramente; el desprecio general y, por último, la posibilidad de entrar en relaciones con un individuo de baja condición significará sin duda una pérdida para el futuro. Se tratará, pues, de una ganancia de riqueza acompañada de pérdidas.

d. En el caso de que una cortesana, por su cuenta y riesgo y sin ninguna ganancia segura, se relacione con un hombre importante o un ministro avaro, con el propósito de evitar alguna desgracia o alejar algún obstáculo que impida la consecución de una importante ganancia, se producirá una pérdida de riquezas acompañada de ganancias futuras que pueden surgir de la pérdida inicial.

e. Los casos en que una cortesana se comporta bondadosamente con un hombre muy tacaño; con uno enamorado de su propia postura; con un hombre ingrato o con aquel que tiene habilidad en ganarse el corazón de los demás, sin que le proporcione beneficio alguno, será siempre una pérdida de riqueza sin acompañamiento de ganancia.

f. Pero si una cortesana es bondadosa con cualquiera de los hombres antes descritos, que a la vez son los favoritos del monarca, crueles y poderosos pero sin ningún beneficio especial y con el peligro de que la despidan en cualquier momento, la pérdida de riqueza irá acompañada de otras pérdidas.

De esta manera ganancias y pérdidas, así como las ganancias y las pérdidas accesorias en méritos religiosos y en los placeres, se han expuesto al lector para que las conozca y deduzca todas las combinaciones.

Aquí concluyen las observaciones acerca de las ganancias y las pérdidas y sobre las ganancias y las pérdidas accesorias.

Pasemos ahora a las dudas, que, asimismo, son de tres clases: dudas sobre la riqueza, dudas sobre el mérito religioso y dudas sobre los placeres.

Pongamos ahora algunos ejemplos:

a. Cuando una cortesana no está segura de lo que pueda darle a un hombre o de lo que éste va a gastarse con ella, se produce una duda sobre la riqueza.

b. Si una cortesana duda de las riquezas que tiene para despedir a un amante del que ya no va a conseguir más dinero, puesto que le ha despojado de toda su fortuna, esta duda es de mérito religioso.

c. La cortesana que no tiene la seguridad de retener a un amante de su gusto y carece de la certeza de gozar de un hombre rodeado de su familia o de algún individuo de baja condición, se halla ante una duda sobre el placer.

d. Ignorar si una persona poderosa, pero de malas intenciones, le causará perjuicios si ella no tiene suficientes deferencias en sus relaciones, para la cortesana supone una duda sobre la pérdida de riqueza.

e. La duda acerca de la pérdida del mérito religioso surge el presentársele a la cortesana el dilema de si perderá el mérito religioso al abandonar a un hombre que la ama, sin concederle el más mínimo favor, con lo que va a causarle la desdicha en este mundo y en el otro.

f. Cuando una cortesana duda acerca de si perderá el cariño de su amante de confesarle cuánto le ama, con lo que no podría seguir satisfaciendo su deseo, surge la duda sobre la pérdida del placer.

Dudas mixtas

a. Las relaciones sexuales o la unión con un extranjero, cuyas intenciones no se conocen, y al que pudo presentar lo mismo un amante que una autoridad, son capaces de proporcionar lo mismo ganancias que pérdidas. Por tanto, se presenta una duda mixta acerca de la ganancia o de la pérdida de riqueza.

b. Cuando una cortesana, por pedírselo un amigo o a impulsos de la compasión, tiene relaciones sexuales con un brahmán letrado, un estudiante religioso, un sacrificador, un devoto o un asceta, que pueden haberse enamorado de ella, hasta encontrarse al borde de la muerte, lo mismo puede ganar que perder mérito religioso y, en consecuencia, se enfrenta a una duda mixta sobre la ganancia o la pérdida del mérito religioso.

c. Si una cortesana sólo se basa en el testimonio de los demás, en lo que se dice respecto a un hombre, y acude a él sin cerciorarse previamente de si posee las buenas cualidades, puede ganar o perder placer, según sea este hombre; en este caso es una duda mixta sobre la ganancia o pérdida de placer.

Aquí concluye todo lo que se refiere a las dudas.

Uddalika ha definido las ganancias y las pérdidas por ambas partes, del modo siguiente:

a. Si, al vivir con un amante, la cortesana obtiene riqueza y placeres, se produce una ganancia por ambas partes.

b. Cuando una cortesana tiene un amante que vive a expensas de ella, sin conseguir el menor provecho, y el amante llega incluso a quitarle lo que pudo haberle dado en otras épocas, se trata sin duda de una pérdida por ambas partes.

c. Una duda por ambas partes acerca de las ganancias surgirá cuando una cortesana ignora si un nuevo amante le sería fiel e, incluso, si siéndole fiel le dará alguna cosa.

d. Al ignorar si un antiguo enemigo, con el que, por propia iniciativa, la cortesana se ha relacionado, va a perjudicarle por satisfacer su rencor o, uniéndose a ella, le quitará por la fuerza cuanto antes pudo haberle dado, se origina una duda por ambas partes acerca de las pérdidas.

Babhravya ha descrito las ganancias y las pérdidas por los dos lados del modo siguiente:

a. Cuando una cortesana puede conseguir dinero de un hombre al que desea ver y, también de un hombre al que no tiene necesidad de ver, se trata de una ganancia por ambas partes.

b. A veces una cortesana tiene que hacer unos gastos para ir a ver a un hombre, pero, asimismo, se arriesga a una pérdida irremediable si no va, en ese caso se expone a una pérdida por ambas partes.

c. Una cortesana ignora si un hombre al que debe ir a ver, le dará alguna cosa, sin que para eso deba ella realizar alguno, o si, al abandonarle, obtendrá algo de otro hombre; se enfrenta a una duda por ambas partes sobre la ganancia.

d. Cuando una cortesana ignora si, al ir por sus propios medios, a ver a un antiguo enemigo, éste le quitará lo que le pudo haber dado, o, si no le visita, provocará algún contratiempo, será una duda por ambas partes sobre la pérdida.

Al combinar los casos que antes se han citado se obtienen seis clases distintas de resultados mixtos, es decir:

a. Ganancia por una parte y pérdida por otra.

b. Ganancia por una parte y ganancia incierta por otra.

c. Ganancia por una parte y pérdida incierta por otra.

d. Pérdida por una parte y ganancia incierta por otra.

e. Ganancia incierta por una parte y pérdida incierta por otra.

f. Pérdida incierta por una parte y pérdida segura por otra.

Una cortesana, tras considerar cuanto antes se ha dicho y haberse aconsejado con sus amigos, ha de actuar de manera que se asegure las ganancias, las posibilidades de grandes ganancias y las garantías contra algún perjuicio. Tanto el mérito religioso como el placer se pueden combinar por separado, lo mismo que la riqueza, y los tres combinarse entre sí, de manera que proporcionen nuevas combinaciones.

Si una cortesana mantiene tratos con muchos hombres, ha de obtener de ellos tanto dinero como placer. En ciertas épocas, por ejemplo, los festivales de primavera, puede anunciar a distintas personas, por medio de su madre, que tal o cual día lo pasará con el hombre que le satisfaga un deseo especial.

Al acercársele los jóvenes, llenos de pasión, reflexionará sobre lo que de cada uno puede obtener.

Las combinaciones de ganancias y pérdidas por ambas partes son: ganancia por un solo lado y pérdida por todos los demás; pérdida por un solo lado y ganancia por todos los demás; ganancia por todos los lados y pérdida por todos los lados.

La cortesana calculará, asimismo, las dudas acerca de la ganancia y las dudas acerca de la pérdida, en lo que concierne a las riquezas, al mérito religioso y al placer.

Aquí concluye la exposición sobre las ganancias y las pérdidas, las ganancias accesorias, las perdidas accesorias y las dudas.

Las distintas clases de cortesanas son:
La encargada de una casa de trato.
Su sirvienta.
La mujer lasciva.
La danzarina.
La artesana.
La que ha perdido a su familia.
La que vive de su hermosura.
Y, por último, la cortesana de profesión.

Todas estas clases de cortesanas se relacionan con las distintas clases de hombres y todas ellas han de pensar en los medios de sonsacarles el dinero, complacerles, apartarse de ellos y reconciliarse de nuevo.

También han de tener en cuenta, las ganancias y pérdidas particulares, las ganancias y pérdidas accesorias y las dudas, de acuerdo con la condición y clase de cada una.

Aquí termina todo lo que se refiere a las cortesanas.

Acerca de esto, unos versículos, nos dicen:

«Los hombres quieren el placer, mientras que las mujeres, el dinero; en consecuencia, ellas han de estudiar esa parte que trata de las maneras de enriquecerse.

»Hay mujeres que buscan el amor y hay otras que sólo buscan el dinero. Aquéllas aprenderán en la primera parte de la presente obra, lo que refiere al amor y éstas encontrarán en la última los medios para ganar dinero, tal como las cortesanas lo practican.»

SÉPTIMA PARTE

ACERCA DE LOS MEDIOS
PARA ATRAERSE A LOS DEMÁS

I
ACERCA DEL ATAVÍO PERSONAL,
DE LA SEDUCCIÓN DE LOS CORAZONES
DE LOS DEMÁS Y DE LAS MEDICINAS TÓNICAS

Cuando una persona no logra conseguir el objeto de sus deseos por cualquiera de los medios que antes se han indicado, entonces debe recurrir a otros para atraérselas.

Buena presencia, buenas cualidades, juventud y generosidad, son los medios principales, así como los de la naturaleza, para resultar agradable a los ojos de las demás personas.

Sin embargo, a falta de ellos, un hombre o una mujer puede recurrir a otros, artificiales, desde luego, o al arte, por lo que a continuación se indican algunas recetas que resultan útiles:

a. Un ungüento compuesto de tabernamontana coronaria, costus speciosus o arabicus y flacurtia cataphracta, que se utiliza como bálsamo de aderezo personal.

b. Con las plantas antes indicadas, se hace un polvo fino que se aplica a la mecha de una lámpara, en la que se quema aceite de vitriolo azul; el pigmento negro de la lámpara que de ello resulte, si se aplica a las pestañas, confiere especial encanto a la persona.

c. Igual virtud, de aplicarse al cuerpo, tienen el aceite de jogweed, la echite putescens, la planta sarina, la amaranta amarilla y la hoja de nenúfar.

d. Un pigmento negro, compuesto con estas plantas, tiene un efecto muy similar.

e. El hombre que come polvo de nelumbrium speciosum, de loto azul y de mesna roxburghii, junto con mantequilla clarificada y miel, se hace mucho más atractivo para los demás.

f. Las sustancias antes mencionadas, al mezclarse con tabernamontana coronaria y con xanthochymus pictorius y reducirse a ungüento, producen idénticos resultados.

g. Un hueso de pavo real o de hiena, recubierto de oro y sujeto a la mano derecha, hace que un hombre resulte atractivo a los ojos de los demás.

h. Del mismo modo, si se anuda a la mano un rosario de granos de azufaifa o de conchas, encantado con los hechizos que se mencionan en el *Atharvana Veda* o de quienes son muy hábiles en esta ciencia, se obtienen parecidos resultados.

i. Cuando una sirvienta llega a la pubertad, su amo ha de mantenerla recluida y apartada y, a consecuencia precisamente de la reclusión y de la dificultad de llegar hasta ella, los hombres la desean con mucho más ardor; es el momento oportuno de conceder su mano al pretendiente capaz de dotarla de riquezas y de dicha.

Éste es uno de los medios de aumentar el atractivo de una persona a los ojos de los demás.

De igual forma, cuando la hija de una cortesana llega a la pubertad, la madre reunirá a unos cuantos jóvenes de parecida edad, disposición y cultura, para decirles que está dispuesta a entregársela en matrimonio al que le haga regalos de tal o cual especie.

Después, mantendrá la hija en absoluta reclusión y su madre sólo la concederá en matrimonio al hombre que pueda hacerle los regalos convenidos.

De no poder conseguir del hombre cuanto deseaba, la propia madre comprará un objeto cualquiera o lo elegirá de entre los suyos, considerándolo como un regalo del novio a su hija.

La madre también puede permitir que su hija se case en privado, y simular que no sabe nada del asunto; luego, haciendo ver que se entera, dará su consentimiento para la unión.

Por su parte, la hija se esforzará en resultar agradable a los hijos de los ciudadanos ricos, que su madre no conozca, con el fin de atraérselos, se citará con ellos a la hora de las clases de canto, en lugares donde haya música, o en casa de amigos y, entonces, rogará a la madre o a una sirvienta que le permita unirse a aquel que más le agrade.[71]

La hija de una cortesana entregada de este modo a un hombre, ha de cumplir las obligaciones del matrimonio durante un año, tras lo cual puede hacer cuanto le venga en gana.

Sin embargo, transcurrido ese año, si el primer marido la invita de vez en cuando a verle, debe renunciar a la ganancia del momento para pasar con él la noche.

Ésa es la forma de matrimonio temporal que se estila entre las cortesanas y la manera de aumentar su atractivo a los ojos de los demás.

Cuanto antes se ha dicho, también se aplica a las hijas de las bailarinas, cuyas madres sólo las entregarán a hombres que les puedan ser útiles de diversas maneras.

---

71.   En Oriente, las cortesanas tienen la costumbre de entregar hijas en matrimonio provisional una vez dominan los Kama Sutra.

Aquí termina lo referente a ser atractiva a los ojos de los demás.

a. Si un hombre, tras frotarse la linga con una mezcla de polvos de estramonio blanco, de pimienta negra y de miel, copula con una mujer, la somete a su voluntad.

b. El mismo efecto produce la aplicación de una mezcla de hojas de la planta vatodbhranta, de las flores que se arrojan sobre un cadáver cuando van a incinerarlo, del polvo de huesos de pavo real y del pájaro jiwanjiva.

c. También producen efecto similar los restos de un milano muerto de muerte natural, reducidos a polvo y mezclados con cowach y miel.

d. Si se unta con un ungüento hecho de la planta émbilica, se adquiere el poder de someter a las mujeres a su voluntad.

e. Se cortan a trocitos los brotes de la planta vajnasunhi, luego se sumergen en una mezcla de arsénico rojo y azufre, se secan siete veces y el polvo resultante se mezcla con miel. Aplicado a la linga, se consigue someter la voluntad de una mujer, una vez se la haya poseído. Si se queman esos brotes durante la noche y, al contemplar el humo, aparece detrás una luna de oro, es seguro que se tendrá éxito con todas las mujeres. Ese polvo se mezcla con los excrementos de un mono que se arrojan sobre una muchacha virgen, para reservársela en matrimonio.

f. Para subyugar a las mujeres, se han de aplicar a la linga trozos de raíz de berenjena mezclados con aceite de mango, guardados como ungüento durante seis meses en un agujero del tronco de un árbol sisu.

g. Se sumerge el hueso de un camello en el jugo de la planta eclipta prastata, luego se quema, y el pigmento que de esto resulta se guarda en una caja hecha de hueso de camello. Se aplica, junto con antimonio, en las pestañas, con un pincel, hecho también de hueso de camello.

Se trata de un pigmento purísimo y sano para los ojos, que posee la virtud de someter a los demás a la voluntad del que lo usa. Un pigmento a base de hueso de halcones, buitres y pavos reales produce idéntico efecto.

Aquí termina todo lo que se refiere al modo de dominar la voluntad de los otros.

Los medios para aumentar el vigor sexual son:

a. Se adquiere vigor sexual bebiendo leche mezclada con azúcar, raíz de la planta uchchata, pimienta, chaba y regaliz.

b. Produce el mismo efecto la leche mezclada con azúcar, que ha hervido en testículo de un carnero o de un macho cabrío.

c. También se consiguen resultados parecidos con el jugo de la hedysarum gangeticum, del kuili del kshirika, mezclados con leche.

d. Según los Acharyas, si se muelen granos o raíces de trapa bispinosa, de kasurika, de jazmín toscano y de regaliz, junto con kshirakapoli[72] y el polvo se mezcla con leche azucarada y ghee[73] y, tras haberlo hecho hervir a fuego moderado, se bebe el jarabe que resulta, quien lo hace se encuentra en condiciones de gozar de una ilimitada cantidad de mujeres.

e. Igual resultado se consigue al mezclar arroz con huevos de gorrión y, después de hervirlo con leche, se le añade ghee y miel y se bebe en tanta cantidad como haga falta.

f. También se dice que da resultados idénticos beberse la mezcla resultante de tomar cortezas de grano de sésamo, remojarlos con huevos de gorrión, hervirlos con leche azucarada y ghee, añadirles frutos de trapa bispinosa y de kasurika, harina de trigo y habas.

72. Es una especie de cebolla.
73. Mantequilla clarificada.

g. Mézclese ghee, azúcar y regaliz a partes iguales, junto con jugo de hinojo y leche. Esta bebida se considera como santa y muy valiosa para el vigor sexual, sana y de gusto agradable.

h. En primavera, se bebe un jarabe compuesto de asparagus racemosus, de las plantas shvadaushtra y uduchi, de pimiento de cornetilla y de regaliz, todo bien hervido con leche, miel y ghee. Se dice que da un resultado similar al anterior.

i. También afirman que tiene iguales virtudes un cocimiento de asparagus racemosus, la planta shvadauhshtra, junto con frutos triturados de premma espinosa.

j. Bébase ghee hervido cada mañana, durante la primavera. Está considerado como una medicina sana, reforzante y de gusto agradable.

k. Igual efecto tiene la siguiente receta: mézclese, a partes iguales, grano de shadaushtra y flores de cebada y, cada mañana, al levantarse, tómese una cantidad que equivalga a dos palas más o menos.

Acerca de esto hay también unos versículos que dicen lo que sigue:

«Los medios[74] de producir el amor y el vigor sexual, nos los enseñan la ciencia médica, los Vedas, las personas iniciadas en las artes mágicas y los parientes y amigos íntimos. Jamás se probará un medio de efectos dudosos, capaz de deteriorar el cuerpo, que implique la muerte de animales y nos ponga en contacto con cosas impuras. Los únicos medios que se han de emplear han de ser eficaces y aprobados por brahmanes y amigos.»

74. Los afrodisíacos han sido, desde siempre, una de las mayores preocupaciones de los hombres. Los orientales dedicaron mucho tiempo a estudiarlos y redactar sus fórmulas.

II
ACERCA DE LOS MEDIOS PARA EXCITAR EL DESEO Y DE LOS PROCEDIMIENTOS PARA AUMENTAR EL TAMAÑO DE LA LINGA. EXPERIENCIAS Y RECETAS DIVERSAS

Cuando un hombre se siente incapaz de satisfacer a una mujer hastino o elefanta, ha de recurrir a distintos medios para excitar su ardor.

Primero, le frotará el yoni con la mano o con los dedos y no copulará hasta que ella esté excitada o sienta placer.

Éste es uno de los medios para excitar a la mujer.

También puede emplear ciertos apadravyas u objetos que se ponen en la linga o en torno a ella para aumentar su tamaño o grosor, de modo que se adapte al yoni.

Según Babhravaya, estos adadravyas han de ser de oro, de plata, cobre, marfil, hierro, cuerno de búfalo, maderas de distintas clases, estaño o plomo y han de ser suaves, fríos, para que provoquen el vigor sexual, y por completo adecuados al propósito señalado.

No obstante, Vatsyáyána opina que cada uno puede darles la forma que más le agrade.

Éstas son las diferentes clases de apadravyas.

1. El brazuelo (valaya), de idéntico tamaño que la linga y una superficie exterior rugosa y llena de asperezas.

2. La pareja (sanghati), constituida por dos brazuelos.

3. El brazalete (chudaka), formado por tres brazuelos e incluso más, unidos entre sí hasta alcanzar la misma extensión que la linga.

4. El brazalete sencillo es un simple brazalete de alambre enrollado en torno a la linga, según las dimensiones de éste.

5. El kantuka o jalaka consiste en un tubo abierto por ambos extremos, con un orificio a todo lo largo, áspero por fuera y cubierto de suaves protuberancias, cuyas dimensiones están adaptadas al yoni. Se ata a la cintura.

De no encontrar ese objeto, suele utilizarse un tubo de madera de manzano, un tallo tubular de calabaza o una caña suavizada con aceite y extractos de plantas.

Se atará como el anterior a la cintura. También sirven trozos de madera muy pulimentada, unidos entre sí.

Todos los objetos citados lo mismo se utilizan con la linga que por separado.

La gente de los territorios del sur cree que no se encuentra verdadero placer sexual si la linga no está perforada, y por ello se la hacen perforar, igual que los lóbulos de las orejas de una niña para colgarle pendientes.

Cuando un joven se perfora la linga, lo hará con un instrumento afilado y muy fino y mantendrá la linga dentro del agua mientras le sangra.

Por la noche practicará una cópula, incluso vigorosa, para limpiarse el agujero.

Luego, ha de seguir lavándoselo con cocimientos y lo agrandará introduciendo trocitos de caña y de la wrigthia antidysenterica, con lo que gradualmente, aumentará el agujero.

Asimismo, resulta indicado lavárselo con regaliz mezclado con miel y, para ampliar el orificio, emplear el tallo del fruto del simipatra. Por último, se untará el orificio con aceite.

Dentro de este orificio en la linga, es posible colocar apadravyas de distintas formas, tales como el redondo, el redondo de un lado, el mortero de madera, la flor, el brazal, el hueso de garza, el aguijón de elefante, la colección de ocho pelotas, la mecha de cabellos, y otros objetos cuyos nombres provienen de su forma o del modo como se utilizan.

Todos estos apadravyas han de ser rasposos por la parte exterior, según su finalidad.

Ahora se relacionan los distintos medios para reforzar la linga.

Cuando se desea reforzar la linga, hay que frotarla con pelos de determinados insectos de los que viven en los árboles. Después, tras engrasarla con aceite durante diez noches seguidas, la frotará de nuevo con los mismos pelos.

De este modo, conseguirá que la linga se le hinche de manera progresiva, por lo que tendrá que acostarse boca abajo en una hamaca, dejando que la linga cuelgue a través de un agujero.

Después mitigará el dolor que le ha producido la hinchazón por medio de compresas frías.

Tal hinchazón dura toda la vida, se denomina suka y es muy frecuente encontrarla entre los del país de Drávida.

Si se frota la linga con la planta physalis flexuosa, la shavarakan daka, la jalasuka, el fruto de la planta de los huevos, manteca de búfalo, la hasticcharma y el jugo de la vajra-rasa, se consigue una hinchazón que dura un mes.

Frotándola con aceite hervido en los cocimientos antes citados, se consigue el mismo efecto durante seis meses.

La linga también se agranda frotándola o bañándola con aceite hervido a fuego moderado, en el que se mezclarán semillas de granada y de pepino, jugos de la planta valuka, de la hasta-charma y de la planta de los huevos.

Además de éstos, pueden aprenderse otros sistemas de personas experimentadas y sabias.

Por último se indican varias recetas:

a. Para conseguir en exclusiva el amor de una mujer se le arroja una mezcla de polvo de la planta del seto lechoso y de la kantala con excrementos de mono y raíz molida de la lanjalika.

b. Se forma una especie de gelatina con el jugo de los frutos de la cassia fistula y de eugenia jambolina, mezclándola con polvo de la planta soma, de la vernonia anthelmintica, de la eclipta prastata y de la lohopa-jihirka. Este preparado se aplica al yoni de la mujer con la que a continuación se copula y cesará al instante su amor por ella.

c. El mismo efecto se logra cuando se tienen relaciones sexuales con una mujer que se haya bañado en leche de mantequilla de búfala, mezclada con polvo de la planta gopalika, de la bana-padika y de amaranto amarillo.

d. Un ungüento compuesto de flores de la nauclea cadamba, del jobo y de la eugenia jambolina, es el que usan las mujeres que pretenden que su marido las odie.

e. Idéntico efecto consigue una mujer que lleve guirnaldas de esas flores.

f. El ungüento hecho con el fruto de la asteracantha longifolia (kokilaksha) constriñe el yoni de la mujer hastini o elefanta, durante el transcurso de toda una noche.

g. Las raíces molidas del nelumbrium speciosum y loto azul, con polvo de la planta physalis flexuosa, mezclado con ghee y miel, en forma de ungüento dilata el yoni de la mujer mrigi o cierva.

h. Para blanquear los cabellos se utiliza el ungüento compuesto por el fruto de la emblica myrobolans embebido en el jugo lechoso de la planta y de la leche, de la soma, de la calotropis gigantea y en el jugo de la vernonia anthelmintica.

i. Si se emplea como loción el jugo de las raíces de la planta madayantaka, de la amaranta amarilla, de la anjanika, de la clitoria ternatec y de la shlaksh-naparni, se consigue que crezca el pelo.

j.   Las raíces antes mencionadas, hervidas en aceite, y empleadas como ungüento ennegrece más los cabellos y crecerán, gradualmente, los que hayan caído.

k.   Si se moja la laca siete veces seguidas, hasta que quede saturada por completo, en el sudor de los testículos de un caballo blanco, y luego se aplica a un labio rojo, éste se vuelve blanco.

l.   El color de los labios se restablece con la madayantika y otras plantas, que se mencionan en el apartado *i.*

m.   La mujer que oye a un hombre tocar un caramillo mojado en los jugos de las plantas bahupadika, tabernamontana coronaria, la costus speciosus o arabicus, pinus deodora, euphirbia antiquorum y de las plantas vajra y kantaka, se convierte en su esclava.

n.   Si se mezclan los alimentos con la fruta del dathura o manzano espinoso se produce una intoxicación.

o.   Si se mezcla agua con aceite y con las cenizas de cualquier hierba, excepto la kusha, esta agua adquiere el color de la leche.

p.   Si se muelen a la vez la myrobolans amarilla, la jobo, la shrawana y la priyangu y el polvo resultante se aplica a vasijas de hierro, éstas se volverán rojas.

q.   Se llena una lámpara de aceite extraído de las plantas shrawana y priyangu, la mecha es de tela y de escamas de serpiente, al encenderla y colocar cerca unos pedazos de madera, ésos semejarán serpientes.

r.   Beber la leche de una vaca blanca, que tiene a su lado un ternero blanco, es de buen augurio, da renombre y conserva la vida.

s.   Las bendiciones propiciatorias de un brahmán venerable surten idéntico efecto.

Para terminar, nada mejor que los versículos siguientes:

«De este modo he escrito en pocas palabras la *Cien-*

cia del Amor, tras consultar a los Archyas y de comprobar los medios de goce que en ellos se indican.

»El que conoce bien los principios de esa ciencia se aconseja en dharma, artha y kama, así como en su propia experiencia y en las enseñanzas de otros, sin actuar nunca por propia fantasía. Respecto a los errores en la ciencia del amor que he mencionado a lo largo de esta obra, bajo mi propia autoridad como autor, los he censurado al instante y prohibido enseguida.

»Un acto no debe justificarse nunca por el simple hecho de que la ciencia lo autorice, pues no se ha de olvidar que, según el mismo fundamento de la ciencia, las reglas sólo se han de aplicar en casos concretos. Tras leer y meditar las obras de Babhravya y de otros autores antiguos de examinar el sentido de las reglas que ellos dictaron, Vatsyáyána ha compuesto los *Kama Sutra*, según los preceptos de los libros sagrados, para que el mundo se beneficie, en la época en que llevaba vida de estudiante religioso y estaba por completo absorbido en la contemplación de la divinidad.

»Esta obra no se hizo tan sólo para servir de simple instrumento de satisfacción a nuestros deseos. Quien posea los auténticos principios de esa ciencia, cultive con atención su dharma, su artha y su kama y tome con interés las prácticas del pueblo, tiene la seguridad de llegar a dominar sus sentidos.

»Para resumir, una persona inteligente y prudente, que se ocupe del dharma y del artha, así como del kama, sin convertirse en esclavo de sus pasiones, tendrá éxito en cuantas cosas emprenda.»

ANANGA RANGA

INTRODUCCIÓN

¡Que la hermosa y divina Parvati, la dulce esposa de Siva, la tercera persona de la trinidad hindú, te purifique y te haga digno!

Parvati, la que se coloreó con laca las uñas de los dedos de las manos, blancas como las aguas del sagrado Ganges, tras contemplar el fuego en la frente de Shambú, la que se pintó los ojos con colirio después de ver las oscuras sombras del cuello de Shambú y cuyo vello se erizó de ardiente deseo al contemplar en un espejo las cenizas esparcidas sobre el cuerpo de Shambú.

¡Yo te invoco, oh, Kamadeva. Tú, el comprensivo, tú, el sensual, que vives en los corazones de todos los seres de la creación!

¡Tú inspiras valor en la guerra pues destruiste y aniquilaste a Sambar Asura y a los Rakshasas, tú fecundastes a Rati, el principio femenino, la esposa del dios, y creaste el amor y los placeres del mundo!

¡Tú, que siempre te muestras alegre, que acabas con la intranquilidad y la angustia, llenas de calma y de dulce reposo y dicha la mente del hombre!

El rey Ahmad era el adorno de la casa de Lodi. Era un mar cuyas aguas las constituían las lágrimas vertidas por las viudas de sus enemigos muertos y que se elevó para alcanzar un merecido renombre y fama universal.

¡Que su hijo Lada Khan, muy versado en los Kama Shastra o Escrituras del Amor y con sus pies que han hollado las diademas de otros reyes, sea siempre el victorioso!

El príncipe sabio y archipoeta, Kalyána Malla, experto en todas las artes, tras consultar a muchos sabios y hombres santos y tras analizar y sopesar las opiniones de muchos poetas y extraída la esencia de su sabiduría, compuso, con vistas a complacer a su soberano, una obra que tituló Ananga-Ranga.

¡Que dicha obra sea siempre decididamente apreciada por los espíritus selectos y comprensivos, pues va dedicada a todos aquellos que desean estudiar el arte y los misterios del placer más exquisito que el hombre conoce y aquellos que mejor conocen la práctica y la ciencia de la unión del hombre y la mujer!

Es muy cierto que no existe otra alegría en el mundo de los mortales que se pueda comparar con la que se deriva del conocimiento del Creador.

No obstante, en segundo lugar, y subordinados sólo a esto, se encuentran la satisfacción y el placer que se derivan de haber poseído a una mujer hermosa.

Asimismo es cierto que los hombres se casan para buscar la union carnal sin restricciones, realizada con toda libertad, al mismo tiempo que impulsados por el amor espiritual y para lograr mayores comodidades y que, a menudo, se ven recompensados con bellas y agradables esposas.

Pero en muchos casos, ignoran cómo proporcionar a sus compañeras el pleno goce, y ni tan siquiera saben obtener de la esposa el placer máximo y exquisito que ésta les puede proporcionar.

Debido al total desconocimiento que esos hombres tienen del Kama Shastra, La Escritura del Amor, olvidan o ignoran las distintas clases de mujeres que existen, y las consideran a todas únicamente desde un punto de vista animal.

Debemos considerar a tales hombres como lerdos, estúpidos y faltos de toda inteligencia.

El objetivo primordial de este libro es evitar que se desperdicien vidas y amores tan miserablemente. Los beneficios que se puedan derivar de su estudio se encuentran expuestos en los siguientes versículos:

«El hombre que conoce el arte del amor y que comprende cuán distinto y complejo es el arte de goce de la hembra;

»al calmarse sus pasiones con el inexorable correr del tiempo, aprende a pensar en su Creador, a estudiar asuntos religiosos y a adquirir el conocimiento divino;

»y, en consecuencia, queda libre de futuras transmigraciones de su alma; y al tener completa la historia de su vida, irá directamente al paraíso en compañía de su esposa.»

Así, cuantos lean este libro, sabrán qué delicioso instrumento es la mujer, cuándo han de tocar sus sensibles cuerpos para producir las exquisitas armonías de las que son capaces, y, ejecutando las variaciones más complicadas, proporcionar placeres divinos y exquisitos.

Por último, hay que advertir que cada shloka o estrofa de este trabajo tiene doble significado y cabe interpretarla de dos maneras distintas: la mística y la amatoria.

I

Sección I
ACERCA DE LAS CUATRO CLASES DE MUJERES

Ante todo, se ha de comprender que las mujeres pueden dividirse en cuatro clases, según su temperamento. Estas clases son:

1. Padminí.
2. Chitriní.
3. Shankhiní.
4. Hastiní.

Estas clases corresponden a las cuatro fases diferentes de moksha o liberación de ulteriores transmigraciones.

La primera de esas fases es sáyujyatá o absorción dentro de la esencia de la deidad, la segunda es sámipyatá, estar próxima a la deidad, y haber nacido en la presencia divina, la tercera es sarupatá o semejanza a la deidad en los miembros y el cuerpo físico o material y la cuarta y última es salokatá o residencia en el paraíso de algún dios especial.

Así el nombre de mujer es nári, que, al interpretarse es noári o enemigo y corresponde al moksha o absorción, pues todos le aman y él ama a todos.

Padminí, entonces, significa sáyujyatá, también llamada khadgini-moksha (liberación de la espada), la absorción del hombre dentro de la nárayán (cabeza de dios), que vive en el Khsírábdí, o Mar de Leche, uno de los Siete Océanos y de cuyo ombligo surgió el padma o flor de loto.

Chitriní es sámpyata-moksha, como aquellas que habiéndose encarnado como diosas, llevan a cabo múltiples y maravillosas obras.

Shankhiní es sarúpatá-moksha, aún como el hombre que toma la forma de Visnú y lleva sobre su cuerpo el shankha (la concha de marian), el chakra o disco y otros emblemas de ese dios.

La hastiní es salokatá-moksha, pues ella representa lo que la residencia en el cielo de Visnú, es a aquellos de la cuarta clase que tienen atributos, propiedades, forma y figura, manos y pies.

Sección II
ACERCA DE LAS PECULIARIDADES PERSONALES DE LAS CUATRO CLASES

Y ahora, por medio de estas palabras, se ha de aprender a distinguir estas clases entre sí.

Aquella en la que se advierten los siguientes signos y síntomas, recibe el nombre de padminí o mujer-loto.

Su rostro es placentero, cual la luna llena, su cuerpo, entrado en carnes, es suave como los shiras[75] o la flor de la mostaza, su piel tan fina, tierna y blanca como el loto amarillo, jamás de color oscuro, aunque guarde semejanza, en la efervescencia y luz purpúrea de su juventud, con la nube cuando estalla.

75. Árbol majestuoso, de suave y fragante polen.

Sus ojos son brillantes y hermosos cual los de los ciervos, bien cortados y con los extremos rojizos.

Sus senos, duros, altos y llenos. Su cuello tiene forma hermosa y tan delicado que, a su través, se puede ver la saliva. Su nariz, recta, graciosa y la parte media del cuerpo, a la altura del ombligo, muestra tres arrugas o pliegues carnosos.

Su yoni[76] se asemeja al capullo del loto y su semilla de amor (ráma-salila, el agua de vida) es perfumado como el lirio que acaba de abrirse.

Al andar nos recuerda la marcha majestuosa, lenta y ondulante del cisne y su voz es grave y musical, como las notas del kokila.[77] Suele preferir las ropas blancas, las joyas finas y los adornos ricos.

Come poco, duerme ligeramente y, al ser tan respetuosa y devota como ingeniosa y cortés, se muestra siempre dispuesta a adorar a los dioses y de gozar de la conversación de los brahmanes.

Así es la padminí o mujer-loto.

La chitriní o mujer-arte[78] es de mediana estatura, ni alta ni baja, de pelo tan negro como el azabache; tiene el cuello delgado, redondo, parecido a una concha de mar, el cuerpo frágil, la cintura tan estrecha como la de una avispa, los senos grandes, los muslos bien torneados y ampulosas las caderas.

El vello del yoni es escaso, el monte de Venus suave, elevado y redondo.

Su rama-salila (semilla del amor) es cálido y tiene el perfume de la miel, y, a causa de su abundancia produce un sonido peculiar en el acto amatorio.

Sus ojos son vivos y móviles, mientras que sus gra-

76. El yoni es el órgano sexual femenino y la linga el masculino.
77. Es el cuco de la India, de voz rasposa y desagradable, pero que en poesía ocupa un lugar semejante al del ruiseñor en Europa.
78. La de temperamento muy sanguíneo.

ciosos andares semejan el vaivén del elefante y su voz la del pavo real.[79]

Gusta de los placeres y la variedad, se deleita cantando y con toda suerte de realizaciones, en especial las artes manuales. Sus deseos carnales no son excesivamente pronunciados y ama a sus animales; loros y otros pájaros.

Así es la chitriní o mujer-arte.

La shankhiní[80] o mujer-concha es de temperamento bilioso. Su piel amarillenta o pardusca está siempre caliente y curtida, su cabeza, manos y pies son delgados y largos; mira por el rabillo del ojo.

Su yoni aparece siempre húmedo de kama-salila, de sabor claramente salado, y aquella divina abertura tiene una abundante mata de pelo.

Tiene la voz más bien ronca, camina muy deprisa, come moderadamente y le complacen hasta el deleite las ropas lujosas, las flores y los adornos de color rojo.

Se ve dominada por raptos de pasión amorosa, que le encienden el cerebro y le nublan la inteligencia; en el momento del goce, hunde las uñas en la carne del esposo.

Es de temperamento colérico, dura de corazón, insolente y perversa, irascible, ruda y aficionada a encontrar defectos en los demás.

Así es la shankhiní o mujer-concha.

La hastiní es de baja estatura, cuerpo grueso y basto; tiene la piel muy clara, de color blanco enfermizo, el cabello amarillento, los labios carnosos y grandes, la voz desagradable, áspera, gutural y muestra el cuello inclinado.

79.   En este caso es elogioso, pues los hindúes, a diferencia de los europeos, aprecian mucho la voz del pavo real. Asocian sus graznidos a la llegada del monzón que trae lluvia para la tierra sedienta y refresca el aire para los hombres a quienes ahoga el sol.
80.   La de temperamento bilioso.

Camina con lentitud y de manera desmañada; también suele tener los dedos de los pies torcidos o deformes.

Su rama-salila tiene el sabor del jugo que fluye en primavera de las sienes del elefante.

Lenta en el amar, sólo queda satisfecha tras una cópula muy prolongada, cuanto más mejor, pero, en realidad, nunca se satisfará totalmente.

Es glotona, desvergonzada e irascible.

Así es la hastiní o mujer-elefanta.[81]

Sección III
LOS DÍAS DE MÁXIMO DISFRUTE PARA LAS CUATRO CLASES

Después de especificar de este modo las cuatro clases de mujeres, Kalyana-Malla, el archipoeta, procede a dar una tabla de las ocasiones en que cada tipo de mujer disfruta al máximo del goce del rito carnal.

Tales períodos han de aprenderse de memoria y recordar siempre que en los días no señalados, la cópula, por intensa y frecuente que sea, no puede satisfacer la pasión amorosa.

Por tanto, se trata de asimilarlo y así dominar a los elementos.

81. Se la llama así porque el elefante, debido al uso de la trompa, se le conoce por animal con manos. Hastiní corresponde a karamí de kara, mano en sánscrito. Las cuatro clases de mujeres señaladas representan, de un modo algo burdo, los cuatro temperamentos conocidos en Europa: nervioso, sanguíneo, bilioso y linfático.

TABLA I

Pratipadá 1.er día	Dvitiyá 2.º día	Chaturthi 4.º día	Panchamí 5.º día	Satisfacen a la padminí
Shasshatí	Ashtamí 8.º día	Dashamí 10.º día	Dwadashí 12.º día	Satisfacen a la chitriní
Tritiyá 3.er día	Saptamí 7.º día	Ekádashi 11.º día	Trayodasí 13.º día	Satisfacen a la shankhiní
Navamí 9.º día	Chaturdashí 14.º día	Purnima Luna llena	Armávasyá Luna llena	Satisfacen a la 1.ª hastiní

Sección IV
LAS HORAS QUE PROPORCIONAN
MAYOR GOCE

Se ha podido comprobar que las mujeres difieren mucho de los momentos que prefieren para su goce, según sus clases y temperamentos.

La padminí, por ejemplo, no encuentra satisfacción en la cópula nocturna. En realidad, le inspira una notable repugnancia.

Lo mismo que al surya camala (loto diurno), cualquier varón la consigue satisfacer en las horas de sol.

Por el contrario, la chitriní, y la shankhiní son como el chandra kamala, o loto nocturno que se abre al bañarlo los rayos de la luna.

La hastiní, que es la más vulgar, no hace el menor caso de tales distinciones.

TABLA II

REGULACIÓN DE LAS HORAS NOCTURNAS

1.er pahar	2.º pahar	3.er pahar	4.º pahar
18-21 h.	21-24 h.	24-3 h.	3-6 h.
18-21 h.	21-24 h.	24-3 h.	La padminí
La chitriní	21-24 h.	24-3 h.	La padminí
La chitriní	21-24 h.	La shankhiní	La padminí
La hastiní	La hastiní	La hastiní	La hastiní

Estas tablas señalan los pahar o divisiones del día y de la noche, durante las que obtienen mayor placer las cuatro clases de mujeres.

TABLA III

REGULACIÓN DE LAS HORAS DIURNAS

1.er pahar	2.º pahar	3.er pahar	4.º pahar
18-21 h.	21-24 h.	24-3 h.	
La padminí	La padminí	La padminí	La padminí
La padminí	La padminí	La hastiní	La padminí

Con esos datos se comprueba que ni la chitriní ni la shankhiní obtienen el menor goce en la cópula diurna.

Así le contó el archipoeta, Kalyana Malla, a Kadkhan Rajá cómo se dividen las mujeres en cuatro clases, cada una de las cuales tienen sus peculiaridades propias del alma y del cuerpo y, sus diversas horas de goce, según el estado de la luna y la hora del día o de la noche.

II

ACERCA DE LOS VARIOS ASIENTOS DE LA PASIÓN EN LA MUJER

Los hombres han de saber que la pasión reside en distintas partes y miembros del cuerpo femenino y que sólo al aplicarles a éstos los chandrakala[82] o caricias preliminares, obtendrán mayor goce y placer tanto el marido como la esposa.

Además, de no seguirse el proceso que se indica en la tabla en cuanto a los respectivos días de la quincena lunar, ninguno de los dos encontrarán plena satisfacción.

Por el contrario, ambos sentirían la tentación de buscar el deleite en brazos ajenos y el adulterio les arrastrará a discusiones violentas, a asesinatos y a otros graves y mortales pecados, que sólo pueden evitarse a través del estudio y adecuada aplicación de los chandrakala.

En la mujer, la pasión reside en el lado derecho durante el shuklaphsha, el primero o quincena de luz del mes lunar, desde la luna nueva a la llena, incluido el decimoquinto día.

82.   Chandrakala, estrictamente, es un decimosexto del globo lunar.

El opuesto es la quincena de oscuridad, comprendido el primer día y que dura desde la luna llena hasta la nueva.

El cambio ha de operarse a través de la acción de la luz y de la oscuridad. De otro modo, el asiento de la pasión será siempre el mismo.

Ahora, cubiertas las generalidades, Kalyana Malla, el archipoeta, procede a describir las particularidades y darnos detalles respecto a las cuatro clases de mujeres.

Empieza con la padminí, mostrándonos, en qué miembro o costado reside la pasión, y, luego, indicarnos a través de qué proceso se la puede dejar satisfecha.

El marido ha de continuar sus caricias hasta ver erizarse el vello del cuerpo de su amada y oír el sitkara o sonido inarticulado que produce la inhalación del aire entre los dientes apretados.

Esto le indicará que el paroxismo se ha producido y que su esposa ha quedado totalmente satisfecha.

Aquí concluyen las tablas del chandrakala que a través del apropiado permiten que el hombre pueda satisfacer totalmente a la mujer y, de esta manera, someter incluso a la de espíritu más rebelde a su voluntad y dominio.

III

ACERCA DE LAS DIVERSAS CLASES DE HOMBRES Y MUJERES

Sección I
HOMBRES

Hay tres clases de hombres, es decir: el shasha u hombre-liebre, el vrishabha u hombre-toro y el ashw u hombre-caballo.[83]

Estos tipos se pueden describir explicando su naturaleza y por la mención de sus cualidades.

El shasha se conoce por una linga que, en erección, pasa de los seis dedos más o menos.

Es bajo, magro de carnes, cuerpo de forma proporcionada. Tiene manos, rodillas, pies y muslos pequeños y estos últimos de color algo más oscuro que el resto de la piel.

Sus facciones son claras y correctas, la cara redonda, los dientes pequeños y finos, el cabello sedoso y ojos grandes y bien abiertos.

83. Estas divisiones se diría que representan los temperamentos nervioso, bilioso y sanguíneo, aunque algunos manuscritos dividen a los hombres únicamente por el tamaño de la linga que puede ser de 6, 9 y 12 dedos. Otro, de 12 anchos, corresponde a los negros africanos.

De carácter tranquilo, practica el bien por simple amor a la virtud, ambiciona llegar a ser famoso, su apariencia es humilde, se muestra parco en el comer y es moderado en sus deseos carnales.

Además en su kama-salila o semen no existe nada peligroso.

El vrishabha tiene una linga de nueve dedos de longitud, el cuerpo robusto y recio, cual el de una tortuga; de pecho amplio y carnoso, el vientre duro, la frente alta, los ojos grandes y largos, con esquinas rosadas y las palmas de las manos rojas.

Es de disposición o ánimo cruel y violento, inquieto e irascible.

Su kama-salila está siempre a punto.

El ashawa, de larga linga, doce dedos, es alto, aunque no obeso, y prefiere las mujeres robustas y grandes, en vez de aquellas de formas delicadas.

Tiene un cuerpo duro como el hierro, el pecho ancho, lleno, musculoso. Por debajo de las caderas es largo y lo mismo puede decirse de su boca y dientes, cuello y orejas.

Sus manos y dedos son también extremadamente largos.

Las rodillas resultan algo deformes, detalle que también se observa en las uñas de los dedos de los pies. De pelo largo, tosco y grueso, mirada dura, fija, sin cambios, y voz profunda, cual la de un toro.

Es de espíritu audaz, pasional, ambicioso, glotón, versátil, perezoso y dormilón.

No se interesa gran cosa por el contacto carnal, excepto cuando se acerca el espasmo.

Su kama-salila es abundante, salado y muy similar al del macho cabrío.

Así como los hombres están divididos en tres clases, según el largo de la linga, de igual manera las cuatro clases de mujeres, la padminí, la chitriní, la shankhiní y la hastiní, pueden clasificarse en tres clases, según la profundidad del yoni.

Estas clases son la mrigí, llamada también harini o la mujer-ciervo, la vadavá o ashviní, la mujer-yegua y la karamí o mujer-elefanta.

La mrigí tiene un yoni de seis dedos de profundidad.

De cuerpo delicado, su aspecto es infantil, suave y tierno. Tiene la cabeza pequeña y bien proporcionada, el busto erguido, el vientre delgado y recogido, los muslos y el monte de Venus carnosos y el cuerpo, debajo de las caderas, sólido, mientras que los brazos, de los hombros para abajo, son grandes y redondeados.

Su cabello es grueso y crespo, los ojos negros, como la flor oscura de loto; las ventanas de la nariz, finas; las mejillas y orejas grandes; las manos, los pies y labio inferior, rojizos y los dedos, rectos.

Su voz se parece a la del kokila y su paso recuerda la marcha del elefante.

Come moderadamente, pero es muy dada a los placeres del amor.

Se muestra siempre afectuosa, pero dada a los celos, de mente muy activa cuando no la dominan las pasiones.

Su kama-salila tiene el agradable perfume de la piel de toro.

La vadavá o ashviní presenta un yoni de nueve dedos de profundidad. Su cuerpo es delicado; sus brazos, gruesos desde los hombros para abajo; sus senos y caderas, anchos y carnosos; la región umbilical, pronunciada, pero sin protuberancias que empañen la apreciación estética.

Tiene las manos y los pies rojos, como flores, y bien proporcionados. Inclina hacia adelante la cabeza que cubren largos y rectos cabellos.

En cambio, la frente está inclinada hacia atrás. La garganta, ojos y boca anchos, las pupilas semejan los pétalos del loto negro. Anda con gracia y adora el sueño y la buena mesa. Aunque pronta a la cólera y algo voluble, se muestra afectuosa con su marido.

No alcanza el orgasmo con facilidad y su kama-salila es perfumado como el loto.

El yoni de la karamí alcanza doce dedos de profundidad.

Muy poco partidaria del aseo y de la pulcritud, sus senos son grandes, la nariz, las orejas y la garganta largas y gruesas. Tiene las mejillas gruesas, los labios, muy carnosos; su mirada es fiera con ojos algo amarillentos; la cara, ancha; el pelo, grueso y muy negro; los pies, manos y brazos, cortos y gruesos; los dientes, largos y agudos como los de un perro.

Al comer hace mucho ruido, y posee una voz áspera y desagradable. Cae fácilmente en la glotonería y los huesos le crujen al menor movimiento.

De pésimas y desvergonzadas inclinaciones, jamás retrocede ante el pecado.

Dominada por violentos deseos carnales, no se siente fácilmente satisfecha y requiere una cópula muy larga y lenta. Su kama-salila es muy abundante y recuerda al sudor que emanan las sienes del elefante.

El hombre sabio y prudente tendrá en cuenta que estas características no están bien definidas y su alcance sólo se puede llegar a conocer a través de la experiencia.

Por lo general, los temperamentos aparecen mezclados, y a menudo, se presentan combinados los dos e, incluso, los tres.

Por tanto, se requiere un estudio profundo para decidir la ausencia y la presencia de determinadas características y signos con el fin de elegir el chandrakala y otras manipulaciones apropiadas a las diversas diferencias, puesto que, sin ese estudio, los resultados de la cópula no serán satisfactorios.

Por tanto se advierte al estudiante que las diversas características y diferencias de la padminí, la chatriní, la shankhiní, de la shastra, vrishabha y ashvá y de mrigí (nariní), vadavá (ashvini) y karamí se encuentran muy raramente en toda pureza y que ha de aprender las proporciones en que se combinan.

Antes de iniciar el tratado de la cópula, interesa especificar los síntomas del orgasmo femenino.

Tan pronto como se inicia el deleite, la mujer entorna los ojos, que, al mismo tiempo, se humedecen, su cuerpo se estremece de pasión, la respiración, tras hacerse fuerte y espasmódica se transforma en una especie de sollozo o de suspiro, los miembros inferiores quedan laxos y relajados, tras una breve rigidez, surge de improviso un estallido de amor, acompañado de besos y de gestos en extremo expresivos y, por último, semeja ir a desmayarse.

En ese momento, se advierte cierta aparente aversión a otras caricias y ternezas y, entonces, el hombre experimentado sabe que, por haberse producido el paroxismo, la mujer ha gozado de la máxima satisfacción, por lo que ha de cuidarse de no iniciar nuevamente la cópula.

Sección III
DE LA CÓPULA

Al clasificar a los hombres y las mujeres en tres clases, según las medidas antes indicadas, aparentemente existen nueve condiciones bajo las que efectuar la cópula.

No obstante, de éstas hay cuatro que, al ser muy

poco corrientes, se pueden ignorar, y basta con prestar atención tan sólo a las cinco siguientes:

1. Samána, cuando las medidas o proporciones de ambos amantes son iguales o muy parecidas, por lo que se satisfacen plenamente los dos.

2. Uchha, o exceso de proporciones en el hombre, lo que hace la cópula dura y difícil y, por tanto, no satisface en absoluto a la mujer.

3. Nichha, que, literalmente significa hueco o bajo y, metafóricamente, al hombre de linga pequeña o reducida, lo que les proporciona a ambos escaso placer.

4. Anti-uchha es una exageración de uchha.

5. Anti-nichha es una nichha en sus últimas consecuencias.

La siguiente tabla clasifica la cópula de las diversas dimensiones en tres categorías, que, respectivamente, reciben el nombre de uttama, la mejor, madhyama, la de término medio y kanistha, la peor.

TABLA IV

APLICABLE AL SHASHA, U HOMBRE-LIEBRE

Nombres dimensionales	Verdadera dimensión de los miembros	Categoría
Shasha	6 dedos de largo	Urtama
Mrigí	6 dedos de profundidad	
Shasha	6 dedos de largo	Madhyama
Vadavá o ashviní	6 dedos de profundidad	
Karamí	6 dedos de largo	Kanishtha
Shasha	12 dedos de profundidad	

TABLA V

APLICABLE AL VRISHABHA U HOMBRE-TORO

Nombres dimensionales	Verdadera dimensión de los miembros	Categoría
Ashva	12 dedos de longitud	Uttama
Karamí	12 dedos de profundidad	
Ashva	12 dedos de longitud	Madhyama
Ashviní	9 dedos de profundidad	
Ashva	6 dedos de profundidad	Kanishtha
Hariní	12 dedos de longitud	

TABLA VI

Nombres dimensionales	Verdadera dimensión de los miembros	Categoría
Vrishabha	9 dedos de longitud	Uttama
Ashviní	9 dedos de profundidad	
Vrishabha	9 dedos de longitud	Madhyama
Hariní	9 dedos de profundidad	
Vrishabha	9 dedos de longitud	Kanishtha
Karamí	12 dedos de profundidad	

Al observar esas tablas, se advierte, con toda claridad, que la máxima dicha estriba en que se correspondan y sean iguales las dimensiones y, en cambio, la incomodidad aumenta con la diferencia.

Es fácil comprender la razón de este hecho.

Hay tres especies de vermículos[84] alimentados por la sangre del yoni, es decir: suksma (pequeño), madhyama (mediano) y adhikabala (grande).

Todos ellos, y en distinto grado, producen una picazón agradable y un dulce cosquilleo, de los cuales surge ese ardiente deseo carnal que sólo se calma con la cópula.

De aquí que, una linga de tamaño pequeño no produce satisfacción a la mujer.

Además, una longitud excesiva hiere las partes más delicadas, produciendo dolor, en vez de placer.

El que se produzca disfrute proviene de que la linga se adapte exactamente, en especial cuando el diámetro está de acuerdo con la extensión y cuando el vigor de la tensión hace posible que el marido dedique su tiempo a las artes amatorias que conducen a la mujer a un estado de disponibilidad.

Sección IV
ACERCA DE OTRAS DISTINCIONES MENORES EN LA CÓPULA

Cada una de las nueve anteriores formas de cópula se subdivide en otras nueve clases, que a continuación se enumeran.

Hay tres formas de vissrishtí, o emisión del kama-salila, lo mismo en el hombre que en la mujer, según el tiempo que dura:

1. Chirasambhava-vissristhí, que ocupa una larga duración de tiempo.

2. Madhysambhava-vissristhí, que se lleva a cabo en un tiempo moderado.

3. Shighrasambhava-vissristhí, que tarda muy poco en llegar al fin.

84.   Es una anticipación bastante exacta del espermatozoide.

Aquí, de nuevo, se presentan tres grados de vega, es decir, la fuerza del deseo carnal, que proviene de la energía vital o mental y que actúa tanto en los hombres como en las mujeres.

Para aclarar bien este concepto, hay que presentar la siguiente comparación:

El hombre, por ejemplo, lo experimentan todos los seres humanos, pero afecta a cada uno de manera distinta. Algunos han de satisfacerla al instante, ya que, de no hacerlo así, podrían perder la razón. Otros, en cambio, la soportan por un tiempo moderado, mientras que otros apenas la sufren y se muestran casi inmunes a ella.

Las vegas, o capacidades para el goce, son:

1.   Chanda-vega, apetito furioso, que constituye la capacidad más elevada.

2.   Madhyama-vega, o deseos moderados.

3.   Manda-vega o concupiscencia lenta y fría, que constituye la capacidad más baja.

La mujer que experimenta el chanda-vega, es fácil de reconocer por su continua búsqueda de placer carnal.

Necesita gozarlo frecuentemente y no le basta con un solo orgasmo para satisfacerse, de privarla de estos goces, presenta síntomas de desequilibrio y locura.

Lo contrario le ocurre a la de ansias manda-vega, y se diría que encuentra tan escasa satisfacción en la cópula que continuamente busca toda clase de pretextos para negarse a su esposo.

La más dichosa es la poseedora del madhyama-vega, puesto que se halla distante de ambos extremos.

Existen también tres kriyás, actos o procesos que provocan el orgasmo lo mismo en el hombre que en la mujer.

1.   Chirodaya-kriyá, que se aplica a los esfuerzos que se realizan durante mucho tiempo antes de conseguir resultado alguno.

2.   Madhyodaya-kriyá, los que actúan en un lapso de tiempo moderado.

3.   Laghudaya-kriyá, los más cortos y breves.

En resumen, existen nueve distintas formas de cópula, según la extensión y profundidad de los órganos.

Hay otras nueve, señaladas por el tiempo más largo o más corto que requieren para el orgasmo, y aún nueve más emanadas de los kriyás o procesos que conducen a la plenitud del acto.

En total, hay veintisiete clases de cópula, que, multiplicándolas por las nueve especies y los tres períodos dan un total de doscientas cuarenta y tres.

IV

ACERCA DE LAS CUALIDADES, CARACTERÍSTICAS Y TEMPERAMENTO DE LAS MUJERES

La tabla que sigue nos muestra las peculiaridades de las mujeres según los cuatro períodos de la vida en que está abierta y preparada para el amor.

TABLA VII

QUE MUESTRA LAS CUALIDADES
CORRESPONDIENTES A LAS DISTINTAS EDADES

Edad	Nombre	Con respecto el arte de amar	Clase de cópula preferida	Cómo pueden subyugarse
11-16 años	Balá	Apta	En la oscuridad	Por medio de flores, pequeños regalos, y cosas por el estilo
16-30 años	Taruní	Apta	Con luz	Por medio de vestidos, perlas y adornos
30-55 años	Praudhá	Apta	Tanto en la oscuridad como con luz	Mediante atenciones, cortesía, bondad y amor
De más de 55 años	Viddhá	No apta	La atacan el hastío y las enfermedades	Mediante lisonjas

Se puede decir que recibe el nombre de kanya desde su nacimiento hasta los ocho años, período balyavasthá o infancia, Gaurí, en honor de la diosa blanca Parvati, desde ese momento hasta los once años. Tarunyavastha, cuando se le puede considerar casadera, al que sigue yavavastha, o juventud, y vreuddhavastha o vejez.

Existen, además, tres temperamentos de mujeres, según las características siguientes:

Los signos de kapha (diátesis linfática o flemática) son: ojos brillantes, dientes y uñas, y el cuerpo bien conservado con miembros que no pierden su forma juvenil. El yoni se mantiene fresco, duro y carnoso, pero delicado. Tiene amor y respeto por su marido.

Éste es el temperamento linfático, es decir, el más alto.[85]

El siguiente es pitta, o diátesis biliosa. La mujer de senos y nalgas fláccidos y colgantes, que tiene la piel blanca, ojos y uñas rojos, el sudor agrio y el yoni cálido y relajado, y además está muy versada en las artes de la copulación, pero que no es capaz de soportarla durante mucho tiempo y cuyo carácter sufre continuos cambios que van de la alegría a la cólera, esa mujer es de temperamento pitta o bilioso.

Tiene temperamento vata o ventoso, el peor de todos, aquella mujer cuyo cuerpo es prieto, duro y áspero, de ojos y uñas negruzcos y cuyo yoni, en vez de suave, es rugoso cual lengua de vaca; tiene una risa chillona y desagradable; que sólo atiende su glotonería, es voluble y habladora y además difícil de satisfacer en la cópula.

También es menester considerar a las mujeres en relación con el estado previo de su existencia:

La satva es la disposición heredada de una vida anterior, lo que influye en su actual naturaleza mundana.

La devasatva-strí, que pertenece a los dioses, es ale-

---

85.   La fisiología europea antigua lo consideraba el más bajo.

gre, vivaracha, pura y limpia de cuerpo, con un sudor perfumado, que recuerda la flor de loto. Inteligente, rica e industriosa de voz dulce y manera de hablar benévola, se deleita mucho con las buenas obras. Tiene una mente sana, igual que su cuerpo, y jamás se cansa de sus amistades.

La ganharvasarva-strí, cuyo nombre deriva de los gandharvas o cantores celestiales, es bella de formas, paciente de mente, y goza con la pureza. La atraen totalmente los perfumes, flores y sustancias fragantes, el canto y el juego; los ricos vestidos y los adornos y el juego amoroso, en especial el vilása, una de las clases de acciones femeninas que indican pasión de amor.

La yakhshasatva-strí, por el nombre del semidiós que preside los jardines y tesoros de Kuvera,[86] es mujer de senos grandes y carnosos, piel blanca como la flor de la michelia-champac. Muy aficionada a la carne y a los licores, carece por completo de vergüenza y de pudor; apasionada e irascible, en todo momento siente grandes deseos de entregarse a la cópula.

La munshyasatva-strí, pertenece por completo a la humanidad, se deleita en los goces de la amistad. Es respetuosa y honrada, su mente aparece libre de hipocresía y no se cansa nunca de practicar acciones piadosas, votos y penitencias.

La pisachasatva-strí, dominada por los demonios, es de cuerpo magro, muy cálido y oscuro, con la frente siempre fruncida. No es pulcra en absoluto en su persona, se muestra avara, devota de la carne y de cuanto está prohibido y tan afanosa de la cópula como una ramera.

La nagasatva-strí, mujer-serpiente, siempre está en apuros y confusa. De ojos soñolientos, bosteza con fre-

86.   Kuvera es el Plutón de la mitología hindú, amo de todas las riquezas de la Tierra..

251

cuencia y suspira profundamente. Es muy olvidadiza y vive entre continuas dudas y sospechas.

La kakasatva-strí, que tiene las mismas características que el cuervo, gira los ojos de continuo, igual que si la aquejase algún dolor. Sólo sueña en comer; tonta, infeliz y rebelde, echa a perder cuanto toca.

La vanarasata-strí, o mujer-simio, todo el día se frota los ojos, castañetea los dientes sin parar; es muy vivaracha, activa y voluble.

La kharasatva-strí, que conserva las características del asno,[87] es poco aseada y evita tanto el bañarse como los vestidos limpios. No sabe dar respuestas directas, habla de manera desmañada y poco elegante, sin causa ninguna, porque su mente es perversa. En consecuencia, ni complace ni satisface a nadie.

El tema de los satvas requiere un estudio cuidadoso, ya que sus características varían de continuo y únicamente con la experiencia se consigue determinar la clase a que las mujeres pertenecieron en su vida anterior, lo que ha determinado sus cuerpos y sus mentes en esta existencia.

De la mujer cuyo busto es duro y carnoso, que parece de baja estatura a causa de lo ampuloso de sus formas, siempre radiante y vestida de color claro, se sabe que goza con la cópula diaria con su marido.

Se denomina virahini a la mujer delgada, que aparenta ser muy alta y prieta, de miembros y cuerpo lánguidos, faltos de energía, por efecto de la involuntaria castidad, pues sufre una larga separación de su esposo y de la falta de abrazos y deleites conyugales.

La mujer que come por dos hombres, que se muestra cuatro veces más audaz y malvada, seis más resuelta y

87. Antiguamente se tenía al asno por un animal noble. Los semitas, por ejemplo, no consideraban una ofensa que se les comparase a él. Fueron los caucásicos los primeros en domesticarlo, cosa que escandalizó a sus enemigos, y esto se consideró como una vishvakarma, que se burlaba de la obra de los dioses.

obstinada y ocho más violenta en deseos carnales, apenas puede dominar su apetito de cópula, pese a la vergüenza natural en el sexo femenino.

Ahora señalaremos los signos que permiten a los hombres sabios e iniciados conocer el estado de amorosidad latente en la mujer:

Se frota y alisa mucho el cabello, para tener mejor aspecto; se rasca la cabeza, para que el hombre se fije en ella; se pasa la mano por las mejillas, para atraer a su esposo; se ajusta el vestido en el pecho, aparentemente para ponerlo en orden, pero, en realidad, deja parcialmente descubiertos los senos, se muerde y chupa el labio inferior.

Suele estar avergonzada, sin motivo alguno, como consecuencia de sus ardientes fantasías, y se sienta en silencio en un rincón, absorta en sus pensamientos libidinosos.

Abraza a sus amigas, se ríe escandalosamente y pronuncia dulces palabras, cuenta chistes y remeda gestos cómicos, buscando otros parecidos en su interlocutor.

Sonríe a medias, anda de manera pausada y cadenciosa y se despereza voluptuosamente, sin motivo visible y con cualquier excusa. Con frecuencia se mira los hombros y las axilas. Habla de manera vacilante, no clara y precisa.

Suspira y come sin razón visible y bosteza siempre que desea comer o dormir.

Es capaz incluso de arrojarse a los pies de su marido y de resistirse con tenacidad a separarse de él.

Las que ahora siguen son las ocho señales de indiferencia que se puede advertir en la mujer:

Cuando la pasión carnal comienza a atenuarse, jamás mira de frente a su esposo. Si le pregunta algo, contesta de mala gana. Cuando el hombre se le acerca, mostrándose dichoso, ella simula pena y enfado. Cuando se aparta de ella, muestra enseguida síntomas de satisfacción. Al acostarse, evita ternezas amatorias y se vuelve para dormirse. Si el esposo juega con ella o, simplemente, la besa, le esquiva la cara y el cuerpo, Cobra mala voluntad a los amigos del marido y no tiene respeto ni reverencia por la familia de éste.

Al hacerse patente tales signos, está bien claro que la esposa carece por completo de deseos conyugales.

Ahora señalaremos las causas principales de que la mujer se desvíe del camino recto y se decida a andar en malas compañías y con personas de conducta viciosa:

1.   Quedarse, ya crecida, en la casa de su madre en lugar de ir a vivir a la de los padres de su esposo.

2.   Mostrarse en compañía de mujeres de mal vivir.

3.   Una prolongada ausencia del marido.

4.   Vivir en sociedad y compañía de hombres viles y licenciosos.

5.   La pobreza, falta de alimentos y de ropas adecuadas.

6.   Sufrimientos mentales, depresión de ánimo o infelicidad.

Las quince que se indican son las causas principales que hacen desgraciadas o infelices a las mujeres:

1.   La lentitud de los padres y esposos, pues las jóvenes son, en general, impulsivas.

2.   Percibir demasiadas muestras de respeto o de reverencia. Asimismo, la sensación de temor hacia aquellos con quienes debería tener mayor familiaridad.

3.   Enfermedades serias o graves, sobre todo cuando se prolongan mucho.

4.   Separación del marido y falta de goce natural.

5.   Exceso de trabajo.

6.   Violencia, crueldad y poca humanidad, tales como palizas o castigos severos.

7.   Lenguaje grosero y vulgar, insultos que no se merecen.

8.   La sospecha de que siente una inclinación natural hacia el mal.

9.   Amenazas de castigo en caso de emprender el camino equivocado.

10.   Calumnias.

11.   Falta de pulcritud en la persona o en el vestido.

12.   Pobreza.

13.   Dolor y pena.

14.   Impotencia del marido.

15.   El no tener en cuenta el lugar y el tiempo apropiados para el acto de amar.

Los doce períodos siguientes son aquellos en que la mujer siente el máximo deseo de que la amen y, al mismo tiempo, cuando más fácilmente se la satisface:

1.   Cuando está cansada por el excesivo ejercicio físico, por ejemplo, caminar durante un largo rato.

2.   Tras una falta de contacto sexual con el marido, tal como en el caso de virahiní.

3.   Un mes después del parto.

4.   Durante las primeras etapas del embarazo.

5.   Cuando se siente perezosa o hastiada.

6.   Cuando ha superado la fiebre.

7.   Cuando da muestras de bochorno o de lujuria.

8.   Cuando se siente feliz y dichosa en extremo.

9.   La ritusnatá, inmediatamente antes y después del período mensual.[88]

10.   Las doncellas, a las que se ama por primera vez.

11.   Durante la estación primaveral.

12.   Durante el trueno, el rayo, el relámpago y la lluvia. En estas ocasiones, las mujeres ceden fácilmente a las solicitaciones del hombre.

Interesa saber que hay cuatro clases de prití, o lazo de amor, que ata al hombre a la mujer:

88.   La ritusnatá es la mujer que, en el cuarto día, se ha bañado y, por tanto, está purificada.

1. Naisagargikí-prití, es el afecto natural por medio del cual marido y mujer se enlazan el uno a la otra, cual los eslabones de una cadena. Es una amistad entre lo bueno y noble de los sexos.

2. Vishaya-prití es el cariño que nace y aumenta en la mujer por medio de regalos, tales como dulces, confituras, perfumes, flores y preparados de madera de sándalo, azafrán, etc. Tiene parte de glotonería, de sensualidad y de afán de lujo.

3. Sama-prití es, asimismo, de orden sensual, puesto que surge de los deseos por un igual urgentes del esposo y de la esposa.

4. Abhyásiki-prití es el amor habitual que surge en la vida social. Se ilustra y manifiesta durante los paseos conjuntos por los campos, jardines y lugares parecidos, por la asistencia a los lugares de oración y otros actos y ritos religiosos, por los juegos, danzas, reuniones y asambleas, donde se practican la música y otras artes parecidas.

Notemos, también, que los deseos de la mujer, por ser más fríos[89] y más lentos en despertar que los del hombre, generalmente no se satisfacen con una sola cópula.

De tener niveles más bajos de excitación, exigen prolongados abrazos y, de negárselos, se sienten agraviadas.

Sin embargo, en el segundo acto sexual, sus pasiones, ya estimuladas, encuentran el orgasmo más violento y entonces se sienten totalmente satisfechas.

Tal estado de cosas se presenta de un modo opuesto en el hombre que se lanza al primer acto sexual ardiendo en deseos, que se enfrían durante la segunda cópula y lo dejan lánguido y no muy inclinado a practicar una tercera.

89. Tal es el punto de vista hindú. Los musulmanes, por el contrario, consideran que los deseos de la mujer son diez veces más fuertes que los del hombre. Por lo visto, el ardor de la pasión no depende de sexos sino de climas. En los secos, el hombre es más apasionado y la mujer en los húmedos, cálidos y depresivos.

Sin embargo, los sabios y experimentados no dudarían nunca de que los deseos de la mujer, cuando es joven, saludable y fuerte, son tan reales, vivos y urgentes como los del hombre.

Las costumbres de la sociedad y la vergüenza del sexo pueden obligarla a ocultarlos y aun a presumir de que no existen. No obstante, el hombre que ha estudiado el arte de amar no se deja engañar nunca por estas pretensiones.

Ahora, resulta necesaria una descripción del yoni, que es de cuatro clases:

1. El mejor y más dulce es el que es muy suave por dentro, igual que los filamentos de la flor del loto.
2. Aquel cuya superficie está constelada de tiernas carnosidades y de elevaciones similares.
3. El que abunda en arrugas, corrugaciones y rolletes.
4. El peor es el que tiene aspecto de lengua de vaca.

En el yoni existe una arteria llamada saspanda, que corresponde a una parecida que hay en la linga, la cual, cuando se excita por la presencia y acción enérgica de ésta, hace que fluya el kama-salila.

Situada dentro y hacia el ombligo, adherida a ciertas asperezas (espinas) muy sensibles para inducir al paroxismo cuando se las frota.

El mandanachatra,[90] en la parte superior del yoni, sobresale como planta que brota del suelo. Está unido a la madavahi (arteria que hace fluir el esperma). Por último, hay una arteria llamada purna-chandra, que está llena de kama-salila y a esto atribuían los sabios de la Antigüedad la «enfermedad» mensual.

90.   Los hindúes, igual que los antiguos europeos, creían que eran iguales los kama-salila del hombre y de la mujer. Las diferencias sólo se consiguieron averiguar con el microscopio.

V

ACERCA DE LAS CARACTERÍSTICAS DE LAS MUJERES DE DISTINTAS REGIONES

Tras clasificar a las mujeres en diferentes clases, será más que conveniente considerarlas respecto a los países en que viven.

Las observaciones se limitarán al Arya-varttá, la Tierra de los Hombres, rodeada por el Himalaya (Casa de la nieve) y las montañas Vindhya, el Kuru-Kshetra y el Allanhabad.

Primero hablaremos de la mujer del Madhya-desha, el país entre el Konkan y el Desha propiamente dicho, cuyas principales ciudades son Puna, Nasik y Kolhapur.

La mujer de la Región del Medio tiene las uñas rojas, pero su cuerpo es aún más rojo. Viste bien, con diversidad de ropas. Es una perfecta ama de casa habituada a las labores domésticas y de toda índole y muy dada a las prácticas religiosas. Aunque muy aficionada a los juegos amatorios, en los que es experta, siente gran aversión por el uso de las uñas y de los dientes (arañar y morder).

La maru (Malwa) gusta de que la gocen a diario y es el tipo ideal para aquellos hombres que disfrutan con una cópula extremadamente larga. Sólo se la satisface mediante prolongados abrazos, cuando ansía y desea con angustia y, con frecuencia, se le ha de provocar el paroxismo por medio de toques y de caricias con los dedos.

En Mathra, país de Krisna, conocido también por Abhiradeshra, la Tierra de los Pastores, la mujer se siente fascinada de una manera extraordinaria por los besos. Se deleita con los abrazos más estrechos y apretados, pero nunca llega a complacerse con los juegos de uñas y dientes.

Láta-desha (el Lar o Larice de los clásicos), la parte norte del Deccán, cuenta con un tipo de mujer delicada y hermosa que siente gran júbilo ante la perspectiva de la cópula y, durante el acto, sus movimientos de placer son, frecuentemente, muy continuados y violentos. Pronta en las caricias, se la puede conducir muy rápidamente al orgasmo con la introducción suave de la linga mediante caricias manuales o mordiéndole los labios.

Tan fascinante es la mujer de Andhra-desha (Telangana) que encanta a los extranjeros en cuanto la ven. De voz dulce y bello cuerpo, se divierte con los chistes y las conversaciones pícaras y brillantes, carece por completo de vergüenza y constituye uno de los tipos más interesantes del sexo femenino.

Excesivamente pícara en el acto sexual, la mujer de Koshalaráshtra-desha (Audh) sufre demasiado de picazones y de ardores en el yoni y por ello le agradan las uniones prolongadas, que sólo la satisfacen cuando la linga tiene inusitado vigor.

La mujer de Maháráshtra (el país Maratha) y de Pátalaputadesha, muy aficionada a lanzar miradas amorosas de reojo, siente gran atracción por los vestidos y adornos lujosos y le agradan mucho los viajes y excursiones campestres.

Siempre sonríe, con ligereza y coquetería, es muy afectuosa, carente de pesares y experta en toda clase de juegos amorosos.

Coqueta y voluble, la mujer de Vanga (Bengala) y de

Gaura tiene el cuerpo suave y delicado como una flor, se deleita con besos y caricias, pero detesta que la traten con aspereza o crueldad y no siente gran afición por la cópula.

Nada más verla, los hombres se sienten atraídos por la mujer de Utkala-desha, tan hermosa es. De voz suave y cuerpo delicado, es ligera de costumbres y licenciosa, y se preocupa muy poco del recato y del decoro en sus relaciones amorosas, en las que se vuelve violenta, inquieta y ardiente en demasía. Encuentra sumo placer en ensayar distintas posturas para cambiar el goce, en especial cuando el amante se coloca debajo de la amada y se satisface con algo tan sencillo como tocarle los senos con las puntas de los dedos.

En Kámarupa-desha (Assam Occidental) la mujer tiene un cuerpo muy suave y la voz sumamente dulce. De cálidas caricias, es muy hábil en las artes amatorias. Durante la cópula destila abundante kama-salila.

La vana-strí o mujer del bosque (que pertenece a las tribus montañosas, como la de Bhills y otras) tiene cuerpo y constitución muy saludables. Sienten gran placer en ridiculizar y poner de manifiesto los defectos de otros, mientras oculta los suyos.

Inteligente y razonable, la mujer de Gurjara-desha (Gujrát o Guzerat), tiene hermosas facciones y ojos correctamente proporcionados. Le complacen los vestidos y adornos bellos y, si bien ardiente y aficionada a los placeres del amor, se satisface con una breve cópula.

Sindhu-desha (Sind), Avanti-desha (Punjab o Ujín), y Balhíka-desha (Baháwabpur) son países en que la mujer tiene ojos vivaces, que lanzan miradas torvas y amorosas; voluble, irritable y perversa, la violencia y el fuego de sus deseos resultan muy difíciles de calmar.

La mujer de Tirotpatna (o Tiral-desha, Tirhoot, en la India Central) tiene ojos fragantes como las flores del lago, ama a su esposo con ternura y su pasión se enciende con una simple mirada. Muy experta en la cópula, disfruta de varios modos y posturas y, por su delicadeza, no resiste las caricias toscas, bruscas y prolongadas.

Aunque muy experta en juegos amatorios, la mujer de Pushpapura, de Madda-desha (la parte noroccidental de la India) y de Tailangadesha (India Meridional), es modesta y sólo copula con su marido. Su forma de pasión es la chandavega y su ternura excesiva. Comunica el deleite por medio del nakhara, arañando, mordiendo y por medio de otras expresiones de ardor.

En Dravia-desha (el país de Coromandel, desde Madrás al cabo Comorín), Sauvira y Malayadsha (Malayin) la mujer es de cuerpo bien proporcionado, de miembros suaves y formas delicadas, así como de dulce voz. Se deleita con las ropas limpias y los vestidos elegantes; la satisface una breve cópula, aunque no tiene ni temor ni vergüenza, y resulta propensa a la maldad.

Robusta y gruesa de cuerpo, la mujer de Kamboj (Camboya) y Paundra-desha es alta, así como malintencionada. Ignora los refinamientos de las caricias con las uñas y los dientes y sólo la satisface la introducción de una robusta linga.

Las mlenchchhas (razas mezcladas que no hablan sánscrito como los hindúes), de Parvata, de Gandhara y de Káshmir (Cachemira) sus mujeres se distinguen por el mal sabor de su cuerpo. Ninguna de ellas conoce las delicadezas de los juegos amatorios, de los besos y de los abrazos, no les interesa en exceso la cópula y se satisfacen con caricias breves.

Únicamente a través del estudio y experiencia de las mujeres de diversos países, el hombre sabio y prudente aprende a clasificarlas según sus características, a discernir los chandrakalas o toques y caricias preliminares que mejor satisfacen a las diversas razas, así como a las personas y, de esta manera, se hace querer y respetar de las mujeres.

VI

ACERCA DE LAS MEDICINAS ÚTILES O PRAYOGAS (aplicaciones externas), PRESCRIPCIONES, RECETAS, REMEDIOS, COSMÉTICOS, AMULETOS, UNGÜENTOS, MAGIAS Y ENCANTAMIENTOS

Las que siguen, son las drogas, recetas y prescripciones más útiles que nos han transmitido los sabios y hombres expertos a través de los siglos, para alivio de los casados y beneficio de la Humanidad en general.

Son muy numerosos los ignorantes, cuyo torpe entendimiento y escasa inteligencia les impiden penetrar en las delicadas sutilezas de las clases, los temperamentos, los chandrakalas y otros estímulos, y lo más aconsejable es que se coloquen bajo la guía de los expertos y sabios.

Estas páginas se han escrito para su placer, beneficio y utilidad.

Resulta, por ejemplo, evidente que a menos de que el orgasmo de la mujer preceda al del hombre gracias a algún artificio, por ser ésta de sangre más fría y menos excitable que el otro sexo, la cópula habrá sido en vano, el empeño varonil baldío y la mujer no habrá experimentado placer alguno.

De ahí resulta que uno de los principales deberes del hombre en esta vida es el de aprender a diferir su propio orgasmo tanto como le sea posible y, al mismo tiempo, acelerar el de su compañera.

Primer prayoga (aplicación externa)[91]

Tómese shopa o anís (sanv en hindú), anethumsowa o Pimpinella anisium, reducida a polvo impalpable, cuélese y hágase un electuario con miel. Se aplica a la linga antes de la cópula, de manera que penetre en el yoni lo más adentro posible. Inducirá a la mujer al paroxismo sexual y la someterá al poder del hombre.

Segundo prayoga

Las semillas del rui (cosmópida gigante, asclepias o callotropis gigantea), se muelen, pulverizan y frotan en el mortero con hojas de árbol de jai (Jasminum auriculatum, jazmines grandes y dobles) hasta que se les haya extraído bien el jugo y aplíquese la preparación de la misma forma que el anterior.

Tercer prayoga

Pulverícese en un mortero, la fruta de tamarindo (Tamarinda Indica) con miel y sindura (plomo rojo o sulfato rojo de mercurio) y aplíquese de igual forma que los dos anteriores.

Cuarto prayoga

Se mezclan a partes iguales (sama-bhaga) alcanfor, tankan (tinkal, o bórax en bruto, vulgarmente conocido

91.   En las siguientes recetas no se indican proporciones. Se calcula que, para las aplicaciones externas, la cantidad correcta es la cuarta parte de un tola, a menos de que se indique lo contrario. Las de uso interno requieren un tola completo.

por tanda-khar) y azogue purificado,[92] y se le añade miel. Se utiliza en la forma acostumbrada.

Quinto prayoga

Miel, ghi (mantequilla derretida o clarificada), bórax en bruto, según se indica en el anterior, y jugo de las hojas del árbol del agasta (Eschynomene grandiflora), se mezclan a partes iguales, se pulverizan y aplican como antes.

Sexto prayoga

En la acostumbrada proporción de partes iguales, se mezclan gur viejo (también llamado pagri, melaza o guarapo, depurado por ebullición), semilla de tamarindo y polvo de anís. Pulverícese bien y aplíquese como antes.

Séptimo prayoga

Unos granos de pimienta negra, semilla de manzana (Dnatura o dhotara, datura stramonium) vaina de la planta de la pimienta larga (pinpalli, el Piper longum, que también se aplica a las vainas de la pimienta de betel) y corteza de lodhora, morinda citrofolia, utilizada en tintes, se maceran en miel blanca con la que se obtiene una medicina de soberana virtud, que se emplea en la forma tan repetida en los prayogas precedentes.

Terminan aquí las recetas para acelerar el paroxismo de la mujer y comienzan aquellas que retrasan el orgasmo del hombre.

Cuando éste se produce muy deprisa, el deseo de la cópula queda insatisfecho. En consecuencia, y compadecidos de la debilidad humana, se han recomendado las siguientes recetas, elaboradas por los sabios:

92.   Hay que advertir al lector, por si deseara probarla, acerca de esta receta, como todas las que contienen mercurio.

Primer prayoga

Tómese la raíz de la lajijjalu o planta sensitiva (mimosa pudica), pulverícese y rocíese con leche de vaca o, en caso de no encontrarla, con el grueso jugo de la panja-dhari nivarung o planta de leche de bordes finos (euphorbia pentagonia). Si el hombre se lo aplica a las plantas del pie antes de la cópula sus abrazos y sus caricias se prolongarán extraordinariamente a causa de la retención del agua vital.[93]

Segundo prayoga

Se rocía bien con aceite de la semilla la raíz pulverizada del rui (raíz de la cosmópida gigante), del azafrán (kardai carthamus inctorius) y se aplica tal como se indica en el anterior.

Tercer prayoga

Partes iguales de corteza de sishu (dalbergia Sissoo), alcanfor y azogue purificado, rociadas como en el prayoga anterior, se aplican al ombligo del hombre.

Cuarto prayoga

La raíz del kang o pánico blanco (P. italicum) y los filamentos de flores de loto, rociados con miel, surten iguales efectos.

---

93. En la medicina árabe a este proceso se le denomina *imsak*, que significa sujeción. Casi todas las obras de la farmacopea oriental tratan sólo de los afrodisíacos y el resto a conseguir, como en este caso, el orgasmo retardado. De ahí, que las mujeres hindúes desdeñen a los europeos que no conocen esta práctica.

Quinto prayoga

Si las semillas de la tál-makhána blanca (berleria longifolia, hierba medicinal) se colocan sobre la pushya-nakshatra u octava mansión lunar[94] y se atan en torno a la cintura con una vuelta de hilo rojo, surtirán los efectos deseados.

Sexto prayoga

Después de orar el sábado, se mantendrá en la boca la saptaparna (echides scholaris o escolaris de siete hojas) durante el domingo. Enseguida se comprobará su eficacia.

Séptimo prayoga

Se recogen las semillas de la anvalli blanca, en el ûs-hyanakshatra, siempre que éste caiga en festivo, y se atan alrededor de la cintura con hebras tejidas por una virgen. Los resultados son convincentes.

Octavo prayoga

Se coloca en la boca la semilla de la tál-mákhána rociada con la savia del banyan (ficus indica), mezclada con las semillas del karanj (galedupa arborea). A los pocos instantes se nota su benefactora influencia.

Explicadas las recetas para retrasar o prolongar el orgasmo del hombre, comienzan las vajikarana[95] descubiertos por los Acharyas de la Antigüedad, destinados a restaurar la fuerza y el vigor físicos.

94.   Corresponde a parte de diciembre y enero.
95.   Vaji es un caballo y se da el nombre de vajikaranas a la excitación del deseo sexual obtenida con la aplicación de amuletos, encantamientos, etcétera.

Es evidente que las anteriores recetas no iban a resultar de utilidad alguna al impotente o a una persona muy débil. En consecuencia, resulta importante conocer los remedios que consuelan el corazón, excitan el deseo, y, al mismo tiempo, le otorgan el poder de satisfacerlos.[96]

Primer vajikarana

Una vez se ha expuesto al sol el jugo del bhuyako-hali (el solarum Jacquini, planta espinosa), hasta que queda seco, se mezcla con mantequilla clarificada y dulce de azúcar. Esa receta proporciona la fuerza de diez hombres y permite que uno solo conquiste diez mujeres.

Segundo vajikarana

Se extrae la savia de la corteza del anvalli (nuez astringente, phyllanthus emblica), se expone al sol hasta que se seque, se mezcla con polvo del mismo árbol y, antes de la cópula, se comerá este polvo con mantequilla diluida, dulce de azúcar y miel. Los resultados serán maravillosos, pues un viejo actuará con la potencia de sus años jóvenes.

Tercer vajikarana

La ingestión del polvo del kuili (picazón de vaca o dolichos pruriens) del kanta-gokhry (coltrops, el tribulus lauginosus) del kakri, o pepino, de la bhikana (hedysarum lagopodiodes), de la lechí y de la laghushatavari (asparagus racemusus), mezclado todo a partes iguales

<hr />

96.   Casi todos los tratados orientales dividen los afrodisíacos en dos clases: los mecánicos o externos, tales como las escarificaciones, la flagelación; y los medicinales o artificiales.

con leche, otorgará sin demora al paciente el vigor y las carnes perdidas.

Cuarto vajikarana

Se remojan los granos de la urid (el de sobra conocido phaseolus radiata o P. Mungo) en leche y azúcar, y se exponen durante tres días al sol. Se pulverizan para formar una torta que se fríe con mantequilla clarificada. El paciente que coma de ella todas las mañanas aunque esté cargado de años, ganará un gran vigor y podrá disfrutar de cien mujeres.

Quinto vajikarana

Se mezclan en un mortero diez mashas[97] de la corteza interior del árbol de moh (bassia latifolia), cuyas flores dan un bien conocido licor espirituoso. El licor del hombre que los coma y tome, enseguida, leche de vaca, quedará aumentado y esplendoroso.

Sexto vajikarana

Por cada diez mashas de semillas de tál-mákhána blanco y del devabhat (arroz silvestre que crece cerca de los pantanos y ciénagas), se mezcla una cantidad igual de miel. Se toma de noche y su efecto es tan sorprendente que el mismo paciente queda maravillado.

Séptimo vajikarana

Mézclense partes iguales del jugo del kante-shevati (rosa gandulíjera), extraído de las hojas, y mantequilla clarificada. Se hierve con diez partes de leche, azúcar y

97. Equivale a 150 gramos.

miel. Si se toma con frecuencia, se conseguirá una gran fortaleza de espaldas.

Octavo vajikarana

La loha-bhasma (una preparación de óxido de hierro) y el polvo de triphalá[98] se mezclan con mantequilla clarificada y miel. Se ha de tomar diariamente a la puesta del sol. El resultado será alcanzar la salacidad del gorrión, pajarillo que disfruta de la hembra diez y hasta veinte veces seguidas.

Todos los anteriores remedios son los que consuelan el corazón y excitan los deseos.

Sin embargo, cuando la linga es floja o pequeña, resulta incapaz de satisfacer el yoni de la esposa y de inducirla a amar y respetar al esposo. En consecuencia, es imprescindible ofrecer recetas para aumentar el volumen y tamaño del miembro, haciéndolo sano y fuerte, duro y efectivo.

Primer prayoga

Con partes iguales de chikana (hedysarum lagopodioides) lechi, kosht (costus specicosus o Arabicus), vekhand (raíz de lirio), gajapimpali (photosofficialis), ashhand (physalis flexuosa) en varillas y de raíz de kanher (adelfa nerium odorum) se forma una maceración que se rocía con mantequilla. Aplicada a la linga, tras dos ghari,[99] ésta adquirirá proporciones equinas.

98.   Literalmente, los tres mirobálanos, terminalia chebula, el mirobálano belérico o terminalia belerica y mirobálano embílico o phyllanthus embilica.

99.   Dos ghari son 48 minutos. Los chinos tienen un procedimiento muy similar a éste, que consiste en una píldora muy pequeña de color de ruibarbo, encerrada en una cápsula de cera. Según se ha comprobado, es de material vegetal. Disuelta en agua tibia y aplicada a las partes, aumenta mucho el tamaño del pene, por la anormal inducción de sangre. En estas condiciones el coito produce una intensa irritación.

Segundo prayoga

Rakta-bol en polvo (mirra, así llamada porque aumenta la sangre),[100] manashil (sulfuro rojo de arsénico), arabicus Costos, anisete[101] y bórax, a partes iguales se trabajan con aceite de sésamo oriental. Con él se unge el miembro y al instante se producirá la erección deseada.

Tercer prayoga

Macérense, mezclándolo con miel, partes iguales de saindhava (sal de roca), pimienta, costos, raíz de ringami (nocturna picante), filamentos de aghara (achyranthes aspera), askhand (physalisflexuosa), cebada, de urid (phaseus mungo) pimienta larga, shiras blanca (una especie de mostaza) y de til (sésamo). Se aplica al borde exterior de la oreja. Y este medicamento produce un desarrollo enorme. Si se trata de una mujer, hará que los senos aumenten de tamaño.

Cuarto prayoga

Se toman bibvá o nueces de marcar (semicarpus anacardium), sal negra[102] y hojas de flor de loto. Se reduce todo a cenizas y se humedece con el jugo de la nocturna picante (solanum jacquini). Úntese la linga con excremento del mahishi o búfalo hembra y aplíquense las cenizas. Al instante aumentará de tamaño y se hará

100. La mirra, elemento ignorado por la cultura occidental, aparece en las farmacopeas árabe e hindú, como una especie de cura-lotodo.

101. Otros dicen karvi-dorki, la fruta del cucumi acutangulos o sultatus.

102. La sal negra se hace mezclando el artículo fósil en agua con los mirobálamos embelicos. Es un tónico bien conocido que también se utiliza como aperitivo.

tan fuerte como el mazo de madera que se utiliza para macerar el arroz. Esta receta es la que se considera como más eficaz.

Quinto prayoga

La corteza de lodra, hirakas (vitriolo verde o sulfato de hierro), gajapimpilí (pothos officialis) y chikana (hedysarum Lagopodioides) se mezclan con til o aceite de sésamo. Se aplica a la linga, que aumentará de tamaño y volumen. En la mujer se conseguirá el mismo efecto en los labios mayores y menores.

Sexto prayoga

Mézclense la fruta de dorli (solanummacrorrhizon), nueces de marcar y cáscara de granada con aceite amargo (de la mostaza, sinapis dichotoma, empleados principalmente, para quemar) y aplíquese al miembro, que aumentará mucho de tamaño.

Pero no basta con las recetas anunciadas para aumentar el largo y el ancho de la linga; por eso los que siguen tienen por objeto estrechar y cerrar el yoni.

Conforme la mujer entra en años, especialmente después de los partos, hay cierta dilatación en el yoni, a lo que siguen la blandura y flaccidez del mismo.

En consecuencia, es menester dar recetas y prescripciones para que vuelva a su estado primitivo de firmeza y estrechez, con lo que aumenta el goce del marido, especialmente si éste se encuentra en la flor de la edad.

Primera prescripción

Del loto, tanto el tallo como la flor, se maceran en leche, y con esta masa se forman bolitas que se colocarán dentro del yoni. Con ello se conseguirá que, incluso la mujer de cincuenta años, sea igual que una virgen.

Segunda prescripción

Se maceran un pedazo de corteza de abeto (pinus deodaru) con turmerico y con los filamentos de la flor de loto. Se aplica interiormente y el resultado será una gran contracción y estrechamiento de los tejidos.

Tercera prescripción

Se aplica dentro y fuera del yoni la semilla macerada del tál-makhána con el jugo de la misma semilla. El efecto será un endurecimiento instantáneo.

Cuarta prescripción

Partes iguales de triphala[103] de la flor de dhavati (grislea tormentosa) y del cuerpo interno del jambhuli (árbol de la manzana rosa) y del árbol del sánvarí (árbol de algodón-seda, bombax heptaphylium), se maceran con miel. Se aplica dentro del yoni y el efecto será que éste semeje el de una soltera.

Quinta prescripción

Para eliminar al instante la sensación de vacío que siente la mujer después del parto se deberá aplicar dentro del yoni la maceración de las semillas del karu-bhonpali (pompión blanco amargo o calabaza) y la corteza del árbol de lodhra.

---

103.   Los tres mirobálanos antes especificados.

Sexta prescripción

Si todos los días se aplica interiormente una maceración en agua, de partes iguales de capullos de askhand, chikana, onva, cedodario, loto azul y vala o khaskhas, la hierba cuyas raíces se utilizan como encajes, se logrará una contracción o estrechamiento muy conveniente.

Séptima prescripción

La sal que se obtiene de la ebullición de la corteza del árbol de moh (oassia latifolia), se mezcla con miel y se aplica diariamente como una pastilla, en el yoni, de modo que llene toda la cavidad. El resultado será sorprendente y muy eficaz.[104]

Concluidas ya las recetas para contraer y fortalecer el yoni, aunque esa parte requiere un tratamiento ulterior y para ello se añaden unas cuantas recetas.

El resultado será suprimir algunos inconvenientes, y sustituirlos por indudables ventajas.

Primero se estudiará el modo de perfumar el yoni, para lo cual se ofrecen dos medios.[105]

Primera receta

Con el aceite de shiras y el extracto del jai o flor de jazmín, calentados a fuego lento se forma un bálsamo que se aplica internamente a diario. Ni antes ni después de la cópula se percibirá olor desagradable alguno.

104. Este proceso de contracción en la India lo emplean habitualmente todas las clases sociales. Los europeos, que prácticamente sólo trataban con prostitutas, imaginaron que se realizaba por medio del chunam o cal viva, lo que es un error. Se conseguía por medio de una infusión de corteza astringente, reforzada a veces con alumbre.

105. Entre las tribus primitivas africanas se realiza el mismo proceso por medio de la fumigación con resinas olorosas, que arrojan a un fuego sobre el que se ha colocado el paciente.

Segunda receta

El mismo resultado se obtiene si se extrae el aceite de un pedazo de pino, shegwa o rábano picante, corteza de granado, corteza del árbol nim amargo (la lila persa, el árbol de calover melia azadiracht) y de las flores de la champaca amarilla, y se mezcla con aceite de sésamo, que se aplica en el interior.

Las tres recetas siguientes son muy útiles para la definitiva depilación del vello corpóreo.[106]

Primera receta

Dilúyase óxido de plomo pulverizado en aceite amargo, expóngase al sol durante siete días y aplíquese a la casa de smara.[107] Desaparecerá todo el vello indeseable.

Segunda receta

Se expone al sol durante siete días el polvo de concha marina[108] diluido en jugo de plátano (musa paradisiaco y sapientum); se mezcla con un poco de harital[109] y se aplica al yoni con lo que desaparecerá todo el vello.

---

106.   En todo el Oriente el vello corpóreo está considerado como lo más impuro. Los hombres lo eliminan con la navaja y las mujeres mediante depilatorios. Incluso los salvajes de los trópicos recurren al mismo procedimiento, pues de lo contrario no se consideran limpios.

107.   En el manuscrito original, smaralaya, de smara, decuerdo.

108.   Según algunos, shnkhan bhasma es un óxido metálico. De interpretarse literalmente, suministraría cal para mezclarla con sulfuro amarillo de arsénico.

109.   Sulfuro de arsénico.

Tercera receta

Si el harital y las sombras de la madera del palasha (butea frondosa) se empapan bien en el jugo del árbol del banano y se aplican a las partes pilosas, no volverá a crecer jamás vello alguno.[110]

Cuando se suspende de modo violento el menstruo o flujo mensual, sea por accidente o por enfermedad, se producen grandes males; para eliminarlos se ofrecen los remedios siguientes:

Primer remedio

La mujer que sumerja en agua las hojas caídas del pingavi o karadkangoni (celastrus panicolata) y las flores del javad (flor del zapato) y se la tome, conseguirá la rápida aparición del flujo natural.

Segundo remedio

Para que le vuelva, que la mujer tome partes iguales de tandul,[111] durva (agrestis linearis) madera de pino, la pulverice y se la tome mezclada con agua.

Sin embargo, de considerarse necesario reducir la irregular aparición, o reducir la exagerada secreción del

110.   Los perfumistas de las ciudades civilizadas rehúsan con tenacidad recomendar un depilatorio. Es de todo punto comprensible que no resulta posible destruir el vello de manera definitiva sin llevar a cabo una operación molesta y dolorosa, como la realizan algunas tribus primitivas. Además, se ha de proceder con gran cuidado al aplicar depilatorios que contengan oropimente o sulfuro amarillo de arsénico, pues se trata de un veneno muy activo que puede llegar a la sangre a través de cortes o de heridas. También las proporciones de cal han de ser precisas y no tan vagas como se indica en el texto pues, en caso contrario, se quemaría la piel.

111.   Algunos indican que en vez del tandul, es decir, arroz, se trata de tandulja un vegetal comestible.

menstruo, los remedios que ahora se indican serán eficaces en extremo:

Primer remedio

Que la mujer tome partes iguales de hirada-dal (corteza del mirobálano quebúlico o amarillo), de corteza de nim amarga[112] y de anwalkathi (mirobálanos secos), que los mezcle con agua y lo tome durante seis días consecutivos, con lo que conseguirá el efecto deseado.

Segundo remedio

Le resultará muy eficaz si la mujer toma partes iguales del jugo de la fruta kapiya (manzana elefante o feroni) y de la chiva (mabú pequeña) mezclados con miel.

Las prescripciones que siguen resultan muy valiosas para quedar encinta, pero, ante todo, el campo o matriz se ha de purificar por medio de lo que sigue:

Prescripción[113]

Se mezcla óxido de hierro con oro calcinado y cobre y se transforma después en un electuario, añadiéndole miel. La mujer ha de comerlo desde el cuarto (tiempo del

112. Algunos le llaman rasawati. Es un colirio que se prepara hirviendo cenizas de latón y un octavo de daru-haldi, cúrcuma xanhtor rhizon y añadiendo a la cocción una parte de leche de cabra, para, luego, reducir la mezcla una cuarta parte, por medio de la evaporación.

113. Esta prescripción es resultado de la continua demanda de las mujeres de los harenes de los ricos y poderosos, donde los excesos sexuales y otros males que acompañan al despilfarro, convierten en una gran calamidad la falta de descendencia. Tener heredero es imprescindible a un rajá o a un emir, dispuestos siempre a pagar enormes sumas a los charlatanes y curanderos.

baño y de la purificación), hasta el sexto día después del menstruo y el campo quedará totalmente limpio.

Después, serán muy útiles las prescripciones que siguen:

Primera prescripción

El resultado de la primera cópula será clarísimo. Si la mujer come durante tres días seguidos después del cuarto día capullos pulverizados de naga-kessar (mesua ferro), con mantequilla clarificada a la vez que se abstiene de todo otro alimento, excepto dughdanu, es decir, que lo ha de tomar con leche.

Segunda prescripción

Al cuarto día la mujer tomará una cocción de askhand (physalis flexuosa) gulvel y resina laghu-ral.

Tercera prescripción

Ateniéndose también a la dieta de leche la mujer ha de tomar con miel la raíz del jatwand (flor de zapato) cortada por su marido durante el Pushya Nakshtra.

Cuarta prescripción

Se consigue la preñez deseada tomando durante tres días después del menstruo, la raíz del mahalug (limón), hervida en leche durante mucho rato y después untada de mantequilla clarificada.

Quinta prescripción

Ella misma macerará la raíz de chikana blanca, recogida durante el Pushya-Nakshatra y la mezclará con diez mashás de la misma raíz macerada, para después mezclarlo con una parte igual de raíz pulverizada de kicoriza y cuarenta mashás de azúcar-roca. Lo tomará tras la impureza mensual, con leche de una vaca qué haya parido un ternero de un solo color. El día en que se ingiera, no comerá nada más y, al siguiente, después de la cópula con el marido, que se ha de efectuar por la noche, se limitará a tomar arroz con leche.

Sexta prescripción

La mujer que tome, durante algún tiempo, partes iguales de jengibre seco pulverizado, pimienta, sombra nocturna picante (solanum Jacquinia) y capullus de casia, empapados en leche, concebirá y parirá un hijo, sin que importe el tiempo que haya sido estéril.

Aquí concluye la relación de las medicinas que provocan el embarazo.

Sin embargo, cuando la mujer ya está encinta, debe, asimismo, protegerse contra los abortos y otros accidentes.

Las recetas que siguen son excelentes para la futura madre:

Primera receta

Se protegerá de toda lesión o accidentes la mujer que tome leche de cabra mezclada con arcilla[114] fina de la que se adhiere a las manos del alfarero cuando éste se halla en plena labor.

114.   Resulta curioso comprobar que recientemente ha vuelto a emplearse la arcilla, tanto interna como externamente, para usos médicos. En muchos hospitales americanos la utilizan como protección y vendaje de las heridas.

Segunda receta

En caso de mala colocación del feto se aconseja comer durante siete días seguidos partes iguales de kicoriza en polvo, corteza de lodhara y mirobálanos emblicos secos, mezclados con leche. Es frecuente que se produzca el descenso de la matriz.

Tercera receta

Hiérvase en leche, mantequilla clarificada, miel y la raíz de la flor del loto rojo. Al cabo de un buen rato se retira el cocimiento del fuego y se deja enfriar. Ha de tomarse durante siete días consecutivos. Esta medicina impide el vómito, los deseos y las ansias normales, así como el viciado de los tres humores: la bilis, la sangre y la flema.

Todas las medicinas anteriores evitan el aborto y los accidentes durante el embarazo.

Ahora indicaremos las prescripciones que aseguran un parto fácil, sin complicaciones ni peligros.

Primera prescripción

La mujer que tome el electuario formado por partes iguales de limón en polvo y la corteza de la bassia latifolia, mantequilla clarificada y miel, tendrá un parto indoloro, rápido y sencillo.

Segunda prescripción

Para conseguir lo mismo que beba agua fría extraída del pozo el día anterior, mezclada con hollín de la chimenea.

Tercera prescripción

Se logra un parto feliz si se trae a casa un gunj o árbol chanoti[115] en sábado, y el domingo siguiente si le extrae la raíz que se atará con una hebra de hilo negro a la cabellera y la cintura de la mujer.

Cuarta prescripción

Un santón recitará sobre el agua un determinado mantra o salmo de encantamiento con cuyos misterios está familiarizado, agua que ha de beber la mujer.

Con ésa, terminan las medicinas que aseguran un parto fácil. Con frecuencia es deseable reducir o limitar el número de miembros de la familia, para lo cual resultan muy útiles las siguientes recetas:[116]

Primera prescripción

Para ello la mujer tomará, durante tres días consecutivos después del cuarto día o de la purificación, un brebaje de chitraka (plumbago zeylonica), hervido con agua de arroz.

Segunda prescripción

Nunca tendrá hijos la mujer que durante tres días consecutivos, después del cuarto día o de la purifica-

115.   El abrus precatorius, cuyas cuentas rojas y blancas son los quilates originales de los joyeros.
116.   En aquellos tiempos aunque no legales los abortivos eran frecuentes y populares en todo el territorio donde había mujeres dedicadas a esas prácticas. Casi nunca trabajan con instrumentos cortantes, sino con venenos y artes mágicas, con lo que las madres corrían el mismo peligro que los hijos.

ción, tome un brebaje de la planta kallambha (nauclea cadamba o prvifolia) con patas de mosca selvática.

Tercera prescripción

Se pulverizan veinte mashás de nuez de marcar (semicarpus anacardium), se hierve con dhun o con agua que haya quedado del lavado del arroz. La mujer que la tome durante siete días, en los que debe producirse el flujo menstrual, cuando éste concluya, quedará estéril definitivamente.

Las recetas que siguen serán muy útiles como cosméticos, sobre todo para dar mayor belleza al cabello:

Primera receta

Con flores de sésamo y un caltropo (tríbulos lanuginosus) entero, se forma una pasta mezclándolo con leche de vaca. Se aplica al cabello durante siete días, y por muy fino y quebradizo que fuese, se volverá grueso, firme y largo.

Segunda receta

Si se aplican al cabello semillas pulverizadas de croto (c. tiglium) y de sambhar o cuerno de alce, todo hervido con aceite de sésamo, éste se volverá tan negro como las alas del cuervo. Por muy débil, quebradizo y propenso a caerse que sea, recobrará su vigor y belleza originales.

Tercera receta

El medicamento formado por habas de gunj (abrus precatorius) finalmente pulverizadas, mezcladas con miel y úntese en el cabello. Si se aplica al cabello evitará o acabará con la enfermedad conocida por indra-lupta-roga, es decir, calvicie de la coronilla.[117]

Cuarta receta

Se conseguirá que el cabello renazca si se aplica a la cabeza marfil quemado diluido en agua.

Las prescripciones anteriores son para incrementar el grosor y belleza del cabello. Las que siguen sirven para darle un hermoso color negro:

Primera receta

El elixir más potente para teñir de negro el cabello se elabora con flores del árbol del mango, frutas de los tres mirobálanos, la corteza de arjuna-virksha (pentaptera arjuna) y la cáscara del arbusto pendure, todo bien molido y hervido en aceite de sésamo, que ahora llaman aceite de Nila-tel y aceite de índigo de color oscuro. Es tal su virtud que si el ala del hansa[118] se sumerge en él se vuelve oscura como la noche.

Segunda receta

Con polvo de la nuez persa, pimienta larga, hojas de índigo y sal de roca mezclados con puré dulce de trigo, se obtiene un tinte oscuro y brillante.

---

117. En la India existen unos mendicantes llamados jatawala, que dejan crecer su cabello hasta seis pies y se lo enrollan en la cabeza a modo de turbante.

118. Ganso blanco y salvaje.

Tercera receta

Si un hombre toma a diario durante todo un mes cuarenta mashás de aceite del árbol nim (melim)[119] el pelo le cambiará gradualmente de color, y se le volverá negro como el ala de la bhramara.[120]

Cuarta receta

Se volverá muy pronto negro el cabello si se le aplica gorochana,[121] macerada con semilla de sésamo blanco, katajangha (guisante conocido por «muslo de cuervo») y shatávari (asparagus racemosus).

Para aclarar y blanquear el cabello, los sabios indican la siguiente:

Prescripción

Se remoja el grano de sésamo con zumo de la vivarung (euphorbia pentagonia), si se pone a secar al sol, para después extraerle el aceite. En cualquier parte del cuerpo a la que se aplique esa mezcla, el cabello que allí crece se volverá blanco y brillante como el cristal.

Para renovar el cabello de la cabeza, aplíquese la siguiente:

119.   En Oriente, hay muchas prescripciones que se deben tomar por vía interna. Destinadas a cambiar el color de los cabellos. No obstante, la mayoría de la gente con cierta prudencia los evita.

120.   La abeja de la India, extremadamente peligrosa si hemos de juzgar por algunos relatos de Rudyard Kipling.

121.   Algunos lo han interpretado como goro-chan, sustancia que se encuentra en la cabeza de la vaca y que se utiliza en la confección de tintes y pinturas.

Receta

Una maceración de zumo de euforbia con pentagonia secada al sol, aplicada al cabello sirve para ese fin.

Ocurre a menudo que se producen erupciones, que dejan manchas o puntos negros en la cara, afeándola. Las prescripciones que siguen son muy útiles para aclarar la piel.

Primera

El acné que con frecuencia les sale en la cara a los jóvenes de ambos sexos desaparecerá enseguida si se aplican a la misma durante tres días consecutivos una mezcla bien macerada de vekhand, cuerno de alce y semilla de coriandro.

Segunda

La espina pulverizada del árbol de algodón-seda (bombax heptaphyllum), mezclada con leche da unos resultados que superan las mayores esperanzas de los hombres que se la aplican a la cara.

Tercera

Con lodhra, sal de roca, shiras blancas (mostaza) y vekhand, se forma con agua una pasta, con la que se frota la piel.

Las dos recetas que siguen logran que desaparezca el tinte negro de la epidermis, y le devuelven su antiguo tono claro:

Primera

Se aplica al cuerpo durante siete días seguidos el ungüento formado por semillas de sésamo, coriandro, shajajire (comino) con leche, así como semillas de Shiras, la piel tomará un aspecto claro y brillante como el de la Luna.

Segunda

Madera de sándalo, tetvi (la madera amarilla de la bignomia chelonoides), raíces bulbáceas de la hierba olorosa y dulce (cyperus juncisolius), dicoriza, tandulja (amaranthus oleraceus), tumérico y zedoaria, todo mezclado con el zumo de los bananos frescos o de los tallos de esa planta, constituye un bálsamo que se ha de aplicar al cuerpo durante siete días seguidos.

Siguen ahora dos recetas muy apropiadas para aumentar el tamaño de los senos de la mujer:

Primera

Se aplicarán a los senos brotes nuevos de askhand, vekhand, kosht, semilla de comino negro, raíz de oleander y clavos, macerados con agua y mantequilla, éstos se volverán firmes y erectos.

Segunda

Se consiguen idénticos resultados, si se aplican como en la receta anterior partes iguales de los gérmenes del badri (zizyphus), raíz de oleander, grasa de serpiente, kankol (Myrtus pimienta) y el corazón de madera de jahad, debidamente macerados y pulverizados.

Para levantar y endurecer los senos caídos y flácci-dos[122] son muy útiles estas recetas:

Primera

Por muy fláccidos que estén al iniciarse el tratamien-to dará resultado la aplicación a los senos de un coci-miento del zumo de la planta narvel (narwelia zeyloni-ca) con aceite de sésamo.

Segunda

Aunque se trate de una vieja, pronto se le harán re-dondos, firmes y hermosos los senos si se aplica el polvo de la cáscara de la granada hervido en aceite de mostaza.

Tercera

Se rocía con chikana tridhar (hojas de índigo), onva, mimosa, tumérico y zeodaria el zumo de rui (asclepias). Se hierve la mezcla en aceite de sésamo o mantequilla derretida de vaca, cuidando de que el contenido de la ja-rra no quede crudo ni hierva demasiado. Si se aplica este ungüento a la nariz de una mujer, los senos se le volve-rán erectos al momento. Es más, pues si se mezcla con agua en la que se haya lavado arroz, y se da a beber a una jovencita que no tenga más de dieciséis años, sus senos crecerán, se pondrán erectos y nunca van a marchitarse.

Ahora debe describirse el angarag[123] o ungüento que se aplica al cuerpo tras la ablución para inspirar amor de forma natural y espontánea.

---

122. Desde un principio, sorprendió a los europeos la firmeza, redondez y elevación de los senos de las mujeres hindúes. Cuanto más al Sur, más destaca ese fenómeno, aunque lo lógico fuera lo contrario.
123. En el original hindú las prescripciones que siguen figuran en el capítulo VII.

Pulverícense con el mayor cuidado posible madera de sándalo, vala (andropogon muricatum), lodhra y cáscaras de mango mezclándolo después con agua de harda, a la que se añade, mirobálanos amarillos o quebúlicos. Al aplicarse a la piel, le proporciona una fragancia encantadora.

A continuación, nueve recetas todas útiles para quitar el desagradable olor del sudor que ocasiona el calor solar y para evitar la secreción veraniega:

Primera

Hojas de nim y lodhra, mezcladas con cáscara de granada y corteza del satvani, se disuelven en agua de harda.

Segunda

Lo más apropiado para perfumar la axila, es una maceración de las semillas del tamarindo y del karanj (galedupa arbórea), con roxb (pongamia glabra), grati (bonducilla), grey y la raíz del árbol del bel, mezclada con agua de harda.

Tercera

Naga-keshar, madera de áloe, vala y madera de sándalo, macerada con la savia extraída de la corteza interior del jujube, constituyen un producto muy apropiado para combatir el sudor.

Cuarta

Suprime el sudor durante la canícula una maceración a partes iguales de las flores caídas del nogal (salvadora pérsica) y la fruta del jambalí (manzana rosa).

Quinta

Surtirá idéntico efecto que el anterior, hojas de nim, lodhra, raíz de loto y corteza de granado bien macerados.

Sexta

Este ungüento, formado por la maceración de los filamentos de las flores del árbol de shiras (mimosa shirisa), nagakesar, vala y lodhra, lo mismo puede aplicarse al cuerpo que comerse.

Relación de aceites y ungüentos de perfume agradable, para utilizar después del baño:

Primero

Las hojas de bel se empapan en aceite de sésamo y se exponen al sol hasta que se sequen. Se les añaden sucesivamente, bakul (mimusops elengi) mrava, mejorana dulce (origanum marjorana), flores de ashoka (jonesia asoca) y las flores de kevada (pendamusoderatissimus). Mézclese con aceite y consérvese a la sombra. Esta preparación tiene una exquisita fragancia, muy apreciada de los voluptuosos.

Segundo

Está constituido por semillas de cardamomo enano maceradas, Nágarmotha (hierba de olor dulce), nakna (ungis odoratus), sona-kevada (nadamnus odoratissimus), jatámánsi (nardo hindú) kachora (salvai bengalensis) y tamálpatra (laurus cassia).

Este medicamento para aplicarlo al cuerpo y al cabello en el momento del baño; produce un delicioso aroma.

Tercero

Anvalkathi, sona-kevada nagarmotha, vala, harada y jatámánsi mezcladas constituyen un perfume que cada vez que se aplica, dura quince días.

Cuarto

Con partes iguales de kapura (alcanfor), kunkuma-ger,[124] lodhra, lonban, vaka, nagar-motha y kalavala (variedad oscura de la andropogon muricatum) bien mezclados se consigue un rabioso ungüento.

Quinto

Un ungüento en extremo doloroso, se consigue macerando partes iguales de madera de sándalo, eladana (semilla de cardamomo), kachora, tamal patra, harada y las semillas o granos de la shegva, con nagar-motha y vala.

Sexto

Aplíquese al cuerpo un compuesto de tamal-patra, vala, madera de sándalo, kala-vala y krishna-grau (aqualaria ageqochum).

Séptimo

Kasturí (musgo), naga-keshar, shilaras,[125] vishesha-dhup,[126] ganeri-kapur (especie de alcanfor), nuez mos-

124.   Algunos han traducido esta palabra como kunku-mangar, azafrán.
125.   La benzoína u olíbano, que los místicos suponen que fluye de las piedras en las noches que muere una doncella.
126.   La savia de la boswellia serrata, especie de incienso.

cada y lobhán pulverizados se mezclan con el zumo de las hojas de betel. Este perfume es digno de un rajá y, por tanto, conveniente a todos los demás hombres.

Octavo

Se mezclan las siguientes drogas en las proporciones que se indican: una parte de nagar-motha, dos de costus, lebhán y kapur, cuatro partes de harada, cinco partes de shilaras y nueve de nakhlá (ungus odoratus). A este ungüento se le llama kasturi-dul (un trozo de musgo) y quizá sea el más indicado para un rajá.

Noveno

Macérense una parte de nakhlá, hardá, vekhand, nágar-mothá, jatimánsi, shopá y semillas de karanj, dos partes de sona-kevada y tres de alcanfor, musgo, nuez moscada y jatamansí. A este perfume se le llama sugandha-garbha. Estos ingredientes resultan difíciles de obtener, por lo que se trata de una receta sumamente cara y valiosa.

A éstas, se añaden otras prescripciones que confieren a la boca un aliento agradable y perfumado.

Primero

Háganse píldoras con la pasta formada por la maceración de kalmi-dalchini (canela fina), granos de cardamomo pulverizados, nakhla, sona-kevada y nuez moscada, que se comerán con hojas de betel.[127]

127.   Pan-supari, el plato favorito del Hindustán, compuesto de pan, la hoja de la pimienta de betel, con nuez supari hecha hebras, es decir, fruta de areca, sazonada con un poco de catechu, cardamomo y macis, añadiéndosele una pequeña cantidad de chuman (cáscara de lima en rajas), para darle mejor sabor.

Segundo

Se maceran y hacen píldoras con kesar (azafrán), kankol (myrtus pimenia) lobhán, nuez moscada y semillas de coriandro. Se toman en la misma forma que las anteriores.

Tercero

Durante quince días, por la mañana y por la noche, se tomará un polvo compuesto de ekangi-mura (mejorana), nagakesa y costus.

Cuarto

Para convertir el aliento en perfume de Pandanus odoratissimus, se mezclan quilates y costus pulverizado con miel. Se ha de tomar este preparado durante quince días, por la mañana y por la noche.

Quinto

La mejor prescripción para purificar el aliento después de comer. Se consigue macerando las cenizas de la apamarga-vriksh (acepranthes aspera) en zumo de hojas de mango. Se pone a secar al sol y todas las mañanas se toma un poco de la mezcla junto con nueces de area y hojas de betel.

VII

ACERCA DEL VASHÍKARANA

El vashíkarana es el arte del que se sirve quien desea saciar a un hombre o una mujer, sometiéndolos totalmente a su voluntad; para lograr sus propósitos, recurre a ciertas drogas o encantamientos.

Primera prescripción

El santo y sabio Vatsyáyána Muni ha dicho que todo aquel que mezcle el polvo de la sensitiva, raíz de las flores del loto verde, la Bassia latifolia, y la flor de la cebada con su propio kama-salila,[128] y después se lo aplique en forma de marca sectaria sobre la frente, dominará el mundo femenino y toda mujer que le mire de frente no podrá evitar sentir por él los más ardientes deseos.

128.   Ésta constituye una marca sectaria, del tamaño aproximado de una oblea, que los hindúes se colocan en la frente tras practicar varios ritos. Es curiosa la cantidad de filtros que se indican aquí, de todo punto inconcebibles para un hombre actual. Su uso no siempre se limita a Oriente, pues en muchos territorios de otros continentes, con menos cultura, se utilizaban hasta hace pocos años. Sin embargo, para los orientales constituye una obsesión, pues consideran que de ingerir cualquier secreción de otra persona quedarán sometidos a su voluntad.

Segunda prescripción

El hombre que mezcle íntimamente la raíz de la asclepia gigante, la játamansí o nardo, el vekhand, la hierba de dulce olor negar-motha (cyperus pertenuis) y el costus, con la sangre procedente del yoni de una mujer y se lo coloque en la frente, tendrá siempre éxito en los asuntos de amor, y disfrutará de largos períodos de dicha.

Tercera prescripción

Para estar en condiciones de dominar y de subyugar a las mujeres, ha de tomar el hombre partes iguales de tagar (taberna montana), de pimpalimull (raíz de la piper dichotomum), de mandha-shinghi[129] y de nardo indio, mezcladas y convertidas en una pasta, a la que añadirá miel, su kama-salila u otra cualquiera de las cinco malas[130] y aplicársela en la frente.

La receta que sigue conseguirá que una mujer atraiga a su marido y conserve eternamente su amor.

Humedézcase gorochana en la sangre menstrual y apliquése con un «tilak».

Mientras el emplasto permanezca allí y el hombre lo contemple, estará por completo sujeto a su voluntad.

Los que siguen son anjan o colirios mágicos para ganar amor y amistad:

Primero

El octavo día de la quincena lunar del séptimo mes de Ashviní (septiembre-octubre) se recogerá una calave-

---

129.   Planta cuya fruta se asemeja a los cuernos del macho cabrío y a las patas del cangrejo.
130.   Secreciones del cuerpo.

ra humana del cementerio o del crematorio,[131] que se hará consumir totalmente en el fuego y después recójanse las cenizas y aplíquense a la cara interna de los párpados, en lugar del antimonio habitual, y se conseguirá fascinar a todos.[132]

Segundo

Los ojos de quien se aplique el colirio formado por maná de mambú, naga-keshar (messua-ferra), korphad (aloe perfoliata) y mashila (sulfato rojo de arsénico), atraerán a todo el mundo.

Tercero

Hay quienes toman madera de la palma tad, costus y raíces de tagar, lo sumerge todo en agua en la que moja un pedazo de seda. Después convierte la tela en mechas con aceite de shiras, le prende fuego y recoge las cenizas para regar un cráneo humano que luego coloca por encima de la antorcha, todo para conseguir un colirio con que embellecerá los ojos, a fin de que cuantos lo vean se conviertan en esclavos o servidores.

Cuarto

Para incrementar el amor de los cónyuges da excelente resultado el colirio fabricado con manshil, naga-keskar, kala-umbar (fruto del ficus glomerosa) y azúcar de bambú, cuando la Pushyaasterism cae en domingo.

131. Recuérdese que en la India es tradicional incinerar los cadáveres.
132. Para un hindú, que siente gran reverencia por los cuerpos sin vida, puede ser más sacrílego que esto, pero precisamente el horror del acto es el que les confiere poder.

El sabio Vatsyáyána, indica ahora medios y encantamientos de conseguir un amor eterno e infinito, así como la sumisión completa del ser amado.

Píldora de filtro (vatika)

Cualquier martes, se extraen las tripas de un ruiseñor y en su lugar se coloca un poco de kama-salila. Luego, se deposita el cuerpo en una vasija de barro, que se ha de cubrir con otra mayor, boca abajo. Se envuelve todo con tela y arcilla y se conserva en un lugar solitario durante siete días. Entonces se retira el contenido,[133] se macera hasta pulverizarlo, y se hacen píldoras que se ponen a secar. Si una mujer toma una quedará prendada del hombre que se la ha dado, y viceversa.

Otro encantamiento

El hombre que, tras gozar de su esposa, toma un poco de su kama-salila con la mano izquierda y lo aplica al pie izquierdo de la cónyuge, la tendrá totalmente rendida a su voluntad.

Otro encantamiento

La mujer que, antes de la cópula, toque con el pie izquierdo la linga del marido y convierta este acto en una costumbre, lo tendrá convertido para siempre en esclavo de su voluntad.

Otro encantamiento

Para dominar a una mujer, el marido mezclará los excrementos de una paloma de cuello manchado, con

133.   El contenido se encontrará en estado de putrefacción a causa del cálido clima del país.

sal de roca y hojas de bassia latifolia, a partes iguales, lo pulverizará y se lo aplicará a la linga antes de la cópula.

Incienso todopoderoso (fumigación)

La siguiente mezcla se conoce como chinta-mani-dhupa, es decir, «incienso que domina el pensamiento». Se macera a conciencia la madera de sándalo, kunku o polvo rojo preparado con tumérico, alumbre coloreado con jugo de limón y otras materias, costus, kershna-guru, suvásika-pushpa (flores perfumadas), vala blanco (andropogon muricatum) y la corteza del pino deodaru. Una vez se ha reducido todo a polvo muy fino, se mezcla con miel y se seca bien. Si este incienso se usa según las ceremonias prescritas, se conseguirá someter a todo el mundo.

Otro incienso

Si se maceran y mezclan cantidades iguales de semillas de cardamomo, olíbano, la planta medicinal conocida por garur-wel-seed (monispermun glabrum), madera de sándalo, flores de jazmín y tortórico de Bengala, se consigue un incienso tan poderoso como el antes citado.

Los mantras o versos mágicos siguientes tienen el poder de la fascinación:

1. *KAMESHWAR MATRA*

¡Oh, Kameshwar, somete a mi voluntad a tal y cual mujer!

El uso apropiado del encantamiento es éste: Ha de acompañarse la palabra Kameshwar con el místico Om o Pranava. Entonces, el nombre de la mujer ha de preceder a las palabras ¡Ánaya, Ánaya! y seguir luego con la bija (la semilla o conclusión cabalística). El encantamiento se debe repetir diez mil veces, contándolas con un rosario de ciento ocho flores de kadamba (nuclea cadamoa) o de la palasa (butea frondosa). El sacrificio u ofrenda consiste en quemar la misma clase de flores, contando una décima parte del número que se ha de repetir, esto es, un millar. Así el Mantra-devatá se someterá a nuestro poder.[134] Por último, se da una de las flores, que ha sido encantada recitando ese verso sobre ella, a la mujer cuyo nombre se ha pronunciado, con lo cual se consigue subyugarla.

2. CHAMUNDA MANTRA[135]

Repítase el mantra mentalmente un lakh de veces con el pravana. Sacrifíquense diez mil flores de la butea frondosa, al mismo tiempo que se ofrece la tarpana.[136] También puede ofrecerse agua como objeto de adoración. Cuando se hayan realizado las ceremonias y trabajos propiciatorios, el Mantra-devatá queda subyugado y la mujer fascinada por el obsequio de una flor sobre la cual se ha repetido siete veces el versículo.

3. EL MANTRA QUE SUBYUGA A LA PADMINÍ

Se repetirá este mantra, con la pravana, hasta dominar el Mantra-devatá.[137] Escríbase entonces este Kamesh-

134.   La eficacia del mantra radica en el Devatá o deidad que en él reside y se la conquista por la pura repetición de las ofrendas.
135.   Chamunda es uno de los muchos nombres de Devi, la esposa del dios Siva.
136.   Literalmente, satisfacción, aplicada por lo general al rito de la ofrenda del agua a los Manes ancestrales o Pitris.
137.   Aquí no se indica exactamente la cantidad, que lo mismo pueden ser diez que cien mil. Además, cuantas más veces se repita, mejores los resultados, que se dominará de manera más eficaz que el Mantra-devatá, sin el que la fórmula carece de eficacia. Los musulmanes de la India han adoptado muchos de estos ritos y supersticiones.

vara-Mantra sobre una hoja de betel, con la flor sumergida en miel, pero se ha de elegir precisamente el domingo para celebrar el rito. Por último, tras repetir el mismo mantra durante cien veces, se dará la flor a la padminí, que quedará subyugada al instante.

4.   EL HADANASTRA-MANTRA QUE SUBYUGA A LA CHITRINÍ

De diez mil a un millón de veces se ha de repetir este mantra con pranava hasta que la deidad que contiene quede dominada. Entonces, se humedecerá polvo de nuez moscada en el zumo extraído de la raíz del árbol del banano, se introducirá en un rollo de hojas de betel, previamente sometido al encantamiento repitiendo el mantra en domingo y se dará a comer a la chitriní[138] que también quedará subyugada al instante.

5.   EL MANTRA QUE SUBYUGA A LA SHANKHINÍ

Han dicho los sabios de antaño, expertos en las artes de las fascinación y del encantamiento, que este mantra resulta muy eficaz. Después de dominar el Mantra-devatá en la forma usual, se someterá a encantamiento la raíz del tagar y del cocotero o bien de la fruta-bel (aegle marmaros) árbol sagrado ante los ojos de Siva, y se ofrecerá a la shankhiní. De comer una parte, quedará reducida a la obediencia.

6.   MANTRA PARA SUBYUGAR A LA HASTRINÍ

Tras someter al Mantra-devatá, macérese el ala izquierda de una paloma en miel, hág.anse píldoras y adminístrese a la hastriní, que, en un instante, quedará fascinada.

138.   Aquí la dificultad es lograr que la mujer coma el betel encantado, debido a la cautela que, con toda razón, demuestran en Oriente.

VIII

ACERCA DE LAS DISTINTAS CARACTERÍSTICAS DE LOS HOMBRES Y DE LAS MUJERES

Las características de la mujer que se va a tomar por esposa serán:

Ha de proceder de una familia de rango similar o parecido a la del marido, de casa conocida como valiente y casta, sabia y culta, prudente y paciente, correcta y de buena conducta, y famosa por comportarse siempre de acuerdo con la religión y por desempeñar cabalmente los deberes sociales.

Libre por completo de vicios y dotada de un gran número de cualidades, de cara hermosa, cuerpo grácil y esbelto, ha de tener hermanos y parientes y ser experta en el Kama-shastra o Ciencia del Amor.

Esa doncella es, en verdad, apta para el matrimonio y el hombre razonable se apresurará a tomarla, llevando a cabo las ceremonias ordenadas por los libros sagrados.

Éstas son las marcas por las cuales podremos distinguir la belleza y las buenas formas del cuerpo femenino.

La doncella es de rostro suave y placentero, como la Luna; ojos limpios y brillantes como los del cervatillo; nariz delicada como las flores del sésamo; dientes blancos y limpios como diamantes y claros como perlas; orejas pequeñas y redondeadas; cuello como la concha marina; labio rojo como la fruta madura de la brionia; cabello negro como el ala del bhramará, piel brillante como la flor de loto azul oscuro o clara como la superficie del oro bruñido; pies y manos rojos y marcados con el chakra circular o disco; estómago pequeño; muslos bien proporcionados y agradables como el árbol del banano, que la hacen caminar igual que el elefante, ni muy despacio ni muy deprisa; voz dulce como la del pájaro kokila; esa muchacha, en especial si es de buen carácter, temperamento dócil y poco dormir ha de tomarse por esposa enseguida, como prueba de sapiencia.

Sin embargo, la muchacha que procede de una mala familia, de cuerpo muy bajo o muy alto; muy grueso o demasiado delgado; de piel áspera y tosca; cabello y ojos amarillentos cual los de un gato; dientes largos o en mal estado; labios demasiado carnosos y protuberantes; lengua siempre fuera como la de un perro cansado y sediento; cejas rectas; las sienes deprimidas; con inequívocas señales de barba, bigote y pilosidad en todo el cuerpo; de cabello ancho; con algunos de los miembros más largos o gruesos de lo que corresponde; de un seno alto y grande, mientras que el otro es bajo y pequeño; con orejas triangulares; que tiene el dedo segundo del pie más largo y grueso que el dedo gordo; de voz áspera y risa estridente; que camina de prisa y con paso vacilante o inseguro; de naturaleza enfermiza y lleva el nombre de una montaña, como, por ejemplo, Govardhán; de un árbol como Anbi; de un río, como Taranginí; de un pájaro como Chimaní o de una constelación, como Revatí, la vigesimoséptima mansión lunar, esa muchacha, sobre todo si es de temperamento díscolo y carácter violento, come y duerme en exceso; siempre parece preocupada, molesta o deprimida; tiene una disposición inquieta y frívola; apenas o muy poco conoce del mundo; carece de pudor y de vergüenza y es de inclinaciones malvadas; a esa muchacha hay que evitarla en cualquier circunstancia, para ser hombre sabio.

Indicadas quedan, pues, las características de la mujer tanto las buenas como las malas.

Asimismo, el hombre ha de someterse, a su vez, a pruebas convincentes, igual que el oro con el que va a trabajar.

En consecuencia, cuando se va a juzgar a un hombre, hay que tener en cuenta: la sabiduría; su disposición y su carácter, sus cualidades y sus actos.

Las características del hombre son:

1. Su valor, junto con su resistencia: se lanza a cualquier empeño, sea grande o mínimo y lo emprende con el espíritu de un león.

2. Su prudencia; se sabe determinar el tiempo, lugar y ocasión, tal como lo hace la garza real, que vigila atentamente a su presa en el estanque.

3. Madruga y exige que los demás hagan lo mismo.

4. Es duro en la guerra.

5. Distribuye generosamente alimentos y propiedades entre sus amigos y parientes.

6. Atiende como es debido las necesidades de su esposa.

7. Es reservado en asuntos amorosos.

8. Sabe guardar el debido secreto y circunspección en el acto sexual.

9. Paciente y perseverante en todas las actividades de la vida.

10. Demostrado criterio en recoger y conversar de aquello que puede ser necesario a lo largo de los días.

11. No permite que la riqueza y los éxitos mundanos le hagan orgulloso, vanidoso, ostentoso y dado a la magnificencia.

12. Nunca aspira a alcanzar lo inasequible.

13.   Se contenta con lo que tiene, si es que, por buenas artes no puede alcanzar más.

14.   Es frugal en las comidas.

15.   Evita el exceso de sueño.

16.   Es diligente en el servicio de sus patronos.

17.   Se enfrenta, con valentía, a ladrones y criminales.

18.   Trabaja de buen grado, pues no tiene en cuenta el sol ni la sombra al cargar un paquete.

19.   Sufrido y paciente en las dificultades y molestias.

20.   Se ha fijado y tiende a una meta digna y gloriosa.

21.   Estudia los métodos más apropiados para alcanzar el éxito.

Todo aquel que detente estas veintiuna cualidades alcanzará, con toda justicia, la fama y reconocimiento de ser un hombre excelente.

Cuando se busca un yerno, se ha de pensar en las siguientes características:

Ha de proceder de familia numerosa, que nunca haya conocido ni el pecado ni la pobreza. Ser joven, apuesto, rico y valiente y con influencia. Mostrarse diligente en los negocios, moderado en el modo como disfruta de la riqueza. De forma de hablar sencilla y dulce, ha de ser cumplidor de sus deberes y reconocido por todos como dechado de virtudes, de mente firme y con gran sentido de la caridad.

Tal hombre lo describen los más célebres poetas como la persona digna de casarse con una muchacha de parejas cualidades, por elevada que sea la posición de ésta.

Ahora indicaremos, siempre siguiendo al gran sabio Vatsyáyána, los defectos y máculas de un yerno:

El hombre, nacido de familia de clase baja, que se muestra vicioso, libertino, cruel y enfermizo, pobre y avaro, impotente, dispuesto siempre a callar las virtudes de los demás, pero a proclamar a gritos sus defectos, que está agobiado de deudas, carece de amigos, de oficio y de profesión conocidas, que se muestra pendenciero, perezoso, dormilón, ese hombre no debe aceptarse como yerno por ninguna persona que se tenga por sabio y por prudente.

Analicemos ahora el Samudrika-lakshana, o signos quirománticos, buenos y malos, que afectan la dicha presente y futura.[139]

La extensión de la vida de un hombre y de una mujer, así como las marcas que lo indican, han de analizarse en primer lugar, pues de nada sirve buscar y examinar detalles sospechosos cuando se espera una muerte pronta.

Analicemos ahora la mano del hombre.

Toda mano y pie perfectos tienen cinco miembros: el angushthá (pulgar), el tarjaní (índice), el madhyamá (dedo del corazón), el anámiká (anular) y el kanishtiká (meñique).

Si una línea ininterrumpida corre por toda la palma, desde el monte o base del dedo meñique a la del dedo índice, es signo de que vivirá unos cien años. Sin embargo, la palma en la que una línea sólida corre desde la falange del meñique hasta la del corazón, indica que sólo vivirá unos sesenta años.

El hombre en cuyo pulgar exista una figura semejante a la de un grano de cebada,[140] ganará el pan con sus propios esfuerzos y será siempre dichoso.

Como regla general, puede decirse que si las líneas de la palma son pocas, la pobreza está al caer, si son cua-

139.   La quiromancia de los gitanos es otra herencia hindú, lo mismo que su idioma, aunque, con el tiempo, hayan ido perdiendo el recuerdo del origen para ejercerla a su aire y según la inspiración del momento.

140.   Los europeos han convertido esta figura en una letra M que para unos significa matrimonio y para otros muerte.

tro, se alcanzará la felicidad y si son más de cuatro, amenazan la mala suerte, la desgracia y el infortunio. Una palma surcada por líneas que se cruzan y entrecruzan a capricho, revela una naturaleza pendenciera.

El hombre de ojos rojos, cuerpo esbelto y de buena constitución, igual que el oro, tronco carnoso y brazos que llegan a las rodillas, gozará siempre de riquezas y grandezas, de señorío, autoridad y auténtica distinción.

El hombre que tiene largos muslos alcanzará grandes riquezas; el de cintura ancha, será bendecido en su esposa y en sus muchos hijos; aquel cuyos pies son largos[141] y manos muy delicadas, gozará siempre de dicha y el de cabeza larga y de buen tamaño[142] conseguirá una principesca categoría.

Será siempre más pobre que las ratas el hombre que tenga una linga muy larga. El de linga muy gruesa, tendrá una suerte extraordinaria y el que la tenga corta, será rajá.[143]

Pasemos ahora al estudio de las características femeninas.

La mujer que presenta signos desfavorables será o se convertirá muy pronto en huérfana, viuda, sin hermanos, hermanas, ni relaciones o amistades, de manera que su existencia concluirá tal como empezó, entre frustraciones y amarguras. Por tanto, conviene examinar cuidadosamente sus características antes de contraer matrimonio.

Debe entenderse que la mujer que lleva en la planta del pie izquierdo los signos de la chakra (peculiares de

141. Característica no corriente entre los hindúes, cuyos pies cortos son motivo de burla por parte de los afganos y los montañeses del Norte.

142. Es un indudable antecedente de la famosa frenología del doctor Gall, ya de mucho conocida en Europa antes de que aquél la formulase de un modo científico o seudocientífico.

143. Entre los hindúes, esto se consideraba como de buen auspicio, aunque no se haya aclarado el motivo.

Visnú), el padma (loto), el dhvaja (bandera), la chatra (sombrilla), la mística swástica[144] y el kamala, es decir, líneas circulares, será una raní.[145]

Pese a que falten algunas de esas líneas, gozará de toda la dicha de una soberana.

La mujer que ostenta en la planta del pie izquierdo una línea que se extiende desde el monte del dedo pequeño hasta la falange del dedo gordo, obtendrá fácilmente un buen marido y será muy dichosa en su amor.

Pero la que sus dedos pequeños no tocan el suelo cuando anda, perderá pronto a su marido y no será capaz de mantenerse casta en su viudez.

No se mantendrá casta ni siquiera antes del matrimonio la mujer cuyo tarjaní, o dedo segundo, es el más largo de todos.

Por tanto, no cabe duda de que será una adúltera mientras dure su juventud.

La mujer cuyos senos son carnosos, firmes y bellos, que tiene el pecho libre de vello, y sus muslos semejan la trompa de un elefante, gozará de felicidad durante toda la vida.

La doncella que tiene lunares negros en el seno izquierdo, la garganta y las orejas, se casará y dará a luz a un hijo que vendrá al mundo con todas las señales de buen augurio y, por medio de ella, toda la familia se verá colmada de bendiciones.

La muchacha que tiene un cuello muy largo, es de inclinación cruel y perversa. Aquella que tiene un cuello muy corto, vivirá siempre en la más absoluta miseria.

La joven en cuyo cuello hay tres líneas o arrugas, será de buena disposición y tendrá una suerte excelente.

144. La swástica o cruz gamada, que para los antiguos germanos era el rayo de Thor, constituye uno de los más antiguos amuletos del mundo. En muchas casas de la India aparece como signo de buen augurio.

145. Una reina.

Se casará con un rey, aunque sea de humilde cuna la doncella que presenta en la palma de la mano líneas que semejan paredes guardianas, toranes o ramilletes de flores y ramitas de árbol en forma de círculo.

Si en las palmas tiene líneas en forma de un ankush,[146] una kuntala[147] y una chakra se casará con un hombre de sangre real y parirá un hijo que ostentará los signos de mejor auspicio que se pueda imaginar.

Aparece escrito en el libro Naradokta[148] que jamás debe contraerse matrimonio con una muchacha en que las líneas y marcas no aparezcan tal como se interpretan en los tratados de quiromancia. La consecuencia de signos de mal agüero o pobre auspicio es que su nacimiento causará la muerte de su padre, de su madre y de sus hermanos. Quien con ella se case, morirá en breve y a su muerte seguirá la de todos sus familiares, quedando ambas familias destruidas.

Existen cinco distintas clases de problemas o dificultades dimanantes de tener relaciones sexuales con la mujer de otro hombre.

1. El adulterio acorta la duración de la vida.
2. El cuerpo pierde vigor, tanto físico como espiritual.
3. El mundo se burla y desprecia al amante.
4. El adúltero se desprecia a sí mismo.
5. Su fortuna disminuye mucho.

Hay otros dos inconvenientes más:

1. El adúltero sufre mucho en esta tierra.
2. Aún le toca sufrir más en la otra vida.

146. Gancho con un punto que se utiliza para guiar elefantes.
147. Una espuela. Una chakra es un disco.
148. Esto es, en el libro escrito por Narada, uno de los veinte sabios e hijo de Brahma. Su nombre se aplica, con mucho acierto, a los individuos tercos y revoltosos.

No obstante, pese a toda esta ignominia e infortunio, es necesario tener contacto con la mujer de otro hombre en determinadas circunstancias.

Grandes y poderosos monarcas se han arruinado lo mismo que a sus reinos, por el deseo de gozar de la mujer de otro.

Por ejemplo, en tiempos ya muy remotos, la familia de Ravana, rey de Lanka[149] fue destruida porque él, por la fuerza raptó a Sita, la esposa de Rama, lo que dio vida al gran poema *Ramayana*, que el mundo entero conoce.

Vali perdió la vida cuando intentó poseer a Tara, según se describe con todo detalle en Kishhindakand, un capítulo del *Ramayana*.

La Virat-parvi del Mahabharata nos dice que Kichaka, el Kaurava, encontró la destrucción, con todos sus parientes, porque quiso gozar a Draupada,[150] esposa común de los hermanos Pandu.

Ésas son las destrucciones que, en pasados tiempos, han sufrido quienes desearon mujeres ajenas.

Por tanto, que nadie cometa adulterio, ni siquiera con el pensamiento.

No obstante, existen diez cambios en el estado natural del hombre que deben tomarse en consideración, que son cuando:

1. Está en un estado de dhyasa (exaltación), sin saber qué hacer, como no sea verse con una determinada mujer.

2. Su mente divaga de continuo como si fuese a perder el juicio.

3. Se extravía constantemente.

4. Pasa las noches sin dormir, en un estado de constante inquietud.

---

149. El moderno Ceilán.
150. Estas tres mujeres son las Helenas de Troya de la historia clásica del Hindustán.

5.   Cobra un aspecto enfermizo y ruinoso.

6.   Pierde por completo la vergüenza y se aparta de todo sentido de la decencia y decoro.

7.   Sus riquezas desaparecen, se esfuman, cual si se volatilizaran.

8.   Su estado de extravío mental se aproxima a la locura.

9.   Sufre continuos desmayos.

10.   Se encuentra ya en el umbral de la muerte.[151]

Esos estados los provoca la pasión sexual según nos enseña un ejemplo tomado de la historia antigua. Había en cierta ocasión un soberano llamado Pururava, hombre muy devoto entregado a unas mortificaciones y austeridades tan extremadas que Indra, el señor del Bajo Cielo, temió que llegarían a destruirle. Por tanto, y para poner coto a sus penitencias y a sus actos de piedad, el dios envió desde Svarga, su propio cielo, a Urvashi, la más hermosa de las Asparas (ninfas).

Nada más verla, el rey se enamoró locamente de ella, y tanto de noche como de día sólo pensaba en poseerla, hasta que, al fin, cuando consiguió cumplir sus deseos, se libraron sin tregua y sin medida a los placeres carnales.

Entonces, Indra se acordó de Urvashi, por lo que envió a su mensajero, uno de los gandharvas (trovadores celestiales) al mundo de los mortales, para que la retornara a su lado. Al punto que la divina Aspara se hubo marchado, Pururava comenzó a desvariar sin que le fuese posible concentrar sus pensamientos en la adoración religiosa, igual que si se sintiera morir.

Aquí vemos el lamentable estado en que quedó reducido el monarca de tanto pensar en Urvashi. Cuando un hombre se deja atrapar por el deseo, ha de consultar lo antes posible a un médico y a los libros de medicina que tratan de esos asuntos.

---

151.   Ésas son las diez etapas por las que atraviesa el amor.

Si llegara a la conclusión de que, a menos de que goce la mujer de su vecino, morirá sin remedio, para conservar la vida, la poseerá únicamente una vez.[152] Pero, de no existir causa tan perentoria, no tendrá justificación alguna disfrutar de la esposa de otro hombre sólo por el ansia de placer malvado y pérfido.

El Rishi, el libro de Vatsyáyána, enseña que: Supongamos que una mujer, conseguido ya el saludable vigor de su edad, sintiera que la inflama el amor de un hombre y este amor alcanzara tan alto grado que corriera peligro de caer en los diez estados de ánimo antes descritos, que sólo terminan con la muerte si el amado rehúsa cohabitar con ella. En esa circunstancia, el hombre, tras rechazar la oferta y solicitud femeninas durante un tiempo prudencial, ha de considerar si su negativa puede acarrearle la muerte a la mujer y, en consecuencia, poseerla en una ocasión, pero no para siempre.

No obstante, se han de excluir las mujeres siguientes, sean cuales fueren las circunstancias: la esposa de un brahmán, de un shoritya (brahmán que conoce los Vedas), de una agnihotri (sacerdote que cuida del fuego sagrado) y de un puranik (lector de los Puranas).

Es totalmente impropio mirar a cualquiera de esas mujeres de manera significativa o pensar en ellas con deseo sexual, porque si así fuere, no cabe imaginar qué se pensará en el momento de copular con ella.

Del mismo modo, los hombres se arriesgan a ir al Naraka (infierno) al yacer con la esposa de un khatrya (rey o miembro de la familia real y de la casta de los guerreros hoy inexistente), de un amigo o de un pariente. El autor de este libro lo advierte con toda energía y ordena

152.   Ésta es, en numerosos lugares, la idea pagana y un buen amigo no puede rehusarse a prestar a su mujer. Seleuco, rey de Siria, entregó a la bella Estratonicie a su hijo Antíoco, para salvarle la vida, amenazada por aquella pasión.

a quienes le lean que se abstengan de cometer tales pecados mortales.

Es indudable que existen otras mujeres que jamás se han de poseer, por muy fuerte que resulte la tentación para el hombre.

1. Una virgen con la que no se ha casado.
2. Una viuda.[153]
3. La que vive casta o virtuosamente con su marido.
4. La esposa de un amigo.
5. La esposa de un enemigo.
6. Cualquiera de las reverendas mujeres antes descritas.
7. La esposa de un discípulo o aprendiz.
8. La mujer nacida en la propia casa.
9. La mujer a la que ha atacado una dolencia grave.
10. La mujer que ha sido ultrajada.
11. La que ha perdido la razón.
12. La que es más vieja.[154]
13. La esposa de un gurú, tutor, maestro o guía espiritual.
14. La propia suegra.
15. La propia tía materna.
16. La esposa del tío materno.
17. La tía paterna.
18. La esposa del tío paterno.
19. La propia hermana.
20. La mujer embarazada.
21. La mujer que ha cometido pecados mortales y crímenes repugnantes.

153. Se debe esto a que, según la costumbre aunque no lo indique la ley, no está permitido casarse con una viuda, a pesar de ser su amante.

154. Todos los pueblos orientales coinciden en este punto, por la creencia de que una mujer mayor que el marido acaba agotándole a fuerza de caricias.

22.   Una mujer de piel totalmente amarilla.

23.   Una mujer de piel negra.

Está escrito en las Shastras que el hombre sabio no debe tener, bajo ninguna circunstancia, tratos sexuales con ninguna de esas veintitrés clases de mujeres, lo mismo que con otras que guardan relación con alguna de las clases señaladas.

La que sigue es una lista de mujeres que sirven de alcahuetas o de mensajeras.[155]

1.   La mujer de un jardinero.

2.   Una amiga personal.

3.   Una viuda.

4.   La nodriza.

5.   Una danzarina.

6.   Una mujer dedicada a las artes manuales o mecánicas.

7.   La mujer empleada como sirvienta de las mujeres de la familia.

8.   Una sirvienta que no es lo mismo que una esclava.

9.   La mujer que va de casa en casa pronunciando palabras dulces y melosas.

10.   La mujer con la que se puede discurrir libremente acerca del amor y del deleite.

11.   La mujer joven, menor de dieciséis años.

12.   Una mendiga o asceta por motivos piadosos.

13.   La mujer que vende leche y mantequilla.

14.   Una modista o costurera.

15.   Una mujer a la que se pueda llamar «abuela».

Los enamorados deben preferir siempre a esta clase de personas, puesto que cuando se les confían tales

---

155.   Debe aclararse que en este caso el calificativo no representa humillación. En todos los países orientales, a causa del aislamiento de la mujer, era necesaria la intervención de esas mujeres similares a las antiguas casamenteras.

misiones, las llevan a cabo de manera eficaz y satisfactoria.

Indicamos ahora la lista de las mujeres más fáciles de seducir:

1. La coqueta y casquivana.
2. La viuda.
3. La que canta, toca instrumentos musicales o practica artes semejantes con maestría y gusto.
4. La que gusta de la conversación.
5. La sumida en la pobreza.
6. La esposa de un imbécil o de un impotente.
7. La esposa de un hombre excesivamente gordo o barrigudo.
8. La esposa de un hombre cruel o perverso.
9. La mujer de un hombre más bajo que ella.
10. La esposa de un viejo.
11. La esposa de un hombre muy feo.
12. La mujer acostumbrada a detenerse en la puerta de su casa y mirar a la cara de los transeúntes.
13. La mujer de carácter voluble y variable.
14. La mujer estéril, en especial si tanto ella como su marido desean la bendición de un hijo.
15. La mujer que se ufana de todo.
16. La que hace mucho tiempo que está separada del marido y, por tanto, se ve privada de los placeres naturales.
17. La que no ha aprendido los placeres de la unión sexual.[156]
18. Aquella cuya mente no madurará jamás.

Ahora vamos a describir los signos y síntomas por los cuales sabemos cuándo una mujer está enamorada de nosotros.

---

156. Este problema se encuentra en todas partes y, por tal motivo, resulta interesante para los matrimonios el estudio del presente libro.

Una mujer ama a un hombre cuando:

1.   No se avergüenza de mirarlo a la cara[157] y sostener su mirada durante largo rato.

2.   Mueve el pie de un lado a otro, estando inmóvil, y va trazando líneas y rayas en el suelo.

3.   Se rasca diversos miembros sin razón aparente.

4.   Mira de reojo.

5.   A la vista de un determinado hombre, ríe sin motivo aparente.

Asimismo, la mujer que, en vez de responder de manera directa y concreta a una pregunta, lo hace mediante chistes y bromas; la que, lenta y deliberadamente, nos sigue por todas partes; la que, con cualquier pretexto, nos devora el rostro con mirada ansiosa y suplicante; la que se deleita y goza en andar ante nosotros y mostrarnos las piernas y los senos; la que se comporta de modo servil y mezquino, demostrándonos una total sumisión, alabándonos y ensalzándonos de continuo; la que procura intimar con nuestros amigos y les pregunta acerca de nosotros: ¿Tiene ya alguna esposa? ¿La ama mucho? ¿Es muy bella?

También aquella que, mientras nos mire, canta y tararea alguna canción sentimental; se pasa las manos con frecuencia sobre los senos y los brazos; chasquea los dedos, bosteza y suspira cuando menos se espera; no comparece ante nosotros por mucho que la llamemos, hasta encontrarse ataviada con sus mejores galas; nos arroja flores y cosas por el estilo; con variadas excusas acude mucho a nuestra casa y, por último, aquella cuyo rostro, manos y pies comienzan a sudar en cuanto se encuentra en nuestra presencia.

La mujer que presenta tales signos está enamorada de nosotros y la domina fuertemente la pasión.

157.   En Oriente, debido a la dificultad de llegar hasta ellas, son las mujeres quienes toman la iniciativa en estos asuntos, descubriendo sus sentimientos con miradas y sonrisas.

Lo único que hay que hacer, si se está versado en el arte del amor, es enviarle una discreta alcahueta.

Por el contrario, son difíciles de seducir las mujeres siguientes:

1. La esposa que ama intensamente a su marido.
2. La mujer cuya ausencia de deseos y desprecio por la cópula la mantienen en un estado de continua castidad.
3. La envidiosa del éxito de la prosperidad de otra.
4. La madre de muchos hijos.
5. Una hija o nuera fiel cumplidora de sus deberes.
6. La cortés y respetuosa.
7. La que ama y respeta a sus padres y a los padres de su marido.
8. La rica, sospecha siempre de nuestras razones y teme, con razón o sin ella, que ambicionamos sus riquezas más que sus encantos físicos.
9. La ambiciosa y avara.

Esas mujeres no se logran fácilmente ni son dignas de nuestro esfuerzo.

Los sitios que ahora se indican son aquellos en los que, bajo ninguna excusa, debe poseerse una mujer:

1. Donde se enciende la lumbre con la fórmula religiosa agni-mukha y otros mantras.
2. En presencia de un brahmán o de cualquier otro hombre respetable.
3. Donde nos vea una persona entrada en años y a la que se le debe venemunis, como, por ejemplo, un gurú o un padre.
4. Ante los ojos de un hombre de prestigio.
5. Junto a un río o una corriente de agua.
6. En un panwata, lugar señalado para extraer agua de los pozos, depósitos, etc.
7. En un templo dedicado a los dioses.
8. En un fuerte o en un castillo.

9. En una cárcel, delegación de policía o en cualquier otro sitio donde se confina a los presos.

10. En un camino.

11. En casa de otra persona.

12. En el bosque.

13. En un lugar abierto, como un prado.

14. En donde se entierran o se incineran cadáveres.

Las consecuencias de mantener relaciones sexuales en los sitios antes indicados son totalmente desastrosas. Provocan el infortunio y, de engendrar hijos, éstos tendrán viles y perversas inclinaciones.

Las horas que a continuación se indican son aquellas en las que *no* se debe, bajo ningún concepto, tener relaciones carnales con una mujer:

1. Durante el día, a menos de que su temperamento y su clase requieran la cópula mientras brille el sol.

2. En el transcurso del Kankrati-parvani, es decir, cuando el Sol o uno de los planetas pasa de un lado a otro del Zodíaco.[158]

3. Durante el sharad o estación del frío (octubre-noviembre).[159]

4. Durante la grishwa o estación de calor (junio-julio).[160]

5. En el Amavasya (el último, el trigésimo o el día de la luna nueva del mes hindú), a menos de que el Amor-shastra indique lo contrario.

158. Parvani se denominan ciertas épocas del año, como los equinoccios o los solsticios, cuando las buenas acciones resultan más aceptables.

159. Hay que tener en cuenta que, durante el período de la marcha meridional del Sol, dakshanayana, opuesto al uttarayana, o marcha septentrional, los hindúes de las castas altas no se casan nunca.

160. Las otras cuatro estaciones son vasanta o primavera que abarca de abril a mayo, varsha, la de las lluvias, que va de agosto a septiembre, her anta, la del frío, de diciembre a enero y shishira, primavera temprana de febrero a marzo. El año hindú se divide en cinco ritus o estaciones.

6. En los períodos en que el cuerpo del hombre sufre de fiebre.

7. Mientras dura el tiempo de un vatra, rito impuesto por la propia voluntad, con obligación de llevarlo a cabo.

8. Al anochecer.

9. Encontrándose cansado o agotado.

Las consecuencias de la cópula en esas épocas son tan fatales como si ocurrieran en un lugar prohibido.

La situación que ahora indicamos es la que los Archyas consideraban más apropiada para la unión sexual con mujeres.

Se elegirá la habitación más grande y mejor ventilada de la casa. Después de haberla purificado se decorarán las amplias paredes con cuadros u otros objetos que sirvan para descansar la mirada.[161] Bien distribuidos por la habitación habrá instrumentos musicales y refrescos, tales como jugo de coco, leche y hojas de betel, que tan útiles resultan para restaurar y conservar el vigor; botellas de agua de rosas y otras esencias, abanicos y demás objetos para refrescar el aire; libros de canciones de amor, con ilustraciones claras y de buen tamaño de las más importantes posturas amorosas.

Espléndidas luces de pared han de brillar en las paredes del corredor central de la casa, reflejándose en un centenar de espejos, mientras el hombre y la mujer abandonarán toda vergüenza injustificada o falsa reserva, para entregarse, en completa desnudez, a la voluptuosidad más refinada, sobre un lecho mullido, hermoso y cómodo, que se alce sobre bellas patas, provisto de muchas almohadas y cubierto por un rico palio, con flores esparcidas entre las sábanas y con la colcha perfuma-

---

161. Tal creencia existía también en España y, es de suponer en muchas partes de Europa.

da por incienso ardiente que proviene del áloe o de otras maderas perfumadas.

En ese lugar, puede el hombre, escalando el trono del amor, gozar de la mujer con toda tranquilidad satisfaciendo cuantos caprichos, deseos y ansias tengan los dos.

IX

ACERCA DE LOS GOCES EXTERNOS

Se entiende por goces externos los procesos que han de preceder al coito o goce intenso.

Los Acharyas han indicado que, antes de la cópula, ha de desarrollarse el deseo del sexo más débil a través de ciertos preliminares, que son muchos en número y de una gran variedad, tales como las diversas clases de abrazos y besos, las nakhadanas o señales hechas con las uñas, las dashanas, o las que se hacen con los dientes, las kesha-grahanas o manipulaciones del cabello y otras sutilezas y delicadezas amorosas.

Todas ellas afectan los sentidos, distraen la mente y avivan el fuego del deseo.

Sólo tras esos deliciosos preliminares, puede el amante tomar posesión del dulce y ardiente yoni de la mujer.

Hay ocho ailinganas[162] o variedades de abrazos, y que a continuación se describen:

162.   Los Ailinganas se ilustran en casi todas las ediciones del Koka Pandit. En muchas regiones de la India hay artistas que viven de pintarlos y venden una serie que suele ser de ochenta posturas diferentes, con sus distintos colores, a una o dos rupias por imagen.

1. Vrikshadhirudha es el abrazo que simula el trepado de un árbol y se realiza del siguiente modo: Cuando el esposo se levanta, la mujer ha de colocar un pie sobre el de su esposo y alzar la otra pierna a la altura del muslo, contra el que hace presión. Entonces, rodeando su cintura con los brazos, de forma similar a la de un hombre que se prepara para subir al tronco de una palmera, los sujeta y estrecha con fuerza, dobla el cuerpo sobre el de él y lo besa apasionadamente, igual que si absorbiera el agua de vida.

2. Tila-tandula, el abrazo que representa la mezcla de la semilla de sésamo con arroz descascarado (tandul). El hombre y la mujer, en pie, uno frente a la otra, se estrechan, abrazándose por la cintura. Han de procurar no moverse y acercar la linga al yoni, asegurándose de que no se interrumpe el contacto.

3. Lalatika, llamado así porque se tocan las frentes. En tal posición, se demuestra la pasión estrechándose con fuerza con los brazos en torno a la cintura, mientras los esposos se mantienen de pie y en contacto las cejas, las mejillas, los ojos, la boca, el pecho y el vientre.

4. Jághan-álingana, que significa «caderas, riñones y muslos». En este abrazo, el esposo se sienta[163] en la alfombra y la mujer sobre sus muslos, y lo abraza y besa con gran afecto y cariño. Al devolverle sus caricias, el esposo alza las ropas de la esposa y deja su cabello en desorden, lo que simboliza la gran pasión. Para hacerlo más variado, el esposo se sienta en la falda de su esposa.

5. Viddhaka, cuando los pezones se rozan mutuamente. El esposo se sienta tranquilo, con los ojos cerrados, y la esposa, situándose junto a él, le pasa el brazo

163. Sentarse indica siempre con las piernas cruzadas, como los sastres, o en cuclillas, como los pájaros. El asiento suele ser una alfombra o un diván, según los países.

derecho sobre los hombros, le aprieta contra su pecho y le estrecha con gran pasión, mientras él le devuelve el abrazo.

6. Urupagudha, que así se denomina por el uso que hace de los muslos. En este abrazo, los dos están de pie, entrelazados, mientras el esposo coloca las piernas de su esposa entre las suyas, de manera que la parte exterior de los muslos de ella estén en contacto con la parte exterior de los de él. Como en todos los casos, ambos amantes se han de besar con mucha frecuencia. Este abrazo es muy peculiar de aquellos que sienten un gran amor mutuo.

7. Dughdanir-álingana «o abrazo de agua y leche», llamado también «kshíraníra», que tiene el mismo significado. El marido yace en el lecho, descansando sobre un lado, sea el izquierdo o el derecho, y la esposa se tiende junto a él con la cara pegada a la suya, mientras lo abraza estrechamente, de manera que los miembros se toquen y se crucen entre sí. Han de permanecer en esta postura hasta que en ambos se despierte el deseo.

8. Vallarí-vreshtita o «abrazo de la planta parásita», se realiza del siguiente modo: Ambos de pie, la esposa se pega a la cintura del marido, besándolo varias veces, mientras le pasa la pierna en torno al muslo. Debe procurar parecerse a la enredadera que se agarra al árbol que la sostiene.

Esta explicación de los abrazos, se ha de estudiar con atención y seguirse con el detallado conocimiento de las distintas formas de besar, con que deben acompañarse y concluirse los álinganas. También se ha de suponer que existen siete lugares apropiados para los besos que son, en realidad, aquellos donde todo el mundo los deposita.

1. El labio inferior.
2. Ambos ojos.
3. Las mejillas.

4. La cabeza.[164]

5. La boca.

6. Los senos.

7. Los hombros.

Es cierto, asimismo, que en algunos países tienen otros lugares, a los cuales también se considera propio besar. Así, por ejemplo, los voluptuosos de Sata-desha han adoptado la siguiente fórmula.

Sin embargo, esta fórmula dista mucho de ser lo corriente entre los hombres de nuestro país o del mundo en general.

Además, existen diez clases distintas de besos, cada una de las cuales tiene su nombre propio y que describiremos por el debido orden.

1. Milita o mishrita, es decir, reconciliación. Si la esposa está enojada, por poco que sea, no besará el semblante de su marido, el cual lo conseguirá por la fuerza, si es preciso, hasta que se desvanezca su furia.

2. Sphurita, en que la esposa acerca su boca a la de su marido, el cual la besa en el labio inferior, y ella lo retira, sin devolverle la caricia.

3. Ghatika o beso en el cuello, forma que usan frecuentemente los poetas. Esto lo hace la esposa que, encendida de pasión, cubre con las manos los ojos del marido, cierra los suyos, e introduce la lengua en la boca del marido, moviéndola de un lado para otro de manera tan agradable y lenta que no sólo sugiere sino que exige otra forma más elevada de goce.

4. Tiryak o beso de forma oblicua. De este modo el esposo, situándose detrás o junto a la esposa, le coloca la mano debajo de la barbilla, la sujeta y la levanta, hasta que le obliga a mirar al cielo. Entonces, le aprisiona con

164. En Europa, el beso en la frente o en la cabeza suele ser de tipo paternal. Si dos hombres, hermanos por ejemplo, se besan, lo hacen en las mejillas y sólo a sus amadas las besan en la boca. Sin embargo en Oriente esas diferencias no se tienen en cuenta.

los dientes el labio inferior, se lo muerde y chupa con cuidado.

5.   Uttaroshtha o beso del labio superior. Cuando la esposa arde en deseos, toma el labio inferior de su marido entre los dientes, se lo muerde y chupa con toda suavidad. Él ha de hacer lo mismo con el superior de ella. De este modo, los dos se excitan mutuamente hasta alcanzar la cima del ardor.

6.   Pindita. La esposa sujeta con los dedos los labios del marido, les pasa la lengua y muerde.

7.   Samputa, en que el marido besa la parte inferior de la boca de su mujer, mientras ella hace lo mismo con él.

8.   Hanuvatra o beso en la quijada. En éste, el beso no se ha de dar enseguida, sino comenzar moviendo los labios en forma de mueca traviesa. Tras jugar y divertirse de este modo durante algún tiempo, las bocas han de entrar en contacto e intercambiar besos.[165]

9.   Pratibodha o beso para despertar. Cuando el marido, que ha estado ausente durante mucho tiempo, regresa al hogar y encuentra dormida a la esposa, sobre una alfombra, en algún dormitorio solitario, posa sus labios sobre los de ella, y va aumentando gradualmente la presión hasta que la despierta. Ésta es, sin lugar a dudas, la forma más agradable de besar y la que deja un recuerdo más agradable y duradero.

10.   Samaushtla. Éste se realiza tomando la esposa los labios de su marido dentro de los suyos, que aprieta con la lengua, mientras baila en torno a él.

Explicadas las diversas formas de besar, señalaremos las distintas variantes de nakhadana, es decir, de arañar y clavar las uñas.

Primero, se indican las partes del cuerpo que mejor se prestan a esa caricia, en que se puede ejercer mejor presión.

165.   En sánscrito, hanu significa quijada.

Éstas son: el cuello, las manos, ambos muslos, ambos senos, la espalda, los costados, las axilas, el pecho, las caderas, el monte de Venus y las partes próximas al yoni, y las mejillas.

Conviene también aprender las horas y estaciones en que esas manipulaciones resultan aconsejables. Son: cuando la mujer esta encolerizada; al desflorarla o tener con ella las primeras relaciones carnales; cuando van a separarse por poco tiempo; al emprender un viaje a un país extraño y lejano; cuando han experimentado una gran pérdida financiera; cuando ambos sienten grandes deseos de copular por primera vez; en la estación de Virati, es decir, cuando no hay ratí.[166]

En todas esas ocasiones, las uñas se han de aplicar a los lugares más apropiados.

Las uñas, cuando se encuentran en buenas condiciones, carecen por completo de manchas[167] y líneas, son limpias, brillantes y convexas,[168] duras, sin mostrar quebraduras de ninguna clase. Los Archyas han señalado en los Shastras esas seis cualidades de las uñas.

CHURIT - ARDHACHANDRA - MANDALAKA - TARUNAHBAVA - MAYÚRAPÁDA - SHASHAPLUTA - ANVARTHA

Existen siete formas distintas de aplicar las uñas, que se pueden recordar por medio de la mandalaka, o fórmula obligada siguiente:

166.   Virati significa quedar libre de deseos mundanos o saber refrenar las pasiones, igualmente, quiere decir el fin de los afectos terrenales.
167.   Los hindúes no parecen tener ninguna superstición especial acerca de las manchas en las uñas, a diferencia de lo que ocurre en muchos lugares de Occidente.
168.   Algunos han traducido esa palabra como creciente o que aumenta. En realidad, significa convexa, en oposición a las uñas planas, de espátula.

1. Churit-nakhadana, consiste en colocar las uñas de una forma especial sobre las mejillas, labio inferior y senos, para que, sin dejar marcas, estremezca e impresione a la mujer, hasta tumbarla y se le erice el vello.

2. Ardhachandra-nakhadana, se realiza ejecutando una marca curva con las uñas sobre el cuello y el pecho, similar a una media luna.

3. Mandalaka, se aplican las uñas a la cara durante algún tiempo, hasta dejar allí una huella muy similar.

4. Tarunahbava o rheka, nombre que dan los entendidos a marcas mayores de las uñas de dos o tres dedos de ancho sobre la cabeza y el pecho de la mujer.

5. Mayúrapáda, se efectúa colocando la mano en el pecho hasta que allí quede una marca semejante a la que el pavo real deja sobre la tierra húmeda o fangosa.

6. Shashapluta, o salto de la liebre, es la marca que se deja sólo en un lugar del pecho.

7. Anvartha-nakhadana, es el nombre dado a tres marcas profundas hechas por los primeros tres dedos sobre la espalda. Este nakhadana es muy aconsejable cuando el marido parte de viaje, pues sirve de recuerdo del amado.

Los voluptuosos, empleando las uñas según lo arriba indicado, pero con amor y afecto, llenan el ansia amorosa de la mujer. Nada hay más delicioso para ambos cónyuges que el adecuado uso de estas manipulaciones con las uñas.

Pero también es muy aconsejable el arte de morder. Personas versadas en esas cuestiones afirman que los dientes se han de usar en los mismos lugares en que se han aplicado las uñas, exceptuando, claro está, los ojos y el labio inferior. La presión de los dientes ha de ir en aumento progresivo hasta que la mujer grite, lo que indica que se ha hecho lo suficiente.

Los dientes preferidos en el esposo son aquellos de color rosáceo y no totalmente blancos, puesto que los primeros son más saludables y menos propensos a las caricias; serán brillantes, limpios, fuertes, puntiagudos, cortos y colocados en hileras apretadas y regulares. En cambio, son indeseables los dientes sucios, careados, estrechos, excesivamente largos o bien aquellos que indican prognatismo o demasiado salidos hacia adelante, como si quisieran escapar de la boca.

Al igual que con las uñas, existen siete dashanas o maneras diferentes de aplicar los dientes, que pueden recordarse de la siguiente manera:[169]

GÚDHAKA - UCHUN - PRAVÁLAMANSI - BINDÚ - BINDUMÁLÁ - KHANDABHRAK - KOLACHARCHA

1. Gúdhaka-dashana o mordida secreta, consiste en aplicar los dientes únicamente en la parte inferior del labio femenino, no dejando señal exterior alguna que puedan ver los ajenos.

2. Uchun-dashana, según dicen los sabios, es la palabra aplicada a morder cualqúier parte de los labios o mejillas de la mujer.

3. Praválamani-dashana o mordida de coral, es la maravillosa unión de los dientes masculinos y los labios femeninos, que convierten el amor en una llama abrasadora. No puede describirse y tan sólo se lleva a cabo por medio de una larga experiencia y no por la práctica de unos días.

4. Bindú-dashana o mordida de gota es la marca que dejan los dos dientes incisivos del marido sobre el labio inferior de la mujer.

5. Bindú-málá, rosario o hilera de gotas, es idéntico al anterior, excepto que todos los dientes se emplean para formar una línea regular de señales.

---

169. Conocida, asimismo, como dashanagramandal o círculo de principales mordidas.

6. Khandabhrak es el ramillete o multitud de impresiones hechas por las señales de los dientes del marido sobre la frente, mejillas y cuello de la mujer. Si se disponen adecuadamente sobre la piel, esta señal de la marca de la boca realza mucho su belleza.

7. Kolacharcha designa a las marcas profundas y duraderas de los dientes del esposo, que, en el calor del amor y en el pesar de la partida hacia tierra extraña, deja, sobre el cuerpo de su mujer. Durante su ausencia, ella las puede mirar y recordarle así con frecuencia.

Es ahora conveniente estudiar las diferentes maneras de keshagrahana o manipulación del cabello que la mujer ha de tener suave y abundante, grueso, negro y ondulado.

Una de las maneras de avivar el amor de la mujer, es al tiempo de levantarse por la mañana, acariciarle el cabello con suavidad tal como indican muchos textos.

Los keshagrahana son de cuatro clases, que se pueden recordar fácilmente por medio del

SAMASHASTAKA - TARANGARANGA - BHUJANGAVALLIKA - KÁMÁVAVATANSA

1. Samashastakeshagrahana o sujetar el cabello con ambas manos, el esposo lo toma entre sus dos palmas en la parte posterior de la cabeza de su mujer, al tiempo que le besa el labio inferior.

2. Tarangarangkesnagrahana o besar el cabello en forma ondeada o sinuosa, cuando el esposo atrae hacia sí a su mujer, la sujeta por el cabello y la besa.

3. Bhujangavallika o la vuelta del dragón,[170] el marido, ardiendo de amor por su compañera, le sujeta apasionadamente el moño, al tiempo que la abraza estrecha-

___

170. Bhujanga es un dragón o una cobra, y asimismo, en sentido figurado aquel que tiene una querida.

mente. Esto se lleva a cabo en posición de pie y las piernas de los dos enamorados han de entrecruzarse. Éste es uno de los más deliciosos preliminares del amor.

4. Kamavatasakeshgrahana o presión de la cresta del caballo,[171] durante las expansiones amorosas, el marido sujeta con ambas manos el cabello de su mujer por encima de las orejas, mientras ella hace lo propio con el del esposo y ambos se besan con ardor y repetidamente en la boca.

Éstos son los goces externos, en el orden que han de practicarse. Sólo se mencionan los más conocidos y más apreciados por quienes los han estudiado. Hay otros muchos que, sin embargo, no vamos a enumerar por no ser pródigos.

No obstante, señalaremos los que siguen:

El amor es, en realidad, una batalla en la que gana el más fuerte. Y, para vencer, existen dos formas de ataque conocidas como karatadana y sitkreutoddesha.

Karatadana, como denota el mismo nombre,[172] son golpecitos que suavemente dan con la mano la mujer o el marido en el cuerpo de su cónyuge.

En este proceso hay cuatro divisiones que el hombre aplica a su esposa:

1. Prasritahasta, que se da con la palma de la mano.

2. Uttanyahasta, exactamente igual, pero con el dorso de la mano.

3. Mushti o golpes muy suaves con la parte carnosa de la mano cerrada, en forma de martillo.

4. Sampatahasta, con la parte interior de la mano, ligeramente curvada, cual la cabeza de una cobra.

Conviene indicar los lugares más apropiados para estas caricias: Las caderas y también los costados con el

171. Avantansa significa cresta, mechón o arete.
172. Kara, mano; tadana, golpeando.

prasritahasta. El monte de Venus y los alrededores del yoni con igual procedimiento. El pecho y los senos con el uttanyahasta. La espalda y las caderas con el uttanya- hasta. La cabeza con el sampatahasta.

Estas caricias, si la mujer las efectúa al hombre se clasifican en:

1.   Santanika, como los sabios califican a que la es- posa golpee suavemente con el puño cerrado en el pecho de su esposo, cuando ambos se han fundido por la pa- sión.

2.   Pataka, con el abrazo la esposa golpea a su mari- do suavemente, con la mano abierta.

3.   Bindumala, nombre que los hombres suelen dar a que la esposa acaricie a su marido tan sólo con los pul- gares.

4.   Kundala es como los poetas viejos llamaban a que la esposa, en lugar de hacerlo con toda la mano aca- ricie a su compañero sólo con el pulgar y el índice.

El sitkriti o sonido inarticulado que produce la aspi- ración del aliento entre los dientes cerrados, es privile- gio y prerrogativa de las mujeres que los sabios dividen en cinco clases:

1.   Hinkriti es un sonido grave y profundo, similar a «¡Hum! ¡Hum!»

2.   Stanita, sonido rumoroso, bajo y grave, parecido al trueno distante, lo expresa la garganta sin que inter- vengan los músculos nasales.

3.   Sitkriti, producido tan sólo con la boca es la ex- pulsión del aliento, similar al silbido de una serpiente.

4.   Utkriti, crujiente y parecido a cuando se raja el bambú, es el sonido que se forma aplicando la punta de la lengua al paladar, moviéndola al mismo tiempo con la mayor rapidez posible.

5.   Bhavakriti, sonido alegre, similar a la caída de las gruesas gotas de agua, se produce sólo con los labios y únicamente en momentos de éxtasis.

Estos diversos sitkritis en boca de la mujer, durante los transportes amorosos, se asemejarán respectivamente al grito de la codorniz (lava), del cuco hindú (kokila), de la paloma de cuello manchado (kapota), del ganso (hansa) y del pavo real. Esos sonidos han de producirse especialmente cuando el esposo besa y acaricia a la esposa y la dulzura de la exclamación unirá mucho a los cónyuges.

Y, ahora, que los hombres conozcan las peculiares características del ashtamahánáyika o las ocho grandes formas de nayika.[173]

1. Khanditanáyika, cuando el esposo imprime sobre su cuerpo todas las marcas y señales del goce sexual con otra mujer y con los ojos enrojecidos por haberse retirado tarde, regresa junto a su amada, asustado y con suma agitación, y le habla melosamente y con palabras dulcísimas, pero a los que ella no presta gran atención, hasta que al fin cede. Tal es el nombre que a ella dedicaron los poetas de antaño.

2. Vasakasajjitá es la palabra que los sabios y eruditos aplican a la esposa que, tras disponer un lecho mullido y cómodo, se sienta en él a medianoche para esperar a su marido, los ojos entornados y la mirada fija en la puerta.

3. Kalankarita; así se califica a la esposa que cuando su marido, tras haberle hecho daño, cae a sus pies solicitando perdón le responde en forma grosera y descompuesta, lo aparta de su presencia y decidida a no verle más, pero que, al fin, arrepentida, lamenta las penas y tristezas de la separación, para, al fin, recobrar la paz al confiar en que se reconcilien.

4. Abhisarika es la mujer cuyos deseos exacerbados la inducen a vestirse y salir a la calle sin pena, deco-

173. La palabra, como en este caso, también significa bien amado, es decir, culminación de amor. Derivado de nayak, que significa, cabeza, héroe de un drama, etcétera.

ro ni vergüenza alguna, y, entrando en casa de un desconocido, con la esperanza de satisfacerlos.

5.   Viuralabha, mujer decepcionada que, habiendo enviado un mensaje a un hombre extraño para citarle en un lugar determinado, se dirige hacia allí, confusa y agitada ante la perspectiva; pero, de súbito, ve al mensajero que regresa sin el amante, lo que le produce un estado febril.

6.   Viyogini representa la mujer melancólica que, mientras su marido se encuentra en un país lejano huele los penetrantes perfumes de la madera de sándalo y de otras sustancias olorosas y, al contemplar la flor de loto y la luz de la luna, cae en un estado de profunda depresión.

7.   Svadhinapudvapátika, nombre que se da a la esposa cuyo marido, en vez de amarla y de satisfacer sus ansias de cariño y de felicidad, se entrega a la persecución de los conocimientos filosóficos inherentes a la meditación.

8.   Utkanthita, según los poetas, es la mujer de ojos claros y vivos que ama ardientemente a su marido, luciendo joyas y guirnaldas, ansía hacer feliz a su esposo y espera enamorada su llegada, recostada en almohadones, en una habitación bien dispuesta, y decorada con numerosos espejos, cuadros y pinturas.[174]

174.   Estas ocho nyikas proceden del lenguaje teatral hindú.

X

ACERCA DE LOS DELEITES INTERNOS EN SUS DIFERENTES FORMAS

Los deleites internos son el arte de la cópula que sigue a los diversos preliminares descritos en el capítulo anterior.

Estos abrazos, besos, manipulaciones y caricias se han de practicar siempre de acuerdo con los gustos de ambos cónyuges y, de persistir en ellos, tal como ordena el Shastra, excitarán en demasía las pasiones de la mujer, suavizando y excitando su yoni hasta provocar en él, las ansias del contacto carnal.

Los siguientes versículos nos indican la ciencia y el arte que requiere un asunto al parecer tan simple y sencillo:

«¿Qué remedio existe cuando una mujer es más poderosa que el hombre? Por muy fuerte que sea, en cuanto abre las piernas, pierde totalmente su fortaleza y queda enteramente satisfecha.

»Así, el yoni, de su natural estado de estrechez y rigidez pasa al de debilidad y soltura. Por tanto, el marido oprimirá los muslos de su esposa, de manera que ella pueda luchar en plano de igualdad en el momento de la cópula.

»Si una mujer tiene sólo doce o trece años de edad, y

el hombre es ya mayor, y perdido el primer vigor de la juventud, ¿cómo conseguirá ponerse en un plano de igualdad?»

En ese caso, han de estirarse las piernas de la mujer al máximo, para debilitarla, con lo que el hombre se sentirá a su misma altura.

Existen cinco bandhas o asanas (posturas para la cópula), hay cinco principales, que aparecen en el diagrama siguiente, y de cada una de ellas se describirán oportunamente.[175]

1. Uttana-bandha (postura en decúbito supino), así llamada por hombres muy versados en el arte amatorio. La mujer yace de espaldas y su marido se agacha junto a ella. Sin embargo, ¿és esto lo único que puede decirse acerca de esta postura? En modo alguno. Hay once subdivisiones que aparecen en la siguiente tabla:

Estudiemos ahora estas diferentes subdivisiones:

1. Samapáda-uttána-bandha. El marido coloca a su esposa boca arriba, le alza las piernas y las apoya en sus hombros, le introduce la linga y la posee.

2. Nágara-uttána-bandha. La mujer de espaldas al marido, se sienta entre sus piernas, las levanta y mantiene a la altura de sus caderas y la posee.

3. Traivikrama-uttána-bandha, es cuando una de las piernas de la esposa yace sobre la cama o la alfombra, mientras la otra se apoya en la cabeza del marido, que la sujeta con las manos. Esta posición es admirable.

4. Vyomapáda-uttána-bandha. Tendida de espaldas la esposa alza ambas piernas con las manos, y se las

---

175.   Hay que tener en cuenta que la extremada flexibilidad de miembros de los hindúes les permiten adoptar posturas totalmente vedadas a los europeos y que su principal objetivo, durante el acto sexual, es evitar la tensión de músculos que les privaría del goce. De la lectura de estos párrafos, se advierte que en la mujer hindú hay una formación física algo distinta de la europea, pues, de otro modo, algunas de las combinaciones señaladas iban a resultar imposibles.

echa hacia atrás todo lo posible. Entonces el marido, se sienta a su lado, con las manos le acaricia los senos y la posee.

5. Smarachakrásana o postura de la rueda del Kama, variante muy en boga entre los voluptuosos. En esta variante, el marido se sienta entre las piernas de su mujer, extiende ambos brazos a sus lados, y la posee.

6. Avidárita es la posición en que la mujer alza las piernas, de manera que pueda tocar el pecho de su marido, el cual, sentado entre sus muslos, la abraza y la posee.

7. Saumya-bandha es el nombre que los poetas viejos dan a una forma de cópula muy en boga entre los estudiosos del Kama-shastra. La esposa yace en decúbito supino y el marido, según costumbre, se sienta.[176] Pone ambas manos detrás de la espalda de la mujer, la abraza estrechamente, caricia que ella le devuelve, aferrándose a su cuello.

8. Jrimbhita-ásana. Para doblar el cuerpo de su mujer en forma de arco, el marido le coloca almohadas y cojines debajo de las caderas y de la cabeza, de modo que ella alce el yoni hasta colocarlo a su nivel. Entonces, se arrodilla en un almohadón. Esta forma de cópula es admirable y ambos cónyuges la disfrutan plenamente.

9. Veshtita-ásana. La mujer yace de espaldas con las piernas cruzadas[177] y alza ligeramente los pies. Esa posición es muy apropiada para aquellos que arden en deseos.

10. Venuvidárita. Tendida de espaldas la mujer apoya una pierna sobre el hombro del marido y la otra en la cama o en la alfombra.

11. Sphutmá-uttána-bandha, cuando el marido,

176. En cuclillas, como los pájaros.
177. Sin la adecuada ilustración, resulta difícil imaginar esta postura.

tras efectuar la inserción y penetración, alza las piernas de la mujer, la cual aún yace de espaldas y le aprieta los muslos.

II. Tiryak (postura lateral), en la que la mujer se echa de lado. De esta postura, existen dos variantes o subdivisiones:

1. Víanka-Tiryak-bandha. El esposo se coloca junto a su mujer, alza una de sus piernas sobre la cadera y deja la otra en el lecho o en la alfombra. Esta postura sólo es adecuada para practicarla con una mujer mayor. Si se trata de una jovencita, los resultados no son, en absoluto satisfactorios.

2. Samputa-Tiryak-bandha; los dos cónyuges yacen de lado, uno frente a otro. Entonces, el marido se sitúa entre los muslos de la mujer que los mantiene muy abiertos.

III. Upavishta (o posición sentada). De esta postura existen diez subdivisiones enumeradas del siguiente modo:

1. Padma-ásana. En esta posición favorita, el marido se sienta con las piernas cruzadas en el lecho o en la alfombra. Su mujer se sienta sobre sus piernas cruzadas, y le apoya las manos en los hombros.

2. Upapad-ásana. Mientras los dos están sentados, la mujer alza ligeramente una pierna, ayudándose con la mano y así la posee el marido.

3. Vaidhurit-ásana. El marido rodea el cuello de su mujer y ella hace lo propio con él.

4. Phanipásh-ásana. Ambos se sujetan los pies mutuamente. A la altura del codo el marido pasa las piernas de su mujer por debajo de sus brazos y le sujeta el cuello con las manos.

5. Sanyanán-ásana.

6. Kaurmak-ásana o postura de tortuga. Los dos se

sientan de modo que las bocas, los brazos, y las piernas se toquen respectivamente.

7. Parivartit-ásana. Además del mutuo contacto de boca, brazos y piernas, el marido ha de pasar con frecuencia ambas piernas de la mujer por debajo de los brazos, a la altura del codo.

8. Yugmapad-ásana es el nombre que los mejores poetas han dado a aquella posición en la que el marido se sienta, con las piernas muy separadas, y tras efectuar la inserción y la penetración, junta los muslos de su mujer.

9. Vinarditásana. Sólo puede realizarla el hombre muy fuerte que tiene una mujer muy liviana y pequeña. El marido la levanta, pasándole las piernas por encima de los brazos, a la altura del codo, y la mueve rítmicamente de derecha a izquierda, aunque no de adelante hacia atrás, hasta alcanzar el momento supremo.

10. Markatásana: la misma posición que en la anterior, pero en ésta el marido mueve a la esposa en línea recta, hacia atrás y hacia adelante, pero no de un lado a otro.

IV. Utthita o postura en pie, que admite tres subdivisiones:

1. Jánu-kuru-utthita bandha, forma de pie con la rodilla y el codo; postura que también requiere gran fuerza física en el hombre. Ambos cónyuges se sitúan uno frente a otro y el marido pasa los brazos por debajo de la rodilla de su mujer, sosteniéndola sobre el hueco del brazo, o cara interna del codo, la alza a la altura de los riñones y la posee, mientras ella le abraza el cuello con ambas manos.

2. Hari-vikrama-utthita bandha. En ésa el marido alza únicamente una pierna de la mujer, que, con la otra, se mantiene en pie. Es una posición adecuada a mujeres jóvenes que, muy pronto, se encuentran en la gloria.

3.   Kirti utthita-bandha. También requiere fuerza en el hombre, aunque no tanta como en la anterior. La mujer, entrelazando las manos y colocando las piernas en torno a la cintura del marido, se cuelga, por decirlo de algún modo, de éste, mientras el esposo la sostiene colocando los brazos debajo de las caderas.

V.   Vyánta-bandha, que significa cópula con la mujer que está boca abajo, es decir, con los senos y el estómago apoyados en la cama o la alfombra. De esta ásana sólo se conocen dos subdivisiones:

1.   Dhenuka-vyanta-bandha, posición de la vaca.[178] La esposa se coloca de cuatro patas, apoyándose en los pies y en las manos, pero nunca en las rodillas, y el marido, acometiéndola desde atrás, cae sobre su cintura y la posee igual que si fuera un toro. A esta postura se le concede gran mérito religioso.

2.   Aybha-vyanta-bandha o gajasawa, postura de elefante.[179] La cara, los senos, el vientre y los muslos tocan la cama o la alfombra y el hombre cubre con su cuerpo a la espera como un elefante para efectuar la cópula y poseerla de este modo.

—¡Oh, gran rajá! —dijo el poeta Kaeyána-Malla—. Hay aún muchas otras formas de realizar la cópula, como son la harinásana, la sukrasána, la gardhabásana y otras similares, aunque resultan poco conocidas de la gente y, al ser difíciles de realizar, no me preocupo de contártelas. Sin embargo, si deseas saber algo más acerca de las posturas, pregúntame, que este humilde servidor tuyo tendrá sumo placer en satisfacer tu curiosidad.

178.   La comparación no es insultante ya que la vaca es el animal sagrado de los hindúes.
179.   Hay que advertir que los elefantes copulan como todos los demás cuadrúpedos y que los hindúes lo sabían muy bien. Acerca de esto han existido numerosas leyendas, todas ellas falsas.

—Bien, poeta —responde el monarca—, siento grandes deseos de oírte describir el purusháyita-bandha.

—Entonces, escucha ¡oh, rajá! —exclamó el poeta—, que voy a relatarte cuanto se requiere para conocer y poner en práctica esa forma de cópula.

Purusháyita-bandha[180] es lo contrario de lo que por lo general, practican siempre los hombres. En esta postura, el hombre se coloca de espaldas, con la esposa encima, y, de este modo, la posee. Esa postura es útil de manera especial cuando el marido, agotado por alguna razón, no es ya capaz de esfuerzo muscular y, en cambio, ella no ha logrado la entera satisfacción y se encuentra llena de agua de amor. Por tanto la esposa coloca al marido en forma supina sobre la cama o la alfombra, lo monta y satisface sus ansias. De esta forma existen tres subdivisiones:

1. Viparíta-bandha o posición contraria, en la que la esposa se acuesta sobre el cuerpo extendido de su marido, con los senos apretados contra su pecho y le presiona la cintura con las manos, al tiempo que mueve las caderas en varias direcciones y, así, lo posee.

2. Purusháyita-bramara-banhda o igual que la abeja de gran tamaño. Sentada en cuclillas sobre su esposo, cierra los muslos con firmeza y, tras haber efectuado la inserción lo posee, moviendo las caderas en forma circular, y se satisface plenamente.

3. Utthita-uttána-bandha. La esposa que no ha quedado satisfecha con las anteriores cópulas, tiende al esposo sobre la espalda, se sienta, con las piernas cruzadas, le toma la linga, efectúa la inserción y mueve la cintura arriba y abajo, avanzando y retirándose. Con esta maniobra obtiene gran alivio y satisfacción.

Aunque con esto se invierte el orden natural, en to-

180. Los musulmanes maldicen esta posición, exclamando: ¡Maldito el que se hace tierra de sí mismo y cielo de la mujer!

das esas purusháyita la mujer recogerá el aliento en la manera conocida por Sitkara. Ha de sonreír dulcemente y mostrar una especie de bochorno, con semblante gracioso y atractivo difícil de describir bien. Tras esto, le dirá a su esposo:

—¡Oh, amado mío, diablillo picaresco, hoy has quedado bajo mi dominio, pues te he derrotado en la lucha amorosa!

El marido acariciará el cabello a su mujer, según las reglas que ya se han establecido, la abrazará y la besará en el labio inferior. Hecho esto, relajará todos sus miembros y se desvanecerá de puro éxtasis y dicha.

Sin embargo, mientras esté disfrutando del purusháyita, la mujer ha de recordar que, sin que haga un esfuerzo especial, el placer de su hombre nunca será perfecto. Con ese propósito, cerrará y constreñirá el yoni hasta que pueda conservar dentro la linga a voluntad, abriéndolo y cerrándolo a su criterio[181] y actúa como la mano de la pastora que ordeña la vaca. Esto sólo se logra aprender a fuerza de práctica y, sobre todo, poniendo toda la voluntad en la parte que va a ser afectada, igual que los hombres intentan agudizar el oído[182] y el sentido del tacto. Mientras obra así y para que la bendición caiga sobre su empresa, irá repitiendo mentalmente:

—¡Kamadeva, Kamadeva!

Ha de tener en cuenta que, una vez dominada la técnica del acto, jamás se pierde. Su marido la situará en-

181. Algunos pueblos han conseguido desarrollar anormalmente los músculos de la vagina. En Etiopía, por ejemplo, la mujer sin mover otra parte de su persona, puede provocar el orgasmo del hombre e, incluso, hacerle daño. Los árabes a quien tiene esa habilidad le llaman kaboazah y los traficantes de esclavos pagaban por ellas sumas fabulosas. Es posible que, en principio, todas las mujeres posean tal habilidad pero jamás lo hayan practicado.

182. Este caso es similar al anterior. Sólo se trata de desarrollar las facultades que, en potencia, se poseen.

tonces, por encima de todas las demás mujeres y no querrá cambiarla ni por la reina más hermosa de los tres mundos. ¡Pues muy amorosa y adorable le parece al hombre aquella que sabe constreñirse bien!

Hay que advertir que existen diversas clases y condiciones de mujeres a las que los Archyas excluyen definitivamente del purusháyita. Son: la kariní; la hariní; la que está encinta; la recién parida; la de cuerpo demasiado delgado y magro, pues el esfuerzo iba a resultarle superior a sus energías; la que sufre de fiebre o de otra enfermedad; la que es virgen y la niña impúber.

Ahora, una vez concluido el capítulo de los deleites internos, es bueno recordar que si marido y mujer viven juntos en estrecho acuerdo como el alma en un cuerpo, serán felices en este mundo y en el más allá. Sus buenas acciones y sus limosnas servirán de ejemplo a la Humanidad y su paz y su armonía conseguirán su salvación. Nadie había jamás escrito un libro para evitar la separación de una pareja y enseñarles a gozar de una unión feliz y armónica. Al pensarlo, sentí compasión y compuse este tratado, que ofrezco al dios Pandurang.

El principal motivo de la separación y la causa que impulsa al marido a los brazos de otras mujeres y a la esposa a los de otros hombres, es la necesidad de placeres variados y la monotonía que sigue a la posesión. De esto no existe la menor duda. La monotonía es la madre del hastío, y éste acarrea la repugnancia por la cópula, tanto en uno como en otro. Se conciben pensamientos maliciosos, el marido o la mujer ceden a la tentación y el otro sigue, a impulsos de los celos. Muy raras veces ocurre que los dos se amen mutuamente con idéntica intensidad, por lo que uno se deja seducir por la pasión mucho más fácilmente que el otro. De esas disensiones surgen o se producen la poligamia, el adulterio, los abortos y toda clase de vicios y no sólo ambos cónyuges caen en un lodazal, sino que, además, arrastran tras de sí el venerado nombre de sus antecesores muertos del lugar en que se encuentran los mortales beatificados al infierno o bien de nuevo a este mundo.

Al comprender claramente el modo cómo surgen tales disputas, he presentado en este libro cómo el marido, dándole variedad al goce de la esposa, puede vivir con ella igual que si se tratase de treinta y dos mujeres diferentes, para evitar, de manera definitiva, el sentimiento de hastío y de saciedad.

Asimismo he enseñado toda clase de artes y de misterios útiles por los que la esposa se puede hacer pura, hermosa y agradable a los ojos del marido.

Por tanto, permítaseme concluir con el verso de la bendición:

«Que este tratado, Ananga-Ranga, sea querido de los hombres y de las mujeres, mientras el santo río Ganges surja de Siva, con su esposa Guaríx a la izquierda, mientras Kaksmí ame a Visnú, mientras Brama siga entregado al estudio de los Vedas y mientras la Tierra, la Luna y el Sol se mantengan en el universo.»

OTROS TÍTULOS

Todas las respuestas acerca de las diversas maneras de conseguirlo.

¿Cómo superar las dificultades que en ocasiones el cuerpo y el espíritu oponen al desarrollo sexual? ¿Aún quedan zonas erógenas y posturas amatorias por descubrir? ¿Cuál es el papel del varón en el placer de la mujer? ¿Es la fantasía un componente esencial del erotismo femenino? Basándose en las más recientes aportaciones de la sexología moderna, el doctor Tordjman responde con rigor y claridad a las múltiples preguntas de las mujeres acerca de la obtención del placer.

*Todas las respuestas acerca de las diversas
maneras de conseguirlo.*

Este libro da respuesta a todas las preguntas que plantea la
sexualidad masculina, analizando detalladamente sus aspectos fisiológicos, psicológicos y culturales. Asimismo, describe las nuevas relaciones hombre-mujer, las técnicas del placer, la homosexualidad, las enfermedades de transmisión
sexual y las fuentes de perturbación –como el alcohol, las
drogas y el estrés de la vida moderna–. En suma, una obra
imprescindible para conocer todos los secretos de un instinto básico de la naturaleza humana: la búsqueda del placer.

DINÁMICA

Jolan Chang

El Tao del amor
y el sexo

La antigua China
hacia el éxtasis.

El sexo puede ser alegre,
pero sólo el amor puede
deparar la verdadera plenitud.

PLAZA & JANES

La antigua China hacia el éxtasis.
El sexo puede ser alegre, pero sólo el amor
puede deparar la verdadera plenitud.

La longevidad y su respuesta sexual, la prolongación de la
virilidad hasta edad muy avanzada, el arte de hacer el amor
como terapia básica del canon médico taoísta... He aquí
algunos de los temas que el autor expone detallada y ana-
líticamente en el primer estudio completo que se publica
relativo a las técnicas del amor carnal según las máximas
de las escuelas médicas taoístas. Jolan Chang ha recopilado
una parte apasionante de esa sabiduría oriental que se
pierde en la noche de los tiempos.

RÉGINE DUMAY
Cómo hacer bien el amor a una MUJER

He aquí un libro escrito para los hombres, desde los conocimientos, la psicología y la sexualidad de una mujer. Régine Dumay plantea en estas páginas las claves de la nueva sensibilidad femenina: lo que las mujeres de hoy esperan de los varones que se les acercan; cómo desean ser tratadas, cortejadas, acariciadas... De descubrimiento en descubrimiento, la autora revela hasta los más íntimos resquicios del comportamiento sexual femenino, aportando también las antiquísimas técnicas chinas que permiten aplazar casi indefinidamente el orgasmo del hombre, de modo que el placer erótico se vuelva tan sutil como prolongado.

RÉGINE DUMAY

Cómo hacer bien
el amor a un HOMBRE

Se dice que, por instinto, la mujer conoce desde siempre
los secretos del arte de amar.
En este libro es precisamente una mujer quien, por primera vez,
pone ese instinto al servicio de una exposición lúcida y coherente
de los recursos de su sexo para sacarle el mejor partido
a su relación con los representantes del otro.
En efecto: mucho se ha escrito sobre técnicas sexuales aplicadas a
la mujer, supuestamente receptora pasiva de ellas. Pero Régine
Dumay opina que las mujeres también tienen algo que decir
sobre cómo hacer el amor a un hombre.
Sin falsos pudores, con toda la claridad que el tema requiere,
una mujer explica por primera vez a otras mujeres lo que siempre
han deseado saber sin atreverse a preguntarlo a nadie.